ものが語る歴史　19

民族考古学と縄文の耳飾り

高山　純 著

同成社

まえがき

　縄文時代に耳朶の穿孔部に栓状の耳飾り、すなわち耳栓を挿入着装する風習の流行したことはよく知られている。この耳栓の起源に関して、古く鳥居龍蔵氏はその祖型を魚類の脊椎骨に求めた。

　その後、樋口清之氏は厖大な資料の分析をもって鳥居説を補強し、さらにその出現期を中期中頃にまで遡らせた。この出現期に関する見解は今なお妥当と考えられている。しかし樋口氏の論は専ら型式学的研究法にもとづくものであったため、その後進歩した編年的研究の成果と矛盾することが明らかとなった。すなわち、魚類等の脊椎骨を利用してつくった耳栓は後・晩期にのみ限って見いだされるもので、中期に比定される出土例は存在しないということであった。

　そうした現状をふまえて、1965年に私は「縄文時代に於ける耳栓の起源に関する一試論」という論文を発表した（『人類学雑誌』73-4、1966年に掲載）。その結論は、詰まるところ縄文時代の耳栓はそれ以前に存在した「土製抉状耳飾り」から派生した一変種にすぎず、鳥居氏が言うように祖型を魚類の脊椎骨に求められるものではないこと、また南方から流入した文化要素の痕跡を示すようなものではない、というものであった（この拙論については本文で詳述する）。

　この拙論を発表した後、何人かの研究者から批判が寄せられた。本書は、それらの批判に反論することを骨子としている。そのため、まず拙論の発表以降にもたらされた厖大な日本考古学的資料を検討して拙論の細部を訂正し、次に自説をさらに強化するために周辺地域の考古学的・民族学的資料を援用した後、再度これらの資料にもとづいて縄文時代の耳栓の日本自生説を改めて展開した。また、終わりに「付章」として耳飾りをめぐる民俗学的なテーマにも言及することとした。

　なお、民族学に関連して記した外国の地名・部族名等については、原則としてカタカナ表記としたが、発音の不詳なものは原書に記されたアルファベット

表記を( )内に付したことをお断りしておく。

　本書が今後の縄文研究に多少なりとも資するものとなるならば、望外の幸せである。

　　　　2010年1月

　　　　　　　　　　　　　　　　　　　　　　　　　　　　高山　純

目　次

まえがき

序　章　耳栓と玦状耳飾り………………………………………　1

第1章　縄文時代の耳飾りの起源……………………………………　13
　　第1節　中村貞史氏の論　13
　　第2節　藤田富士夫氏の論（1）　22
　　第3節　1970年代の諸研究　28
　　第4節　藤田富士夫氏の論（2）　30
　　第5節　1980年代の諸研究　43
　　第6節　1990年代以降の諸研究　48
　　第7節　貝類と耳栓　55
　　第8節　耳栓と玦状耳飾りは別系統か　75
　　第9節　土製玦状耳飾りの文様のモティーフ　80

第2章　先史時代の周辺地域の耳飾り……………………………　85
　　第1節　擦切技法は単一系統か　85
　　第2節　照葉樹林文化・ナラ林文化と玦状耳飾り　86
　　第3節　玉崇拝　89
　　第4節　サーフィン文化　98
　　第5節　東南アジアのリンリンオー（lingling-o）　99
　　第6節　ソールハイム（Solheim）の見解　103
　　第7節　双頭獣型玦状耳飾りのモティーフ　107
　　第8節　フィリピンの玉はフィリピンの原石か　117
　　第9節　ヴァルディス（Valdes）の研究　118
　　第10節　台湾の卑南遺跡の玦状耳飾り　120
　　第11節　ヴェトナム・タイの耳飾り　123
　　第12節　インドの紅玉髄　124
　　第13節　古代インド亜大陸の耳栓　133

第3章　民族学から見た各地の耳飾り……………………………… 137
　第1節　アッサムのナガ諸族の耳飾り　137
　第2節　ナガ諸族の耳飾りと縄文人の耳栓の比較　144
　第3節　東南アジア　147
　第4節　東南アジア島嶼部　149
　第5節　オセアニアの文化　159
　第6節　縄文の耳飾りとメラネシアの耳飾りについて　162
　第7節　ニューギニア　164
　第8節　ニューギニア以外のメラネシア諸島　168
　第9節　ポリネシア　175
　第10節　ミクロネシア（主要諸島）　180
　第11節　極北アジアの古アジア族とサハリン・アムールのニヴフ族　183
　第12節　アイヌ　186
　第13節　The Ghysels Collection の耳飾りから　186

第4章　ふたたび縄文人の玦状耳飾りと耳栓の起源について……… 191
　第1節　日本の玦状耳飾りは中国起源か　191
　第2節　縄文耳栓の起源　204
　第3節　土製玦状耳飾りと耳栓は併存したか　208

第5章　縄文耳栓に込められたいくつかの謎解き………………… 217
　第1節　耳栓の文様のモティーフの解明　217
　第2節　耳栓の消滅の原因　227

付　章　主題に関連するいくつかのこと…………………………… 231
　第1節　ハレの日の耳飾り　231
　第2節　腕輪と首飾り　232
　第3節　身分制度と耳飾り　235
　第4節　成人式と耳朶穿孔　239
　第5節　成人式と耳飾り　241
　第6節　婚姻の形態と婚資（dowry）　247

引用文献……………………………………………………………… 251
あとがき……………………………………………………………… 279

民族考古学と縄文の耳飾り

序　章　耳栓と玦状耳飾り

縄文時代の耳飾り

　白人との接触時には約1万年前の文化段階にあったと言われるオーストラリアン・アボリジニーなど一部の人種を除き、未開人、文明人を問わず耳飾り（earring）は最も普通に使用されている（あるいは時と場所によっては使用されていた）装身具の一つである。

　我が国では紀元前約1万年前から紀元前約300年の間を縄文時代と呼ぶが、これは世界の考古学でいう新石器時代にあたる。この約1万年間近くにわたる縄文時代には時代を異にして2種類のタイプの耳飾りが使用されていた。すなわち、縄文時代でも早期から前期末（紀元前1万年から紀元前1500年頃）までは、主として石を材料として製作したC字形をした耳飾り、すなわち玦状耳飾り（slit earring）と呼ぶタイプの耳飾りが使用されていた（図1の上段の左側）。

　この玦状耳飾りが耳朶に開けられた孔に挿入され、そこから垂下されている状態を表した土偶は未発見であるが、しかしこのタイプの耳飾りが発掘された人骨の耳部付近から出土した例があることや、外国では同じ形の耳飾りを穿孔された耳朶の孔に挿入して垂下されている民族例があることなどから（図1の上段右側）、これも同じような方法で使用されていたと考えられる。

　やがて縄文時代中期になると穿孔された耳朶の孔から垂下するのではなく、いわばまるごと直接はめ込むタイプの耳飾りが玦状耳飾りに取って代わった（図1の中段左側）。このタイプの耳飾りを耳栓（ear-plug）と総称する。縄文時代も後期になるとこの耳栓タイプの耳飾りは大型化されたり、中心部に透かし彫りが施されたり、大小様々の形のものが登場する。これらが民族学でいう耳栓と同じようなタイプの耳飾りであったことは（図1の下段）、中期の顔面把手の中にその状態を写実的に表しているものがある（図1の中段右側）こ

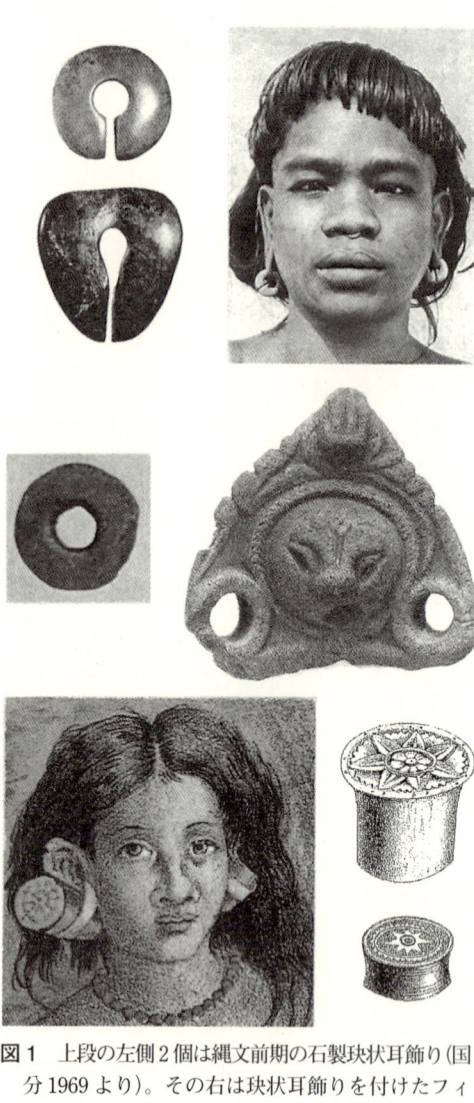

とから明白である。

　なお、縄文時代の土偶を見ると、耳朶だけでなくその上部の耳介にも小さな穿孔が認められものがある。たとえば、茨城県小屋ノ内遺跡の後期の中空土偶には3個（小林1988a）、長野県腰越遺跡の晩期末の土偶には2個の小さな孔（江坂1960）が開けられている。さらに興味深いことは岩手県内川目遺跡出土の後期の耳形土製品では、耳栓をつけた耳朶の少し上方に小さな孔が1個開けられている（渡辺1973）。民族学的にはこのような例は珍しいことではない。ただこの部位（耳介）の皮膚は耳朶より伸張しないので、比較的細長いものが挿入されるのが普通である。たとえば、図2に示すように、ボルネオなどでは動物の犬歯が挿入される（e.g. Hose and McDougall 1966）。しかしここのカヤン族の男性は小さな耳栓のようなものも佩用しているので（Hose and McDougall 1966）、縄文人にとって耳介に小型の耳栓は装

図1　上段の左側2個は縄文前期の石製玦状耳飾り（国分1969より）。その右は玦状耳飾りを付けたフィリピンのボントック・イゴロット族の男性（Dixon 1922より）。中段の左は縄文中期の上下両面が平滑な土製耳栓。右側はこのタイプの耳栓を表した中期の顔面把手。下段の左側は右側上に掲載した木製耳栓を付けたボルネオ島の女性。右側下は別のタイプの木製耳栓（Bock 1985より）。

着可能であったと思われる。またアッサムのナガ族の男子のように羚羊の角を社会地位を表わすために耳朶の孔に挿入することがあるので（Stirn and van Ham 2003）、縄文人も耳朶の孔から玦状耳飾りや耳栓のみを佩用していたわけではないことが想像される。短い鹿角製筓などの中にこのよ

図2　左側は耳介の孔にオオヤマネコの上顎の犬歯が挿入されたボルネオ島のサラワクのカヤン族の男性（Hose and McDougall 1966 より）。右側は羚羊の角を耳朶の孔に挿入するアッサムのナガ族の男性（Stirn and van Ham 2003 より）。

うなことに使われるものがあったかもしれない。なお、本書ではこの部位の耳飾りにはほとんど言及しなかった。さらにまたサメの歯を穿孔した耳朶から紐でもって垂下されたと想像される耳飾りが福岡県山鹿貝塚など西北九州から発見されているが（渡辺 1973）、このタイプの耳飾りも触れなかった。本書の主要な目的は、縄文時代の耳栓と玦状耳飾りを取り上げ、それらの起源について言及することだからである。

「まえがき」に記したように 1965 年、私は「縄文時代に於ける耳栓の起源に関する一考察」と題した論文を発表した（髙山 1966）。論の骨子は一言でいうと、縄文時代中期の耳栓の起源は南方などから伝来した習俗にあるのではなく、縄文時代前期末に突如出現した土製玦状耳飾りから派生したものであるというものであった。この論文は現在では入手も困難なので、以下その要旨を記しておきたい。

1965 年発表論文の要旨

　縄文時代の耳栓の出現が同時代中期であることは、遺物の出土状況、勝坂式土器につけられた顔面把手の耳部の表現などから、まちがいないと思われる。
　中期の耳栓は、後・晩期のそれと同様ほとんどが東日本から出土するが、他

の時期のものに比して形態・文様・色調・土質等の点で特異であり、識別が容易である。それら確実に中期の耳栓と思われるものを、中心孔の有無により2型式に大別し、さらに細分すると以下のように分類される。

Ⅰ型（中心孔あり）
　A種（両面が平滑で、しばしば赤色顔料塗布および文様あり）
　B種（片面が弯曲し、しばしば赤色顔料塗布あり）
　C種（両面が弯曲）
　D種（中心が孔大きく筒形で、しばしば赤色顔料塗布あり）
　E種（弯曲した片面がラッパ形で、しばしば赤色顔料塗布あり）
Ⅱ型（中心孔なし）
　A種（ⅠE型の中心孔なし）
　B種（ⅠB型の中心孔なし、しばしば文様施文あり）
　C種（ⅠA型の中心孔なし、必ず刺突文あり）
　D種（ⅠA型の中心孔なし、必ず隆線文あり）

　両面の平滑という特徴は、基本的に中期に限って見いだされる典型的な手法であり、後・晩期の耳栓には全く認められない。またこれが中期の耳栓の約半数占めていることは、この特徴が偶然に生じたものでなく、そこには必然的な原因の存在することを示唆する。

　ⅠAで最も注目すべきことは最も古いと目される中期前半のものがこれに含まれていることであるが、さらに中期後半になるとこのⅠA型耳栓はより普及する。

　ⅠB型は必ず中心孔を有し、ⅠA型の片面が弯曲したものである。出土例相互間の親縁関係を想定することはほとんど不可能なほどに共通性は認められず、各地において別々に生じた形態と思われる。重視すべきは片面が平滑であるという点であり、おそらくⅠA型の両面の平滑という伝統から抜け出せない時期の所産であることを意味するのであろう。

　ⅠC型はいわば凹レンズ状を呈するものであり、椎骨起源説を立証するものでもあるが、その出土例はきわめて少ない。そのうちの1例は弯曲の程度がごくわずかで椎骨製耳栓の形態とはほとんど似ておらず、むしろⅠA型に近似している。それはこれより古い土製玦状耳飾りの製作技術に鑑みて、技術的拙

劣さによるものとはいえず、もし椎骨を模倣したものならばもっとそれに近い形態に作っていたと思われる（なお、脊椎骨を直接模した耳栓は後期には流行している）。

ⅠD型は円筒状のもので、後期以降にしばしば見いだされるが、中期には例外的にしか存在しないため、祖型を究明するうえにはさして重要性を有しない。

ⅠE型も出土例はきわめて少ない。

ⅡA型はⅠE型の中心孔が消失した形態と考えられる。片面の中央部に刺突による窪みのある出土例のあることがその理由であるが、明らかに中心孔の消失していく過程をしめすといえる。この特徴はⅡ型のすべてに共通する。

ⅡB型はⅠC型同様に椎骨起源説にとって重要な形態であるが、やはり出土例は僅少である。

ⅡC型およびⅡD型はいずれもⅠA型の中心孔部分に文様の施されたものであるが、この文様は中心孔の退化したものと解釈される。

以上、形態的にいくつかに分類される出土例を比較検討し共通した要素を抽出できれば、それは耳栓の祖型につながる要素を内蔵するものであり、祖型の形態の再現は可能となる。とくにその共通性が広範囲にわたり、かつその要素が機能や製作に不可欠のものでないにもかかわらず、一貫した現象として認められるならば、それは偶然に生じ一致したものではなく、何らかの意図が伏在している可能性は高いといえる。

これらの条件を満たす耳栓はⅠA型であり、その他の型式はこの基本型が推移発展していく過程で派生した変種にすぎないといえる。ⅠA型の平滑という特徴は、この型式が祖型の伝統から抜け出せない時期の所産であろう。

その結果、ⅠA型およびその他の型式との比較分析から、耳栓の祖型は以下のような特徴を備えていたと思われる。

・扁平・円型で必ず中心孔がある
・両面が平滑である
・両面の径が等しい
・赤色顔料の塗布からして赤色と何らかの関係がある

これらの特徴から、耳栓の祖型は椎骨製耳栓とは著しく異なることが指摘で

きる。また民族学的見地から想起される竹製の耳栓も、中心孔がきわめて大きい点で祖型と考えるには難がある。

結果的に、以上の条件にもっとも当てはまるのが、系統的には相違すると考えられてきた土製玦状耳飾りなのである。

＊

耳栓の出現しない中期以前に存在した玦状耳飾りは、普通扁平で、環状であり、中国古来の玦と同様に外縁から中心孔に達する切れ間が1カ所ある。この切れ目をつかって穿孔された耳朶に挿入される、垂下式の耳飾りと考えられる。前期後半には、石製で円形、かつ薄く扁平という典型的な形態の玦状耳飾りが流行するが、中期以降になると形態や材質に変化が生じつつ激減していく。

そうしたなかで、耳栓の出現直前に限って土製の玦状耳飾りが見いだされる。形態はすべて円形で、材質の関係から大型化の傾向は認められる。出土地は栃木・茨木県を中心に比較的限定されるが、これはＩＡ型耳栓の分布圏から日本海側を除いたものとほぼ一致する。

材質が石から粘土に替えられた理由のひとつは入手の容易さにあろうが、石に比して製作が簡単であり、ことに文様の細工が加えやすかったことが考えられる。また、出土品の中には赤色顔料の塗布されたものがあるが、この点も土製品の普及するひとつの理由であったと思われる。

以下、玦状耳飾りを7型式に分類し、論をすすめる。

Ａ 型：周縁が鈍い両刃の形態 ◁
Ａ′型：周縁が鈍い片刃の形態 ◁
Ｂ 型：周縁が半球状に近い形態 ◁
Ｃ 型：周縁が角ばっている □
Ｃ′型：④型の周縁が括れて内側に弯曲（この例は未発見）⊐
Ｄ 型：④型の両面が内側に弯曲 ⋈
Ｄ′型：⑥型の周縁および両面が内側に弯曲 ⋈

Ａ型は同時期の石製玦状耳飾りにもみられる形態だが、その他は土製にのみに認められる特質である。すなわちＡ・Ａ′型は石製製品を模倣したものであり、他の型式に比して時間的に古いものと考えられる。ただしいずれの型式の

ものにも擦切痕が認められるのは、その時間差がごくわずかであることを意味する。

　石製を模造したA・A′型は扁平であったが、製作が容易になったためこの制約から解放され、肉が徐々に厚くなり、ついにB型となる。つぎに周縁に丸みをつける面倒が省かれ、角ばらせるという整形しやすい方法がとられた結果C型になる。さらに材料が豊富に入手できるため大型化がすすみ、その結果生じた重量の軽減の必要から、D・D′型が考案される。以上のような経過をたどって変化したものと考えられる。

　ここで注目されるのがD′型の周縁が著しく括れており、明らかに耳栓としての機能を有していることである。この例は栃木県で出土したもので、破片ではあるが確実に切れ目を有し、貫通された小孔があけられている。この小孔は焼成前にあけられたものであるが、石製玦状耳飾りが破損した場合しばしば接合するために付けられるもので、土製には不必要なものである。このことから、D′型は石製を直接模造したものであることがわかる。さらにこのことは、D′型がたとえ両方の要素をもったものであっても、どちらかといえば玦状耳飾りとしての機能が主で、耳栓としての機能が従であることを意味していよう。言い換えれば、D′型はそれまで行われてきた玦状耳飾りとしての使用法に、耳栓としての新しい用法を加えた新型式であるといえよう。

　以上の結果、耳栓の祖型は、従来唱えられてきたように椎骨に由来するのではなく、異系統とされてきた垂下式の玦状耳飾り、就中土製玦状耳飾りから派生した一変種であると推測されるのである。

　ただし、前述のごとく耳栓の祖型は両面が平滑な特徴を有したものとするならば、両面が弯曲したD′型とのあいだには著しい差が認められる。そこでその存在が予想されるのがC′型である。この例は未発見であるが、中期耳栓の研究から推してこの予想はほぼまちがいのないところと思われる。C′型が前述のⅠA型耳栓に、またD′型がⅠC型耳栓に類似していることはその証拠となりうるであろう。

　以上をふまえて、型式的変遷過程には次の二通りが想定される。
(1)　C′型の土製玦状耳飾りが存在した場合
　　これがⅠA型耳栓に発展する。

(2) C′型が存在しない場合

　ある地方においてD′型を最初として新しい着装法、すなわち耳栓が発生し、これが人びとの好みにあって、垂下式に代わって各地に流行していった。しかし当時の人びとは耳栓が玦状耳飾りから派生した一変種にすぎないことを知っていた結果、祖型である玦状耳飾りの特徴を忠実に守って耳栓を作ったので、玦状耳飾りの四つの特徴を有したＩＡ型耳栓が各地に生まれることとなった。

　いずれにせよ、耳栓は魚類の椎骨に由来するものではなく、土製玦状耳飾りから派生したものと考えることは妥当であろう（なお、椎骨が関与していた可能性もないわけではないが、該種遺物が未発見のためこの点は将来の課題とした）。また、耳栓を南方から流入した文化要素の痕跡を示すものという見解についていえば、南方地域の耳栓の歴史を詳細に調べてみると、縄文中期のそれに対比できるほど古い類例はみられない。むしろ、こちらからの伝播は考えられても、その逆は成立しがたいといえるのであり、縄文の耳栓は日本列島において自生したものであることはほぼ間違いないであろう。

その後の展開

　私が日本各地で縄文時代の耳栓を見たとき強く感じたことは、縄文時代最古の中期の耳栓には上下の表面が意識的に平滑に製作されている特徴が共通して認められることであった（図３の上段）。このような形態は耳栓の機能としては不必要なことであった。そして直感的にひらめいたのは、これは耳栓の登場する前の段階、つまり縄文時代前期に使用されていた上下の表面が磨かれた石製玦状耳飾りの特徴を、形態上踏襲しているのではないかということだった。この仮説を裏付けるためには、石製玦状耳飾りの中に側面を湾曲させた耳栓としての機能を併せ持った遺物の発見が必要であった。

　しかし実際には、このような石製玦状耳飾りは発見されず、意外にもこれに代わって、栃木県烏山町台の前遺跡から土製の玦状耳飾りが発見されていることが判った。この遺物は上下両面は平滑に製作されていたが、側面は垂直で、正に石製玦状耳飾り特徴を模倣した土製玦状耳飾りの変種（variation）であった（図３の中段の左から３つ目）。これは土製耳栓の起源が石製玦状耳飾りにあるかもないとする筆者の想定を支持するものであった。しかしこの想定を強

固にするためには、どうしても側面が湾状に窪んでいて耳栓としての機能を併せ持った土製玦状耳飾りが発見される必要があった。

そして次に栃木県木下遺跡の土製玦状耳飾りの存在の報を知ったときには、この予想が証明されるのではないかと小躍りした。しかしこの土製玦状耳飾りは側面は湾曲していて耳栓としての機能は持っていたのであるが、意外にも私の期待に反して、上下両面が平滑ではなく、石製玦状耳飾りの特徴を示していなかった（**図3**の中段の右端）。

この遺物は中期の土製耳栓は前期の石製玦状耳飾りから派生したものであるという私の想定を根底から覆すものであった。

しかし当時、私が見てきた多くの中期の耳栓はまるで約束でもしたかのように、上下両面が平滑に製作されていたので、この木下遺跡の土製玦状耳飾りは予想外のタイプであった。ともあれ、中期耳栓は石製玦状耳飾りから派生したとする先入観にとらわれていた私は、中期の耳栓が誕生するうえで、木下遺跡出土のタイプの土製玦状耳飾りは、主役ではなく脇役程度の役しか果たさなかったであろうと軽視してしまった。

その結果、**図3**の下段の変遷図が示すように、石製玦状耳飾りの特徴を残している上下両面が平滑な土製玦状耳飾りから土製耳栓への変化を想定した。とは言っても、1966年の論文ではこの木下遺跡から出土した土製玦状耳飾りについては、サメの脊椎骨の耳飾りが影響を与えていた可能性を一応考慮して、別の系統図として付録的に簡単に示しただけであった。

しかしその後、発見された土製形状

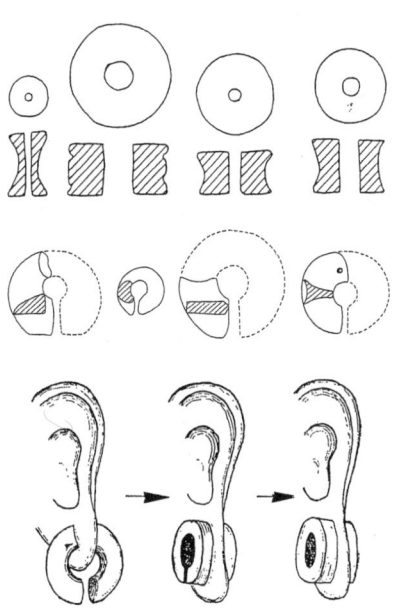

図3 上段、両面が平滑に製作された中期の土製耳栓。中段が前期末の土製玦状耳飾り。下段は土製玦状耳飾りから土製玦状耳飾り兼土製耳栓を経て土製耳栓が誕生する変遷過程の想定図（全て高山1996より）。

耳飾りの中には、私がその発見を夢見ていた上下両面が平滑で、しかもその側面が湾曲した玦状耳飾り兼耳栓の機能をもついわばハイブリッド（hybrid、合いの子）型の遺物が出土しただけでなく、上下両面と端が湾曲になった木下遺跡の遺物と同じ形態をした遺物も発見されたのである。

つまり、中期の土製耳栓の起源には石製玦状耳飾りがモティーフとなって土製玦状耳飾りを経て土製に耳栓の誕生につながる経路とこれとは別に、木下遺跡の土製玦状耳飾りのように、サメの脊椎骨の耳飾りから土製耳栓が発達した経路とが考えられるのである。サメの脊椎骨が最初から耳飾りとして存在していたかどうかは正確には分からない。想像されることは、玦状耳飾りが前期において盛行していた時に、サメの脊椎骨は穿孔された耳朶の孔を伸長させるために挿入されることがあったかもしれないということである。しかし石製玦状耳飾りを穿孔された耳朶の孔に挿入するには、サメの脊椎骨の直径ほどの大きさの孔を必要としなかったようにも思える。もしそうであるならば、サメの脊椎骨は伸長器としては使用されなかったかもしれない。ただ縄文前期には遺物としては未発見の木製の耳栓が使用されていた可能性も否定できないが、しかし私が論じたように石製玦状耳飾りから土製玦状耳飾りを経て土製耳栓に発展した可能性の方が高いので、この点は本書では敢えて無視した。なおもうひとつの可能性は、前期においてはサメの脊椎骨自体が時には石製玦状耳飾りと同様に耳飾りととして穿孔された耳朶に挿入されていたかもしれないことである。この可能性は非常に高いと思われる。

ところで、厳密に言えば、サメの脊椎骨には本来、中心には孔はない。しかしサメの脊椎骨を模倣したと思われる土製玦状耳飾りの中心にはほとんどきまったように孔がある。この点で典型的なものが長野県富士見町境遺跡出土の前期末の土製玦状耳飾り兼耳栓である（西川1995：第8図の264、266など）。これらの遺物の中心には極端に大きな孔が開けられている。オセアニアなどでもサメの脊椎骨を耳栓として加工する場合、このような大きな孔を穿つことがある。しかし縄文時代のサメの脊椎骨製遺物にはこれほど大きな孔を開けた出土品のあることを寡聞にして知らない。したがって、縄文のサメの脊椎骨を模したと思われる土製耳栓の場合は、まだ未発見であるがこのようなタイプのサメの脊椎製耳飾りを模したことがあったか、あるいは石製玦状耳飾りの特徴で

ある中心孔の形を残存させたものか、今後の研究に期待したい。

　また耳栓の起源の研究で大切なことは、縄文人は土製玦状耳飾りを製作するにあたり、必ずしも実際に耳飾りとして常に使用しているものを形態上、土製玦状耳飾りの形に忠実に模倣しているわけでないことである。たとえば、断面が椀形をした土製玦状耳飾りは、果たして実用になるのか疑問である。別の箇所で触れたが、これはサザエの蓋のようなものをモティーフにしたものであると推測される。たぶん、当時、このような装身具がビースなどとして使用されていたので、それが土製玦状耳飾りのモティーフとして採用されることもあったような印象を受ける。ただヴェトナムなどからこれと同じような厚手の「有角蛭状玦状耳飾り」が発掘されているのをみると（横倉 1987）、これも実際に耳飾りとして佩用されていた可能性を完全には否定できないかもしれないのだが、縄文時代の遺跡からは未発見である。もし実際に耳飾りとして使用されていたならば、土製や木製品に装着されていたかもしれない。

　もうひとつ例をあげるならば、耳栓の文様にイルカの脊椎骨の文様を模したと思われるものがある。しかし現在までのところ、イルカの脊椎骨を加工して耳栓にしたものは出土していない。縄文人は直感で脳裏にひらめいたイルカの脊椎骨のようなものを耳栓の文様に採用した可能性がある。しかし考古学者が直感にばかり頼ると過ちをおかす危険性のあることを、中園聡氏が弥生時代のいわゆる「山の字貝札」の解釈で指摘している（中園 2006）。したがって、考古者にとって直感的判断の適否はケイス・バイ・ケイスであることを肝に銘じておかねばならないであろう

　ようするに、1965 年に私が想定した変遷経路（図3の下段）は、40 年以上もの長い年月が経った現在の新資料からながめると、土製玦耳飾りから土製耳栓への変化という大枠では間違いなかったが、その間に起きたその他の変遷経路として私が推定した箇所には訂正部分がいくつも生じているのである。

　とくに耳栓の起源の変遷経路はかつて私が想定したような単純なものではなく、換言すれば、縄文人は別に変遷経路を「慣習」で拘束される必要などなかったので、気がむくままに自由に玦状耳飾りから耳栓への変遷の道を歩んだのである。そのため私を含め、耳栓の起源の研究に携わった考古学者は縄文人のこのいわば「気まぐれな性癖」に振り回されて、しかもそのうえ縄文土器の

細かい型式分類を絶対年代と思いこんでいることも災いして、その変遷過程をまるで現代人が法律を遵守するかのように厳格に規定して説明しようと苦慮してきたのである。

　詳しいことは後述するが、拙論発表後に発見された新資料は当時の私には気づかなかったことをいくつも教えてくれている。たとえば、たぶん縄文人の中には土製玦状耳飾りから土製耳栓に変えることには躊躇する人もいたとみえて、玦状耳飾りの佩用方法を完全に放棄することまで踏み切れず、新しく登場した耳栓とは明白に形態の違うことを意識して製作したとしか思えない長方形をした石製及び土製玦状耳飾り（西川1995：第81図の60-4）を作った者もいた。つまり土製玦状耳飾りから土製耳栓への変化は全域で一気に起きた現象ではなかったようである。いつの世でも古い伝統文化を踏襲したい保守的な人はいたのであろう（特に縄文時代の耳飾りが女性によって佩用されていたならば、このことはなおさらのことであったと推測される）。

第1章　縄文時代の耳飾りの起源

　拙論発表の後、反論を含めさまざまな研究者によるリアクションがあった。また、圧倒的な数の新資料の出現にも遭遇した。
　以下、反論への再反論を試みるとともに、多くの意見に耳を傾け、新資料の出現をふまえて拙論を補足修正し、縄文時代の耳栓がどのような経過で出現したかを改めて論じることとしたい。

第1節　中村貞史氏の論

中村氏の批判に対する高山の反論
　拙論を発表してから3年後の1968年、中村貞史氏による批判論文が提出された（中村1968）。
　中村氏は多摩ニュータウン地域内で発見された5個の土製玦状耳飾りにもとづいて批判を展開しているが、同氏は結論を引き出すうえでの傍証資料として、小林達雄氏の研究を援用している（小林1967b,c）。すなわち、遺物の実体化のプロセスとして「機能の意議―形式―かたち」という仮説をたて、同種の遺物における材質の相異は「形式」の展開によって生じたヴァラエティー（variety）なのであって各々の個体の変異にすぎず、あくまでも同一形式として把握すべきであることを前提とし、「今、この仮説に従えば、石製玦状耳飾りと土製玦状耳飾りは同一形式と考えられ、この2つは別個のものではなく、玦状耳飾りという一つの形式のなかにおけるヴァラエティーとして把握し得る。すなわち、土製玦状耳飾りは前期後半における玦状耳飾りのヴァラエティーとして生じたものであり、土製玦状耳飾りの変遷過程（高山氏の言われるもの）にみられる如上の矛盾を冒してまで、強いて石製からの模倣という解釈に走る必要ないように思われる。多摩ニュータウン地域内出土のもののうち

4例は確実に諸磯b式に伴う（No.25出土のものは不詳）ものと考えられ、土器型式の面からはその時間的差異は認められない。従ってこれを時間的な変遷としてとらえるよりも、一時期内におけるヴァラエティーと考えるほうがより適切ではないだろうか。ともかく、高山氏が集成された資料は11遺跡17個であり、多摩ニュータウン地域内のものを加えても22個にしかならない。今後の資料の増加をまちたい」と述べ、拙論に見られる「自己矛盾」として、筆者がA・A′・B型を石製玦状耳飾りに近似するとしておきながら、他方ではD′型を石製玦状耳飾りを模造したものであると言うのは矛盾しているとした。

　この点について弁解をするならば（多少牽強付会の感がしなくもないが）、D′型を石製玦状耳飾りを模造したものと述べたのは、D′型の土製玦状耳飾りには不必要と思われる補修孔があったためである。これは石製玦状耳飾りでは時折見られることだが、それは材質となっている石が貴重であったため再利用したがゆえと考えられていたからである。したがって、土製玦状耳飾りにこのような孔があることは、土製玦状耳飾りが石製玦状耳飾りを模したものであることの傍証になると考えたのである。

　しかしその後、発見された石製玦状耳飾りには補修孔とは認められない孔が開けられているものもあり、補修孔が石製玦状耳飾りの特徴にはなりえない状況に変わってしまい、私の言わんとしたことは意味をもたないものになっている。これは、ことによると民族例に見られるように、形は玦状耳飾りであってもネックレスのような装身具として転用されたためかもしれない。

　もし中村氏が拙論における論理の展開について批判をするならば、この点ではなく、別の箇所のもっと致命的矛盾を指摘するべきだったかもしれない。すなわち、拙論では「脊骨との関係も、たとえ耳飾としてそれが未発見のため否定的であると雖も、一応考慮に入れておく必要があろうと」と述べておきながら、結論の章では「以上のことから耳栓の祖型は、従来唱えられてきたように椎骨の由来するのではなく、意外にも異系統とさえ考えられていた所謂垂下式の玦状耳飾、厳密にいえば土製玦状耳飾から派生した一変種に過ぎないことがここに判明したのである」としている点である。これは当時、最古の土製耳栓と石製玦状耳飾りに共通点のあることに気づいた私は、そのことばかりに気がいって、文章表現において配慮が欠如してしまっていたからに他ならない。本

来ここでは「椎骨に由来するとすると従来唱えられてきた説に加えて、石製玦状耳飾由来説の可能性もあることを新たに提起したい」と述べるべきであったのである。誤解を与えるような表現をしたことには責任があると反省している。

　なお、私は当時、土製玦状耳飾りの使用されていた時代の長さを1型式の土器が他の型式の土器に変わるほどの時間的長さを考えていなかった。思うに、縄文人の耳栓の起源はある時、特定な地域において（当時は栃木県那須近辺を想定していたが、現在では千葉県付近を考えている）土製玦状耳飾りをたまたま穿孔された耳朶の孔から垂下しないで、まるごとはめ込む人がいたが、しかしこの頃の土製玦状耳飾りは周縁部の厚みがあまりないのと、凹状になっていないので落下しやすかった。ところが、当時はサメのような魚の脊椎骨製耳栓（拙論の執筆時には気づかなかったが、今はこれに加えて竹や木製品もあったかもしれないと想像している）が存在していたので、土製玦状耳飾りの周縁部を窪ませて装着しやすいようにすることは容易に思いつくことであった。

　かくして、これから派生した土製耳栓は、短期間のうちに人気を博し爆発的に各地に広がっていったと想定した。とは言っても、当初はまだ石製玦状耳飾りの形に未練をもつ人びとや、これを耳栓のように装着したいという気持ちを捨て去ることのできない保守的な人びとがいて、土製玦状耳飾り兼耳栓のハイブリッド（合いの子）形のものを製作し、どちらにも転用できるようにしていた。しかしいつの間にか、この土製耳栓形タイプの耳飾りのほうが土製玦状耳飾りよりずっと好まれるようになり、これに取って代わった結果、土製玦状耳飾りは廃れてしまった、と私は想像していた。つまり玦状耳飾りから耳栓への変化は「同時期の石製玦状耳飾りを直接模したことが明らかなA・A′両型式の土製玦状耳飾りは、その他の型式に比して、たとえ僅かであっても時間的に古いものであるといえよう。（中略）但し型式に関係なく擦切痕の認められる事実は、時間的に殆ど差のない中で想定（これは「考案」と記すべきであったろう：高山註）された」と論じたのである。

　しかしこの想定には、土製玦状耳飾りがどうして石製玦状耳飾りから変化したのかという動機や根本的な理由についての疑問が解消されなければならない。拙論の中で「思うに石製品を粘土に代えた理由には、粘土の方が石より入

手し易いこともさることながら、製作方法が石に比して簡単であること、勿論、これには土製品の製作技術の進歩が前提におかれているのであるが、殊に文様の細工が加え易かったいう点も、たとえ二次的理由であったにせよ無関係であったとは思われないのである」と述べ、そして土製玦状耳飾りの出現の理由に関して、西村正衛氏の想定（西村1960）を否定したが、これは誤りであった。西村氏は茨城県向山および興津貝塚における該種遺物の発見より「石材の原産地に遠く隔たった地域にあった社会集団の間では、土製品によってその意欲を満たそうとした意図の結果的所産であろうと解釈される」としているが、玦状耳飾りの主要な材料になる滑石を産出する長野県に接する山梨県花鳥山遺跡で土製玦状耳飾りが出土していることは、石製品より土製品のほうが好まれたことを示す証左のように思える、と私は反対したのであった。しかしこの推論はわずかな資料からの引き出された批判のための批判のような論旨にすぎず、当を得たものではなかったと思う。

　拙論では石製玦状耳飾りが土製玦状耳飾りに変化する地域としては、栃木県那須地方を予想した。那須町木下遺跡から土製玦状耳飾りが発見されていたからである。しかし厳密に言えば、この資料は土製玦状耳飾り兼土製耳栓のハイブリッド型であるが、両面が窪んでいて、最古の耳栓の特徴である両面が平滑ではなかったので、最古の耳栓として分類したIA型の特徴である上下両面が平滑という特徴（このタイプの耳栓をC'と分類したが、現在ではこのタイプの耳栓兼玦状耳飾りは発見されている）とは一致していなかった。したがって、今から思えば、サメ（そして多分あるいは他の魚も含む）の脊椎骨製耳栓が前期の石製玦状耳飾りと併用されていたので、両面が窪んだハイブリッドの土製耳飾りを模した土製耳栓があって当然なのだが、当時の私は自分の発見に有頂天になるあまり、他の可能性には注意を払う余裕がなかった。そのため、この原型と想定した両面が平滑に整形されたIA型が発見されることの予想にこだわった結果、結論において「耳栓の起源が、従来容認されてきたような魚類の椎骨に由来するものではなく、土製玦状耳飾から派生したものではなかろうかという一試論を披瀝する次第である」と大見得をきってしまったのである。と言いながらも、先述のように魚の脊椎骨耳栓の起源についても想いが断ちがたくて、その前の頁では、土製耳栓の両面を湾曲させたタイプ（D・D'

について、石製品の時と違って、土製品になると大型品を作りたくなるが、その結果重量が増すので、それを軽減するために行った工夫であろうと述べた後、「尤もこの特徴に就いては、脊骨との関係も、たとえ耳飾としてのそれが未発見のため否定的であると雖も、一応考慮に入れておく必要があろう。というのは椎骨を耳栓の祖型とすることは時代・場所を問わず一般的現象であり、特に我国においては中期ではあるが、耳栓としてではなくてもその加工品が見出されている以上、間接的にしろ、その影響を受ける可能性もあるわけで、今後この点は問題になる点であろう」と述べているのである。

　繰り返すようだが、どうしてこのような一見矛盾したような文章を書いたかといえば、当時、木下遺跡の土製玦状耳飾りを見た瞬間、その解釈に窮したからであった。すなわち、その前まで見てきた土製耳栓はこぞって表面が意識的に平滑に製作されている特徴が認められ、これは石製玦状耳飾りの磨研された表面と同じであって、後期などの土製耳栓にはない特徴であった。私が中期の土製耳栓の観察から得ていた「常識」は、木下遺跡のものには当てはまらなかった。つまり、木下遺跡の土製玦状耳飾りの断面は魚の脊椎骨を模して作った可能性のある土製玦状耳飾りの形状をしていたからである。そこで、このような別のモティーフの存在を無視してはならないと思い、D-D′を想定して付記したのであった。つまり土製耳栓が誕生するうえでの主役は土製玦状耳飾りであって、たとえ魚の脊椎骨からの影響があったとしても、それは脇役程度の役割を果たしたにすぎないと軽視していたのである。

　今になって考えると、サメの脊椎骨自体も玦状耳飾りのように加工して佩用していた可能性があったわけで、これは大きな誤解であったといえる。

サメの椎骨製耳栓について

　拙論よりはるか以前の1929年、甲野勇氏は「魚骨製耳飾り」と題した短報の中で、椎骨製滑車状遺物は関東や東北の貝塚よりしばしば発見されていたが、当時、三河伊川津貝塚出土の鮫の脊椎骨製の耳栓が老年男性の耳部付近から出土していることを紹介した後、インドシナのサムロンセン遺跡から発掘された魚の脊骨製の耳飾りやイースター島の現用の類例に触れていた（甲野1971）（本書、図17）。そして「埼玉県真福寺貝塚発見の耳栓」という1940

年発表の論文では、インドシナのサムロンセン遺跡から鮫の椎骨製耳栓が発見されていることを再度述べている（甲野1971）。またこれより少し前には樋口清之氏もこのタイプの耳飾りの存在について論じていた。当時、東南アジアの考古学を学ぶ者には禰津正志氏の『印度支那の原始文明』がいわば手引き書であったが、その中に北部安南の広平（カンピン）州にあるミンカム洞遺跡から象牙製六角形の耳飾りや磨かれた魚骨板製の耳飾りが出土していることが記されている（禰津1943）。さらにこれら以外にも当時のインドシナの考古学資料ではマレー半島のグアビントン遺跡（Dani 1960）やグアクケパ遺跡（Dani 1960）でも魚の脊椎骨製ビーズが発掘されることが報告されている。

　以上の資料から、縄文人もサメの椎骨製耳栓を使用していたことは私も認識していたが、論文執筆時には土製玦状耳飾りより古い椎骨製耳栓の存在は確認されていかなったので、慎重を期して、「魚の脊椎骨製耳飾りの影響を無視できない」という文言を付記したのと、石製玦状耳飾りから耳栓誕生にいたるまでの「発展系列」の図式の中に「脊椎骨（未発見）」とし、これが上下両端が湾曲しているD型に影響を与えたのではないかと疑問符をつけて、さらにD型は上下両端および周縁に括れのあるD'型に発展していったかもしれないと図示した。そしてD'型は中期の最古の耳栓の特徴である上下両端が平らで、しかも周縁が湾曲した未発見であるC'と相互になんらかの関係があるかもしれない、とここにも疑問符をつけた。中村氏はどうしたわけかこの「発展系列」の図式を自論に引用する際に、A・A'からDに至る可能性があるとして私が想定した矢印を消去しているだけでなく、C'とD'の間には相互の影響し合った可能性があるかもしれないとして疑問符を付けた部分も取り去っている。私は拙論の骨子が自己撞着をしていたとは、今でも思っていない。

　拙論の発表以降、特に1980年代から多数発見された土製玦状耳飾りの中には紛れもなく魚の椎骨の形状を模したものが発見されていることは、このような耳栓の出土を予想していた当時の想定が間違いでなかったことを証明してくれている。たとえば1989年に発表された小野正文氏の山梨県の土製耳飾りの論考に図示されている耳飾りのうち、第2図-10は断面形はサメの脊椎骨、第3図-19の中心部に描かれた同心円文もサメの脊椎骨を模したものであり、また第2図-3はサメ以外の、たとえばマグロのような魚の脊椎骨を模したも

のに見える（小野1989）。サメ以外の魚の脊椎骨製耳栓の存在の予想については、兵藤千秋・佐藤一夫両氏の北海道における耳飾りの研究が示唆的である。両氏によれば北海道では虹田町入江遺跡や八雲町コタン温泉遺跡からサメやサケ・イトウなどの脊椎骨で作られた垂飾りが出土しており、形状や大きさから見て耳飾りの範疇に含めてよいものであるが、現段階では決定づけるには困難であるとしている（兵藤・佐藤1993）。私は両氏の耳栓説を全面的に支持したい。もしこの想定が正しければ、後述の藤田富士夫氏の主張する中期の耳栓が細長いタイプであるのは前期の管玉状玦状耳飾りに由来するためであるとする根拠が否定されることになるからである。またこの兵藤・佐藤両氏の発見によって、かつて拙論の執筆中にどう解釈したらよいのか苦戦を強いられた、断面が鼓状をした中期の土製耳栓の謎が、サメ以外のこのような魚の脊椎骨をモティーフにしていたとすることで解けたのである。そして拙論中の細長いタイプの土製耳栓（Fig.1の13, 18、26、Fig.2の33～36）はサメでも扁平ではなく厚みのある脊椎骨をしたホシザメのものやサメ以外の他の魚の脊椎骨を模して生まれたものであるらしいことに気づかされた。またその他のラッパ状に開いた耳栓もサメ以外の魚の脊椎骨をモティーフにしていたのではないかと思われる。

　拙論を発表してから10年以上もの間、中期のサメの脊椎骨製耳栓が発見されていなかったことから百瀬長秀氏は、魚脊椎骨製耳栓が土製耳栓登場より後であることは、土製耳栓に触発されて出現したのではないかと考えた（百瀬1979）。しかし今では魚脊椎骨製耳栓は前期かそれ以前から玦状耳飾りと併存していたことが明らかになっている。また百瀬氏は、高山は玦状耳飾り―玦状耳飾りの土製模造品―土製耳栓という系統を考えたが、中間形態にあたる耳飾りが未発見であるため仮説の域を出ないとしたうえで、「しかし着装方法は共に耳朶穿孔であり、同用途であると考えればこの系統論には整合性があると言えよう」と述べている。的確な見解と思う。

　現在ではこの「中間形態の耳栓の未発見」という障害は解消されている。筆者がその発見を熱望していた両面が平滑で周縁が括れた玦状耳飾り（これを仮にC'タイプとした）の、つまりA型の土製耳栓に玦状耳飾りの機能も具備したハイブリッド型が発見されて、中期の土製耳栓が前期末の土製玦状耳飾りか

ら生まれた変種（variation）であることは疑いのないものとなったのである。

現在では、鹿児島県市来貝塚からサメの脊椎骨製耳栓が出土しており（上村 1999）、これは北は青森県まで認められる。北海道では未発見であるが、これは近い将来訂正を余儀なくされるだろう。特に兵藤千秋氏の論考に図示されている第2図-14はサメの脊椎骨を模したものと推測される（兵藤 2000）。

また、国外の遺跡でも魚の脊椎骨製装身具（耳飾りではない）の発掘例は増えている。フィリピンではセブ市のスペイン人渡来前の遺跡（Hutterer 1973）、台湾では澎湖諸島遺跡（Tsang 1992）や古い先史遺跡（Tsang 1992）、インドネシアではタラウド諸島の遺跡（Bellwood 1976）などからいくつも発掘されている。私たちも中部太平洋のツヴァルの発掘で文様の付けられたと思われる鮫の脊椎骨製耳栓を発掘しているし、キリバスでは全体を綺麗に研磨した遺物がいくつも発見されている。またイースター島の民族学事例などを勘案すると、魚の脊椎骨を耳栓にすることはどこでも独立的に生まれものであると思われる。

なお、ニューギニアの原住民は死者の顔を粘土で塗って顔型を直すが、そのおり一般には子安貝を目の部分に装着する（図20の下）。縄文時代晩期の青森県羽黒平遺跡土製仮面や土偶の目には子安貝を模したものがあるし（小林 1988b）、子安貝の歯の部分を省略して単なる線にデフォルメされたものもある。たとえば、江坂輝弥氏が著書『土偶』で晩期の第1類～第3類に分類した土偶の目は、このようにデフォルメされたものの典型的なものと考えられる（江坂 1960）（図20の上）。

また、ニューギニアには子安貝の代わりに魚の脊椎骨と思われるものを使う例がある（Greub 1985）。このことは縄文時代ではサメの脊椎骨品が耳飾りとしてだけでなく、このような単に装飾としても使用されていた可能性も研究テー

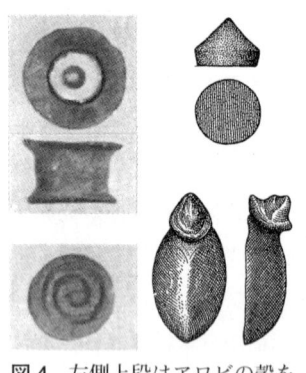

図4 左側上段はアワビの殻を中心部に象眼した中期の耳栓。中段はその側面。下段は渦巻き文の描かれた中期の耳栓（共に高山 1996 より）。右側上の2つはフィリピン出土の玉製耳栓象眼遺物の側面と平面（Fox 1970 より）。下段はフィリピンで発掘された玉製双頭獣型玦状を再加工して製作された耳栓象眼遺物（Fox 1970 より）。

マとして念頭におく必要があるだろう。これを連想させるものにいわゆるミミズク土偶の目があるが、これはサメの脊椎骨を表したもののように思える（町田市博物館 1996）。

　さらに付言するならば、パプア・ニューギニアのセピク川に住む人びとが製作した携帯用太鼓（hand drum）に彫刻された人物像の目に挿入されているのはイモガイのようである（Wardwell 1994）。縄文人がこのような発想をもっていたことも考えられるが、確証はない。同じくニューギニアで演説者が使う腰掛けの背の部分に表わされた人面の両目と顎にイモガイの象眼がなされているだけでなく、頭部にも6個のイモガイが並べられている（Guiart 1963）。この民族例は、もし将来同じような形を表した縄文時代の遺物が発見された場合、イモガイが単に装飾品として利用された可能性を示唆する。なお、オセアニアではイモガイは内側を外側に出して飾りとすることがあるが、縄文人は突起状になっている外側を見せることのほうが一般的であったように思われる。

閑談　縄文人のモティーフについて
　縄文人の間では、設計図通りの製作しないとプラモデルが完成しないようなシステムなど存在しなかったはずなのである。彼らは土器などいわば実用品は一定のルールに従って製作したが、そうでないものは比較的自由につくったと思われる。たとえば、土偶にさまざまなポーズが表現されているのはその一例だろう。だから、耳飾りのようなものは比較的自由な発想で、それ以前の習慣にとらわれることなく製造し、時としてそれまでと違う着装法に魅力を覚えることあったのではなかろうか。そうしたことで、初めは耳朶に穿った耳飾りを吊すための孔を伸ばすのに使用していた「錘」のほうに、やがて関心が移り、それがそれを耳栓として孔にはめ込むようになったのではないか。そしてこの当時、耳朶伸張用錘としてサメの脊椎骨やイモガイの殻頂部、あるいは竹や木の製品があったと想像することもできる。
　縄文人が魚骨製耳栓を使用していたことは、たとえば樋口清之氏によって伊川津貝塚出土の魚の椎骨製品（一個は鮭）が報告されているし、同氏が耳栓として分類した栓状ないし臼形の耳飾りは、このような魚の椎骨をモティーフに製作されたと思われる（樋口 1939、1940）。少なくとも前期末から中期にかけの縄文人は魚骨製耳栓を玦状耳飾りと併用していた可能性が高い。また三島格氏は南西諸島の大山貝塚や荻堂貝塚からサメの椎骨の中央部を穿孔した垂飾りが発見されていると報告してる（三島 1980）。
　拙論では、西村正衛氏が発表した茨城県向山貝塚や同県興津貝塚から土製玦状耳飾り

が出土したのは石材の原産地に遠く距った地域にあったため土製品で代用したのであろうとした見解（西村 1960）を否定したが、その後、縄文時代では地域によってはこのような事態が起きていた地域があってもおかしくないと考えるようになった。ただこの解釈を土製玦状耳飾りの分布する全域に適用させるには、その分布範囲が広すぎるだろう。民族学的見地からみて、縄文時代の出来事をすべて同一の事象として一律にとらえてはならないと思うからである。

第2節　藤田富士夫氏の論（1）

藤田氏の拙論批判

　1971年、藤田富士夫氏は「耳栓の起源について―飾玉の在り方と関連して―」と題した拙論への批判論文を発表し、その中で「(高山) 氏は耳栓の祖 (ママ) 因を土製玦状耳飾りの着装転化に求められた。しかしそこには何か論理の飛躍を感じさせられる。それは体部を凹状になる形態をとるのに対して、土製玦状耳飾りはその必要性を有しないからである。また高山氏が祖型とされた IA 型は径の大きさよりも厚みの値が大きいからである。玦状耳飾りは扁平状で、むしろ形態的に後期のものに近い。このような点から耳栓の起源を土製玦状耳飾りに求めようとするのは早急であると思われる」と論じた。

　藤田氏の「土製玦状耳飾りには体部を凹状にする必要性はない」とする見解には異論はない。玦状耳飾りの着装法は通常、耳朶に穿孔された孔の中に挿入して垂下するのである以上、耳朶の孔の中に栓のようにはめ込む必要がないので、体部（周縁部）は孔の皮膚を痛めない形ならば一定のきまりはなくてもかまわないのである。その結果、全体の形は円形や四角形や三角形などさまざまな形のものが考案された。ただし全体の断面は扁平であるのが普通である。

　縄文中期になって石製玦状耳飾りが土製玦状耳飾りに取って代わったとき、土製玦状耳飾りの中には周縁部が石製玦状耳飾りよりかなり厚みをもったものが製作されることがあった。思うに縄文人の中に、面白半分に穿孔されていた耳朶の孔から垂らさずに、直接、それをはめ込んだ人がいたのかもしれない。民族学的資料から判断すると、玦状耳飾りを入れるためには耳朶の孔を伸張しなければならないのであるが、そのためには最初に使用されるのが、玦状耳飾

第1章　縄文時代の耳飾りの起源　23

り以外の錘であったはずである。それがなんであったかは確定できないが、おそらくそれらが土製耳栓の考案に大きな影響を与えたものと推測される。そして想像を逞しくすれば、その中には円筒状になった竹や木や魚の脊椎骨などで製作された耳栓形のものがあった。それが最古の中期の耳栓が径より厚みのほうがずっと大きな形態をしていることの理由であろう。

　それ以外にもペンダントとして人気のあったイモガイ製装身具も、時には紐を使って耳朶の孔から伸張器として垂下されていた可能性はある。あるいはイモガイから直接玦状耳飾りを製作したこともあったかもしれない。拙論中にFig.3-41として掲載した図はイモガイの渦巻きを描いたものである（本書では図4の左側下段に転載した）。イモガイの殻頂部を耳栓として使用したいという願望が縄文人の間にあったが、しかしこの貝は周縁の厚みが薄く、そのままの形で耳朶の孔に挿入しても落下しやすい。よほど工夫を加えないと機能的には無理だったであろう。そこで、上記の例のように土製耳栓に渦巻き文様を表わして願望を達成することがあった、と想像することもできよう。

　海洋学者で文化人類学や考古学にも造形の深い白井祥平氏は、メラネシアのソロモン諸島では保存される頭蓋骨にイモガイの目がはめ込まれていることなどから、タカラガイが悪魔に対する"眼"であるように、イモガイ円盤は「心」＝「魂」が宿ると考えられていたのではないかと想定している（白井1997）。また拙論でFig.3-37として図示した耳栓（図5）は断面からいえば、アンボンクロザメの殻頂部を連想させる。しかしアンボンクロザメの殻頂部の表面の市松模様を削り取った後に出てくる文様は渦巻きであるが、この耳栓の文様は同心円状なので、この類推は今後、否定される可能性がないわけではない。そこでこの耳栓の文様に類似した文様をもつ他の貝を強いて探すならば、ホラガイがある。また中期の耳栓の中には内部が空洞で筒型をし、その前方のみがラッパ状に広がったものがある。拙論ではこれをIDと分類した。当時の私はIAが基本形であるという先入観にとらわれていたため、このタイプの耳栓の解釈には困惑していた。その後、民族学的・考古学的諸資料と照合した結果、これは竹製の耳栓を基本にし

図5　高山論文(1966)のFig.3-37の図

てサメ以外の魚の脊椎骨（サメの脊椎骨は扁平であるが、箇所によっては細長い部分があるので、その場合はサメの脊椎骨でもよい）製耳栓のラッパ状の形態の一部をモティーフとして取り入れて製作されたではないか、と考えるにいたった。この空洞には時には垂下式耳飾りを紐で通して利用したり、花などを挿するかして使われることもあったのではないだろうか。

　かつて最古である中期の耳栓を追いかけていた当時、これらは後期の耳栓と違ってその上下両表面部が共通し、しかも意識的とも思えるほど平滑に製作されていたことを発見して、耳栓の起源解明の謎はここにあると速断し、中期耳栓がもっているその他の重要な特徴を軽視してしまった。この「大発見」の嬉しさで舞い上がってしまっていたためこのタイプの耳栓を最古のIAに分類したが、しかしその後このタイプ以外の形状をしたものがあることが徐々にわかり、それをどう判断すべきか困惑した。残存していないサメの脊椎骨製耳栓や木製・竹製耳栓のようなものが縄文時代にも存在していた可能性があることは、外国の民族学的・考古学的資料から承知していたが、拙論を考古学的資料にのみもとづいて執筆しようと目論んでいたため重視しなかったのである。

　今になって考えると、私が行った耳栓の分類やそれを使って想定した「発展系統図」などは、縄文人からみれば、ほとんど意味のないことであったかもしれない。縄文人はさまざまなタイプの耳飾りを佩用していたのであって、ある特定の形態の耳飾りを必ず製作し佩用するという厳格な決まりがあったわけでないと思うからである。いわば縄文人も「十人十色（Tastes differ）」であったろうことに、当時はまったく思いがいたらなかったのである。

　興味深い民族学報告がある。ブラックウッドが1936〜37年にニューギニアの高地に住むクークークー（Kukukuku）族の調査に訪れたとき、彼らはすでに白人の文化の影響を多少受けてはいたが、固有の文化も残していた（cf. Blackwood 1978）。ここの女性の一人は耳からイモガイで作られた小さな輪を吊り下げていたが、このような装身具をつけることは特別な意味があるわけでなく、「単に個人的好みの事柄（purely a matter of personal liking）」にすぎないと報告している（Blackwood 1950）。このことから考えると、縄文時代の遺物の解釈をするに際して、それ自体にはたいした意味もなかったかもしれないのに、考古学者がさまざまに理屈をつけて憶測することには慎重であるべ

きだと思う。

藤田氏への反論

　藤田氏はさらに「耳栓の基本的要素と祖型を確認しておきたい。耳栓には耳装着に必要な体部凹の形態が基本となり、祖型は径より厚みの値が大きい。この特徴から耳栓を起源を考究してみたい」と言う。たしかに台湾の高砂族（胡・崔 1998）、ビルマのカレン族（Cutsem 2001）、ニューギニアの高地人（大石 1981；本多 1964）などの現用品のように、径より厚みがあるもの、すなわち棒状耳栓があるが、私の知る限りでは、成人が使用する耳栓では径より厚みの値が大きくないのが一般的で、上記の藤田氏の前提は耳栓をアイデンティファイするうえで絶対的な条件とはならない。

　また前期において石製玦状耳飾りから土製耳栓へと変化したならば、理論的には厚みより径のほうが大きい扁平な形状をしたものが現れるべきなのに、それが現れなかった理由として考えられることは、石製玦状耳飾り向け用の耳朶の孔は後期の大型耳栓を挿入するほど大きく伸張されていなかったために、土製耳栓が考案された直後は大型耳栓は考案されなかったということである。しかし実際には中期のミミズク土偶には大きな耳栓が表されているので、この推理は成立しない。そして中期の耳栓の中にも扁平な形をしたものが登場しているのである。特に土製玦状耳飾りの中には、かなりの厚みがあり、しかもその脚が長いだけでなく幅も広いものが製作されていることから、当時の少なくとも前期末の縄文人はかなり大きな耳栓が挿入可能の孔を耳朶に開けていたように思われる。だとすると、藤田氏の言うように、長野県有明山社遺跡で出土したタイプの前期の滑石製管玉状装身具を玦状耳飾りと見なし、これを中期耳栓の祖型とするには、耳朶にどの程度の大きさの孔が必要であったかを考えねばならない。しかし、現段階では決定は容易ではないだろう。少なくとも考えられることは、滑石製管玉状装身具タイプの玦状耳飾りは耳栓向けの大きなものでないと挿入しにくかったということである。もしこれをどうしても耳飾りとして使用していたと考えたいならば、民族例から類推して、これら滑石製管玉は子供が耳朶の孔を大きくするために使用する錘のような用途のものだったとすることもできなくはない。子供といえどもこのような管玉を製作するとき、

壊れて再利用されたような見栄えのしないものを好んだかどうか疑問であるが、茨城県村田貝塚では未製品を模した土製玦状耳飾りが出土しているようなので（木下 2002）、この鍾説を全く否定することはできないかもしれない。

　また筒形をした土製玦状耳飾りが国外で発掘されていることは、藤田説が成立する可能性をまったく否定はできないことを教えてくれている。たとえば、ヴェトナムのドンタウ遺跡で管状玦状耳飾りが出土している（横倉 1987）。この形状の耳飾りはとりたてて珍しいものではなく、中国にも同じような形状をした玦状耳飾りがある。

　ただし、藤田氏は別の論考で大分県川原田洞穴出土の鹿角製指貫形玦状耳飾りや茨城県興津貝塚や富山県極楽寺遺跡の類品などを中国の江南地方からの影響を受けて発生したものとし、また小竹貝塚の例をもとに素材の違いによる型（形）式のヴァリエーションだと論じているが（藤田 1975）、これについては後に中山清隆氏が、中国の諸例との間には材質・つくり・形態に差があってそのように捉えられるものかどうか疑問だ、との指摘をしている（中山 1994）。

　かくして縄文時代に管状玦状耳飾りが存在していた可能性を否定することはできないのであるが、ただ藤田氏が「（このタイプの遺物を出土した）有明山社遺跡を残した人には玦状耳飾りやその他の飾玉を多数残し、攻玉集団として認められる性格からも、該品が耳部に係わりをもつものと容認されよう。この半割品と機能的特徴面で酷似する体部凹状品も、その用途に関しては、耳栓と同義であったと考えられるものである」と述べている点は問題であろう。というのは、もしそのような攻玉集団なるものがいたならば、なぜ完璧な形をした滑石製「耳栓」が発見されないで、この廃物利用と思えるような稚拙な滑石製「耳栓」だけが存在しているのかという疑問が生じるからである。

　さらに、藤田氏が言うように、前期の石製管状垂れ飾り形耳栓から中期の土製耳栓が生まれた（あるいは変化）とするならば、中期以降に一斉に流布する土製耳栓が、形態的に管状垂れ飾り形耳飾りの形を踏襲した、いわば「柱状型土製耳栓」タイプが主流を占めるはずであるが、このようなタイプの耳栓は例外的にしか存在していないのである。このことは管状垂れ飾り形耳栓起源論の成立を不利にしているのではなかろうか。たしかに中期の耳栓の中には管状のタイプのものが含まれているが、これはサメの脊椎骨の細長くなった部分か、

あるいはサメ以外の他の種類の魚の脊椎骨を模造したものではなかろうか。

さらに藤田氏は「もし土製玦状耳飾りが滑石製玦状耳飾りを模倣品としているとすれば、滑石製玦状耳飾りの在り方から同時期での近接地域の中部地方のものにその範型を求めざるを得ない。とすれば土製品中の有明山社型や肉薄なものの模造品がみられなければならないと思われる。しかし今日１例を除いて皆無である」と述べたうえで、「このような様相を考えて、土製玦状耳飾りは石製の模倣ではなく、中部地方に対しての形式の違いとすることができる。貝ケ窪や福島県台の前遺跡例等は上下並行をなす平盤状を示している。これは前代の石製玦状耳飾りが、諸磯式に至って何らかの要因で素材を土製に置きかえ、関東地方及びその周辺において独自の発展をしたと考え、土製玦状耳飾りを形式差として把握するのが妥当とするものである。(中略) 前期末の石製耳栓は有明山社型玦状耳飾りの分布圏に強い結びつきがあることを指摘できる」と言う。つまり、石製耳栓の存在は「土製耳栓が土製玦状耳飾りの着装転化により生じたものでなくり、それが出現した時に共に耳栓が生まれたとみたい。それは、はからずも玦状耳飾りの社会変容により有明社型と称する特徴的玦状耳飾り出現と共に石製耳栓が生まれていることとも一致している」と言うのである。

しかし前期の石製玦状耳飾りが流行していた時期に、骨や貝や木などで製作されたいわば耳栓の範疇に入るような耳飾りが併存していたことは当然予想されることである。藤田説を支持するうえで必要な資料である土製耳栓と石製耳栓とが併存していたことを示す発掘例は、ほとんどないように思われる。ただ石製耳栓の発見はこの想定が絶対的なものではないことを示している。

さらに別の箇所で藤田氏は「諸磯式期およびそれ以降の前期は地域色が強く見られる時期で、この時期に関東と中部の様相だけでなく、東北地方の三角状玦状耳飾り、山陰地方の石包丁状玦状耳飾りの分布がそれを示しているが、これは大きな社会的ヒアトス（高山註：ハイエイタス hiatus の意か？）の存在があって、その動きと耳栓の出現と強い関係がある」と論じている（藤田 1971）。だが、当時の縄文社会がたかだか耳飾りくらいの変化で「社会変容」が起きるとは考えにくい。

後のことになるが、2004 年の信州縄文文化研究会で、川崎保氏は「土製玦

状耳飾りが土製円形耳飾りに変化したとされる（藤田1971）が、あるいはもともと骨角製などの有機質の円形（円盤状）の耳飾りがあったのが、中期になって（硬玉ヒスイ製品が流行するころ）土製に変化したのかもしれない」と発表したが、妥当な見解といえよう。同氏はさらに、晩期の例であるが長野県宮崎遺跡の石棺墓から円形土製耳飾りと土抗墓からは魚骨（椎骨）製耳飾りが出土していると付言し、「両者が同じような用法であり、似たような形状をしていることは、間違いない。学史的には魚骨の椎骨が土製円形耳飾りの祖形とする説（鳥居1924）は高山によって否定されている（高山1966）が今一度検討する必要があると思う」と述べている。正鵠を射た指摘と思う。

第3節 1970年代の諸研究

西川博孝氏の研究

1973年、渡辺誠氏は土製玦状耳飾りと土製耳栓の分布図を作成し、土製玦状耳飾りの分布する地域は土製耳栓の分布範囲内に包括される。すなわち、これは石製の玦状耳飾りのように周辺地域への展開をみずに耳栓へと発展したものと考えられる、という拙論にとって追い風となるような解釈を発表した（渡辺1973）。

同じ1973年、西川博孝氏は千葉県古和田台遺跡で発掘した9個の玦状耳飾りに加えて、他の遺跡からの出土品をも集成された重要な研究を発表したが、この論文中には私があれほど苦労して探し求めていた土製玦状耳飾りが当たり前のように数多く掲載されていたのである（西川1973）。このような日が訪れるとは拙論執筆中には全く予測できなかったし、それはまさにエポック・メイキングなものであった。

同氏は形態分類は高山の研究に、そして各部位の名称は原則としてかつて樋口清之氏の付けたものに従ったと、最初に断わったうえで、持論を展開した。私の知らなかった新資料での分析結果には感嘆するばかりであった。特に、高山は耳栓の起源を土製玦状耳飾りのC'・D'に求めたがこれは前期末の土製玦状耳飾りのヴァラエティーにすぎず、これから耳栓が発生したとするのには若干の飛躍を感じると述べているが、私の使った資料は微々たるものであり、そ

れから引き出された想定の大部分は頭の中での「創作」にもとづいてなされたものだったので、数多くの確固たる考古学的資料から導き出された同氏の結論には反論の余地はなかった。

西川氏の研究はその結論以外でも、私を喜ばせたことがあった。その発見を心待ちしていたサメの脊椎骨を模した土製玦状耳飾りが図として掲載されていたのである（西川1973、図34-1）。同氏は特にこのことには言及していないが、それは確実にサメの脊椎骨をモティーフにしているものであった。このことは土製耳栓が誕生したときにはサメの脊椎骨製耳栓がいつも製作者の身近にあったことを裏づけてくれたのである。また他の土製玦状耳飾りの中には耳栓としての機能を十分に果たせる土製玦状耳飾りも含まれていた（同書、図78-20）。西川氏は「土製玦状耳飾りは周知の如く、石製より後出であり、土製の初現形態を仮想した場合、それらは石製品を模して作成するのは当然のことであり、石製と形態的に極似し、中央孔を表裏両面からわざわざ円錐状に穿つことも当然であろう」と述べているが、全く妥当な解釈であると思う。

ところが、その2年後の1975年、藤田富士夫氏は「玦状耳飾りの素材の在り方について」と題した論文を発表し、新たな資料に加え「範型理論」をもって武装して、私の中期の耳栓の土製玦状耳飾り起源論とそれを支持した西川論文にさらなる論破を挑んだのである（藤田1975）。これについては後述する。

百瀬長秀氏の研究

1979年には、前述のごとく百瀬長秀氏が、高山の起源論は玦状耳飾り―玦状耳飾りの土製模造品―土製耳飾りという系統を想定したと述べたうえで、「縄文前期に盛行した玦状耳飾りに形態的に連なるというのであるが、その中間的形態の耳飾りは未発見であり仮説の域を出ていない。しかし着装方法は共に耳朶穿孔であり、同用途であると考えればこの系統論は整合性があると言える。土器編年に従って出現期の土製耳飾りを摘出したこの研究は、方法論的裏づけをもった最初のものであると言えよう」と評価した（百瀬1979）。そして同氏はその論考の註で「魚椎骨を用いた耳飾りは他の類と起源を異とするように見えるが、魚骨製品の登場以前より土製耳飾りが主流で存し、むしろ土製品に触発されて異材質が利用されたと考えられる。骨製品は量的に少なく敢え

て問題とするに足る資料に恵まれていないので、土製品の傍系と位置づけておく。なお木製品の存在も予想されるが発見例を聞いていない。今後も検出は困難と思われる」と付記している。

　ただ同氏は他の箇所で「藤田富士夫は分布論に基づき高山の起源論を批判し、土製耳飾りと玦状耳飾りとは分布域を異にしつつ同時期に誕生したとしている。起源論については私はいずれとも判断できないが、両者の方法には共通する点が多いといえよう」と結んでおり、この点は筆者と意見が分かれる。当時は同氏の指摘があるように、前期は言うに及ばず中期まで遡る古い魚の脊椎骨製耳栓は未発見であった。しかし現在では前期の遺跡からもサメの脊椎骨製耳栓が発掘されているので、このようなタイプの耳栓は前期に玦状耳飾りと併用されていたことは明白であり、さらに中期になって土製玦状耳飾りと土製耳栓が使用される時代にも存続していたことは疑いない。また民族学的資料から判断すると、木製耳栓は土製品と共に常に使用されていたと想定される。

第4節　藤田富士夫氏の論（2）

藤田氏の再批判

　1975年に発表された藤田氏の「玦状耳飾りの素材の在り方について」は、以下のように論を展開している。

　富山県下で土製玦状耳飾りが発見された結果、この耳飾りの出土分布は関東圏だけでなく日本海側まで広がった。玦状耳飾りは土と石の両素材によって製作された同一型式のものが存在する。このことは土製玦状耳飾りが玦状耳飾りの型式の中で把握できることを明らかにしている。つまり土製玦状耳飾りは石製玦状耳飾りや骨角製玦状耳飾りと独立して存在しているのではない。従来これを一つの文化圏のごとく扱ってきたのは誤りとせねばならない。そして「型式の中で個体差として素材の違いが存在することを明らかにした」として「素材の違いは、今まで考えられてきた模倣ではなく、あくまで形式の展開（形式化）によって生じたヴァラエティであり、個体差として認識しなければならない問題であると考える」と論じている。そして「近年埼玉県入間市坂東山遺跡で興味ある土製玦状耳飾りが発見された。（中略）断面は四角で、外周はやや

窪ませている。形態からすると中期の耳栓と似る。これからすると、高山氏の土製玦状耳飾りの耳栓への装着転化説を証明するものとする意見が再燃しそうである。しかし私はこれを今までの方法に従って柱状玦の中のヴァラエティとして把握したい」と自説を堅持した。

さらに批判の矢は渡辺誠氏にも向けられ、渡辺氏が長野県富士見町籠畑遺跡の土製玦状耳飾りが側面がくびれていることから耳栓との関係を示唆した（渡辺1973）ことに対し、これも形式の展開によって生じたヴァラエティーの一つとして理解したほうが現実的であると一蹴した。また宮城県、埼玉県、千葉県で発見された中期初頭の土製玦状耳飾りは側面にくびれがなく玦状耳飾りの形式のヴァラエティーであり耳栓ではないたことから「全く（耳栓）との連絡を認められない。故にそれのより先のものと側面がくびれるものとが存在しても、耳栓に発展したとする根拠は認められない」と述べている。

しかし、石製玦状耳飾りを使用していた前期の縄文人は、後の時代（つまり中期）に耳栓を流行させる意図から土製玦状耳飾りを考案したわけではなかろう。石製玦状耳飾りが土製玦状耳飾りに変化した原因や、土製玦状耳飾りがほとんど重要視されずにすぐ廃れて土製耳栓と入れ替わった真の理由は不明であるが、想像するかぎりでは、石材の入手が困難とか土製品の製作技術の向上とか、材質への好みの変化などさまざまな要因が考えられる。したがって、最初どこかで土製玦状耳飾りが登場しそれが各地に広がったとか、次にどこかの地域で土製玦状耳飾りから土製耳栓が考案されたとか、あるいは当初は短期間でも両タイプの耳飾りが併存していた可能性も十分にあるので、それらがどのような経路を通って各地に広がっていったかは将来の研究で明らかになるであろう。耳栓とは無関係の形態をした土製玦状耳飾りが各地で発見されても、それはたんに「文化の残存」を示しているだけのことであって、特に不思議なことではないであろう。

藤田氏はさらに「土製玦状耳飾りが装着転化によって中期耳栓へと展開したとすれば、そこには機能上の同一性が前提となる。しかし耳栓が出現して以後もその分布圏内に玦状耳飾りが以前と変わらぬ在り方で存在している。一つの機能を果たすのに、あるものが新しく出現したなら、旧来のものは相対的に減少、消滅するのが一般的であろう。しかしその関係を知ることはできない。こ

のことは、土製玦状耳飾りと耳栓とはそもそも別の機能を分担しているのであって、ある時点で一個体の中、それも玦状耳飾りの形式中の土製品にのみ両機能を含ませるとするのは認めることができない」と言う。しかし、はたしてそうであろうか。文化人類学の「マリノウスキーの機能論」が後にクラックホーンによって批判されたように、人間の文化現象は決して論理的なものばかりではないのである（祖父江 1979）。特に装身具は人間の生活上の機能に拘束されるばかりでない文化要素である。縄文人の特長の一つは、機能至上主義者でなく「おしゃれな文化」を追求する美的感覚を持ち合わせる文化人だったことだと思う。極論するならば、もし仮に考古学者が縄文の女性たちに向かって「型式」とか「形式」とか「ヴァラエティ」によって耳飾りを製作し着装しているのかと質問したと想像するならば、彼女たちは単に「好み」によってそれぞれが好きなようものを製作し使用しているだけのことだと苦笑するのではなかろうかと、私は思う。さらにそれにたいして考古学者が「いや違う。土製玦状耳飾りと耳栓とが別の機能を分担しているはずだ」だと、言いつのったならば、彼女たちは「それらは耳飾りとしては同じ機能を果たしているのではないか」と控え目に笑いながら返事をするのではなかろうか。

　フィリピンのルソン島の山地民ボントック・イゴロット族は玦状耳飾りの佩用で民族誌的に有名であるが、玦状耳飾りを穿孔された耳朶の孔に挿入する前にはさまざまな方法で耳朶の孔を伸張した。その一つの耳朶伸張器（ear stretcher）は表面が装飾されている短い竹の筒であるが、これは装飾的な意味があるとは考えられていない。また植物の髄を束ねたものやサトウキビの葉を丸めたものやコルク製の瓶の栓形をしたものを挿入する（Jenks 1905）（図6参照）。このような民族学例は他にもある。前期の縄文人が石製玦状耳飾りを垂下するためには、耳朶を所定の大きさにまで伸張せねばならず、最初は玦状耳飾り以外の何らかの伸張器を使用していたことは充分に想定されることである。そしてこの中には耳栓形のものも含まれていたと考えられる。換言すれば、前期縄文時代には石製玦状耳飾りはいわば"正式な"と言うよりも"人気のある"と言ったほうが適切な耳飾りであったが、土製耳栓ではない魚の脊椎骨製や木製、あるいは竹製や貝製のものなどが併用されていたと推考される。また時にはボントック・イゴロット族の女性のように細い小枝を束

ねたものを挿入していたかもしれない（図6）。縄文耳栓の刺突文の中にはこれを図案化したものと思えるものがある。いずれにせよ、それが突如、耳栓タイプの佩用法に人気が出て、この方法に変わってしまうようなことは、いつでも起こりうる自然の成り行きであるし、換言すれば、それは想定内の変化であるといえよう。

次に藤田氏は中村貞史氏の拙論批判論考の骨子とはあまり変わらない論旨を展開している。そして、拙論批判の理論的拠り所として中村氏と同様に小林達雄氏の「範型（モデル）」概念を用いている（なお当時「モデル model」論ではレンフルーの著書が代表的なものであった〈Renfrew ed.1973〉）。しかし藤田氏が論考の中で「従来石の塀が作られてきたとしよう。新しい時代になって、今までとは異なった設計図により石と木と竹を素材とする塀が作られた。これは木と竹の素材のものを同時代もしくは前時代からの石塀を模倣したも

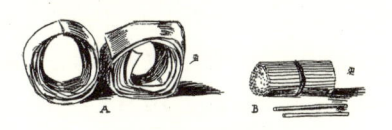

図6 上段はミンダナオ島ダヴァオ地域のバゴボ族使用の穿孔された耳朶の伸長器。左側はバナナや麻の葉を丸めたもの。右側は細い棒。伸長するためにはこの棒の数を増やしていく（Cole 1913 より）。下段は多くの棒を穿孔された耳朶の孔に入れたボントック・イゴロト族の女性（Worcester 1906 より）。

のではなく、設計図に関係があると解釈すべきである」と言い、その設計図とは小林氏の提唱する「範型」と同義であるという。しかしその小林氏の論は、中村・藤田両氏によって使われるときには、論旨が若干違ってきているように思われる。小林氏は有舌尖頭器を論じる際、その特殊性、つまり個体差を解釈する場合、製作者の癖や個性が付随していることと、その個人が生活している集団の社会的規制によって集団の一人一人が共通の行動様式、つまり模範的な型が自然と決まっているので、同一集団の成員の製作する個々の有舌尖頭器はその集団の範型（モデル）のコピイをせざるをえないと言う（小林1967c）。そして個々の有舌尖頭器に認められる個体差は範型（モデル）が許容する限度

内での「コピイのバラェテー」であるとし、そして一単位集団の範型を越えて各地で一定の期間おこなわれた有舌尖頭器の全体を「大範型」の概念でとらえれば、一単位集団の保有する関係は「大範型」のコピイと考えられるとしている（後に小林氏はこの理論を縄文早期前半の撚糸文系土器、縄文晩期の土版と岩版の研究に当てはめている）。

小林理論を民族学的解釈でもって一口で言えば、「伝統文化の踏襲」に近い概念ということになろうか。小林氏は範型の違いを認識することは、直ちに相異する集団の存在を認識することが可能となるし、2つ以上の遺跡に同一の範型が認識出来るときには、2つ以上の遺跡（単位集団とよぶ）が占拠する集団のまとまりが認識されると想定した。だとすると、前記の藤田氏の設計図を製作して新しいものを製作することは現代風に言えば、いわば単なる「技術革新 technological innovation」に相当する事柄ではないかと思われる。なお、この問題については（Ziman ed.2000）が参考になろう。

耳栓は玦状耳飾りのヴァラエティではない

藤田氏は西川氏の論考に対しても以下のような批判を加えている。

西川氏は高山の見解と同様土製玦状耳飾りは周知のように石製品を模して作成するのは当然のことであり、土製でなければ作成不能のものもあるとして、土製玦状耳飾りは石製品よりもやや後出であるとしたが、ここで西川氏は高山と同様に自己矛盾をおかしている、なぜなら西川氏は「少なくとも本遺跡（古和田台）に関する限り、A〜D′型までの諸形態は、浮島Ⅲから興津式におけるヴァラエティとしてとらえられようと」と論じているからである。そして藤田氏は批判の決定的論拠として古和田遺跡には両者が存在していることを指摘し、「仮に古和田台を例外としてその両者が大きく二分でき、模せるグループ、模せないグループでの個々のヴァラエティと解したとしても次によりその時間差とはできない。すなわち、玦状耳飾りの在り方は生産遺跡において、前時代のものを踏襲したものと新しいものとの二者が同時に製作されているからである。（中略）このよう状況をみれば、決して古くから行われていたから時間的に古いのだという結論は得られない。それはいかに細分されていたとしても、その組み合せに至っては机上の産物としかいえない」と言い、その事例として

「存在遺跡でも、岐阜県村山遺跡にみられるように有明山社型とやや小型の断面が丸みをおびるものが共存している。さらに、長野県舅屋敷遺跡でも断面丸形のものや肉薄のものが共に出土しているという。これは前時期のものを少なからず含んでいる性格によるからである」と述べる。

　考古学では文化の残存は簡単には解けない問題である。たとえばあるものが「家宝」として何世代もの間大切に保管されていた場合、古いものが時代的に新しいものと一緒に出土することになる。文字のない先史時代におけるこのような出土品の判定は考古学者にとってしばしば困難となっている。ただ、縄文時代にこのような家宝を何代にわたって守るようなことが行われていたかは定かでない。

　しかし多摩ニュータウン遺跡群では「多くの土製玦状耳飾りの出土をみながら石製のそれとは共伴していない」といい、設楽氏は「最も多く出土する遺跡でも10個体に満たない。これは春成氏のいう'一部の者だけがかかわる装身具'という性格を、この遺物は有している」と論じている（設楽1985）。しかしその後の、千葉県返田遺跡の50個、同県本山他遺跡の56個、東京都町田市の遺跡の286個という大量出土と照合するまでもなく、ヴァラエティ理論は成立しがたくなっている。現に西川氏をして「土製を石製のバラエティーとする単一的な理解では、こうした様相を解釈することはできない」と言わしめている（西川1995）。私としては、本来の主役だったものがなくなって脇役だった変異（ヴァリエーション）形が主役となって盛行した段階になっても、依然として脇役、つまり変異形（variant forms）にあくまでも変異形であるとのレッテルを貼っていてよいものかと疑問に思っている。そして今では「変異」を正式に「型式」の範疇に入れたほうが妥当ではないかと思うようになっている。

　縄文時代の遺跡を発掘する者ならば、縄文中期の土器が編年表通りには出土しないことを知っている。なんといっても中期の遺跡の層位的発掘では文化層が薄いため、教科書通りの層位的発掘が不可能なのである。

　そこで従来、考古学者がここで型式分類の概念の助けを借りてきた。しかし土器以外の遺物をさまざまな形式に分類するのは便宜上行うだけであって、それが層位的時代差、つまり絶対年代を示しているわけではない。今後、私を批

判する研究者は、私が耳飾りの詳細な編年研究を無視しているので空理空論だと非難を展開することだろう。本来ならここで形式・型式の概念について詳述しなければならないのだろうが（アメリカの場合〈Hole and Heizer 1973〉を参照、特に様式〈pattern〉については〈Wenke 1980〉が役立つ）、テーマから外れるので、米国と日本考古学ではその概念にかなり差のあることだけを指摘し、以下日本に限って述べる。

たとえば小林行雄氏は同種の遺物を群に細分し、その遺物の時間的あるは地域的変化を読みとることは考古学の重要な研究方法であるとし、さらにこのような研究では大別された遺物のもつ共通性を形式（form）、細分されたものを型式（type）とすれば、細分された遺物をさらに型式によって小さい群に分けるときには様式（style）という用語を設定するとしている（小林1959）。また、古く甲野勇氏は研究の第一歩は対象とする遺物を形態的特徴と内面的特徴とに基づき詳細に観察して、その相同であるものをまとめて型式（type）と設定するとした（甲野1948）。これに続けて甲野氏は「設定された型式は進化論的見地より、素朴原始的なものより複雑精巧なるものの方向へ、順次配列され、また最盛期に到達した物が、退化の道程をたどる経路が配列される。此様にして作られた型式の連続を組列（series）と云う。然し此の様な組列は進化論的な仮説にたって、人為的に型式の変遷を示したものであって、実際の年代の新旧を意味するものでない」と力説するが、これは重要な指摘であろう。

ところで、現代人の感覚では明快に理解できない問題がある。すなわち、土製耳栓が製作され始めた当初はまだ石製玦状耳飾りも地域によっては依然として製作されていたはずであり、まだ土製耳栓が一般化していない時代ならいざしらず、中期になって土製耳栓が縄文人の間で広範囲に流行したとき、なぜ石製玦状耳飾りの技術をもっていた人びとが石製耳栓の製作をほとんど中止してしまったか、という疑問である。石の製作技術の伝統を重んじる保守的な人びとも土製耳栓の「流行」には逆らえなかったため、石製玦状耳飾りにしろ石製耳栓にしろ、石製耳飾りは短期間のうちに消滅してしまったのかもしれない。

藤田氏はさらに「そもそも高山氏にしろ、西川氏にしろ、断面形の分類に終始し、その中で模倣の概念を挿入されている。しかし、それは〈形式〉・〈型式〉の概念があって初めて、細分による個体間の関係が生きてくるのであっ

て、型式の違いを無視して論じられるものではない。中村貞史氏も指摘されるようにあえて矛盾をおかしてまで石製品からの模造に走る必要はない」と厳しい批判を展開する。だが、私も西川氏も断面形にこだわったのは、ここに土製玦状耳飾りから土製耳栓に変化する過程を示す証拠が隠されている考えたからに他ならない。むしろ私としては有明山社型石製玦状耳飾りの断面が蒲鉾状をしているのは生産過程でこうなるのか、意識的にこのような形に製作するのかという重要な点を知りたいところである。なぜならこのような形状の断面は玦状耳飾りとしての機能には関係がないように思えるからである（なお卑見ではこの形状は巻き貝の蓋の断面をモティーフにしていたような印象がする）。

　ところで、藤田氏らが定義づけている「ヴァラエティ」とは一体どの範囲までいったらヴァラエティーの圏外に脱出できるのであろうか。人類学では一般に変異（variation）という言葉を使うが、これはこれに相当する語彙として使用されていると思われる。variationの定義は「集団内の個体間あるいは集団間でみられる形質の相違あるいは多様性」となっている（渡辺編 1997）。当時の私は土製玦状耳飾りを石製玦状耳飾りのいわば variant forms という程度の認識で考えていたのである。

玦状耳飾りと耳栓の違いについて

　藤田氏はこの論文において、拙論への批判の論拠の一つとして、中期初頭の土製玦状耳飾りは宮城県、埼玉県、千葉県に例があるが、これらは側面にくびれがなく、玦状耳飾りの形式のヴァラエティーであって耳栓ではないと述べている。しかしその後、玦状耳飾り兼耳栓の資料が増加しているので、この批判は今では成立しないと思われる。

　藤田氏はさらに、「土製玦状耳飾りが装着転化によって中期耳栓へと展開したとすれば、そこに機能上の同一性が前提となる」といい、「しかし耳栓が出現して以後もその分布圏内に玦状耳飾りが以前と変わらぬ在り方で存在している。一つの機能を果すのに、あるものが新しく出現しならば、旧来のものは相対的に減少、消滅するのが一般的であろう。しかしその関係を知ることができない。このことは、土製玦状耳飾りと耳栓とはそもそも別の機能を分担しているのであって、ある時点で、一個体の中、それも玦状耳飾りの形式中の土製品

にのみ両機能を含ませたとするのは認めることができない」とするが、両者は耳飾りであったという点では同一機能をもっていたので、とりたてて別であったとする根拠はないように思える。ただ玦状耳飾りが常に耳飾りであったわけではなく、時には「伸長器」やペンダントのようなものであった可能性も全くないわけではない。これは玦状耳飾りを表現した土偶のないことから支持される想定である。

　筆者の想像では、土製の玦状耳飾りが流行していたある日、縄文人の中にこれを穿孔された耳朶の孔から吊さないで、それをそのままの状態で挿入した者がいた。このような例外的な装着方法を行うにあたっては、彼らの間では普段から耳朶の孔を大きくするために使われていた木や竹製の耳栓、あるいは魚の脊椎骨の耳栓のようにものがあったので、簡単に変えられることだったのではないか。その結果、玦状耳飾りに代わって耳栓に人気が出てきたのであるが、どうしても石製玦状耳飾りの伝統文化から逃れられない人びとが玦状耳飾り兼耳栓の形状をした土製耳飾りを製作したのではなかろうか。いつでもどちらにも転用可能な土製玦状耳飾り兼土製耳栓のハイブリッド型の耳飾りは、古い伝統から脱皮できなかった一部の人びとの苦肉の策の考案であったのかもしれない。また、拙論では念のために土製耳栓の起源になるかもしれないと想定していた魚脊椎骨を模した土製玦状耳飾りが、その後、数箇所の遺跡から発掘されていることは、この予想が無意味でなかったことを明らかにしてくれている。そして、魚の脊椎骨自体を玦状耳飾りのような形に加工し、石製あるいは土製玦状耳飾りと同様に垂下していたこともありうるだろう。

藤田氏へのコメントのまとめ

　ここで藤田氏による拙論への批判に対する私の見解を意見をまとめておく。
(1) 中期になって「管状」土製玦状耳飾りタイプの耳飾りがほとんど存在しなかったのは奇妙であり、このことは中期においても「管状」土製耳栓がほとんど、もしくは全くないことにも当てはまる。
(2) 「管状」タイプの耳飾りは玦状耳飾りとしても耳栓としても使用するには形態的に難があるので、存続しなかったのだろうか。
(3) 土製玦状耳飾りの周囲に紋様のあるのは、そのプロト・タイプであるイ

モガイ製耳飾りと同様に紐で吊り下げて使用した可能性もある。あるいは土製玦状耳飾りは木製や竹製の耳栓タイプの耳飾りを挿入するために耳朶に穿孔された孔を伸張する錘であった可能性もないわけではいが、それを証明することは難しい。

(4) 中期の土製耳栓（以下単に耳栓と表記する）の直径と前期の玦状耳飾りの脚の幅（および長さ）とはあまり差のない大きさなので、転用は可能だったと思われる。

(5) 中期に耳栓が登場した当初は透かし彫りはない。しかし土製玦状耳飾りと同様に耳栓に文様を彫ったり、赤色顔料を塗布したり、新たに貝殻を象眼したりすることなどで、人びとの「おしゃれ」の気分は十分に達せられていたと推定される。

(6) 土偶や土器などを含み中期には土製品製作技術は格段に発達した。これは土製耳栓の製作を誘発したことであろう。

(7) 縄文人が貴重な石製品を貴重視したのは鰹節形大珠が長い間存続したことから分かる。しかし材質に限っていえば、中期以降の縄文人はどうしたわけか土製品で十分に満足していたように思われる。

(8) 土製玦状耳飾りの出現には土製品の製作の技術の発達に加えて、西村氏の代用品説が成立することもあったろうし、場所によっては私の説も容認されるであろう。あるいは他のいろいろな想定も成立することもあると考ねばならないかもしれない。

(9) 玦状耳飾りの中には破損した箇所を接合するためと思われる小さな孔だけでなく、時にはこの用途とは無関係の孔があるものもある。一対の孔の用途について藤田氏は甲野勇氏の羽毛などを垂下するためのものとする想定を否定し、これは玦状耳飾りが落下しないような滑り止めの装置であろうと推測している（藤田1992）。その根拠はラオスのモン族の民族例や中国雲南省石塞山遺跡や李家山遺跡の玦状耳飾りでは、切れ目の両端の小孔には紐で結んだ痕跡が認められることだという。しかし私が渉猟した民族学的文献にはこのような落下予防装置を施した例は見当らない。それに縄文時代の玦状耳飾りの中にはいくつもの小さな孔を貫通したものがあって、落下予防装置ではないことがわかる。民族誌資料からいうと、玦状耳飾りは常

に耳飾りとして使用されているわけではない。時には、また場所によっては、首飾りや他の装飾品として転用されることもある（三吉 1933、Maramba 1998）。縄文人も同じようなことを行っていた可能性も十分あるし、そうならば孔の数は一定でなくてもよいことになる。なお、木下哲夫氏は玦状耳飾りに見られるこのような多くの孔に言及し、従来の補修孔とする用途の規定に疑義を抱かせると論じている（木下 2002）。ただ同氏は類例が中国にあることは、「相当に長期間にわたり波状的な交流が見られるものと推測される」と結んでいて、藤田氏の見解から抜け出していない。

(10) 上記の論考で藤田氏はこのような「滑り止め装置」は「これを施すのを普通とする黒潮文化圏からの影響があるいはあったのであろうか」と言うが、黒潮による文化の伝播はもちろんのこと、それに加えて私はこの藤田氏の見解を支持する考古学的・民族学的資料を見つけることはできない。中国の約110遺跡から1300例ほどの玦状耳飾りの資料を集成した西口陽一氏は中国では平面形が円形・横長の楕円形で、断面が扁平で玉・石・骨などで製作されてる玦状耳飾りは、数枚から10数枚を重ね合わせて使うのが特徴であるといい、そしてこのタイプの玦状耳飾りは切れ目の両端に紐孔用の小孔が2個穿たれているという。またこの耳飾りの存在した年代は戦国末期から前漢早期であるという（西口　1983）。栃木県根古谷台遺跡出土の前期の石製玦状耳飾りの中にはいわゆる2個の補修孔とは別に1孔が開けられているものがあるが（小林1988b）、これはどうみても「滑り止め装置」以外の機能を考えねばならないであろう。民族学からみるならば、これは玦状耳飾りがペンダントとして使用されていた可能性を強く示唆しているといえる。

(11) 1966年刊行の『多摩ニュータウン調査報告1―予備調査概報―』（第1図-8）にはNo.25遺跡における試掘で土製玦状耳飾りの破片が1個出土していることが記述されている。これは全体が楕円形に近く、下部からの抉入りはその奥部まで直線的に切り込まれている。この遺物で注目されるのが、側縁の上半部より頂部にわたった浅い刻み目の装飾が施されていることで、現存部ではその数は12個を数えるという。この形状の玦状耳飾りは、現代人には耳朶の穿孔された孔に挿入するには不適当な作りであるように見え

る。このような事例はその後、増加している。このタイプの土製玦状耳飾りは先述のように耳飾りとしても使用可能であるが、これ以外の方法、つまり、紐を使って穿孔された耳朶の孔から垂下したものと考えるのが適切であるように思える。その後、発見された多くの土製玦状耳飾りの周縁部の形態をながめると、東日本の各地で一斉に玦状耳飾りの使用法が耳栓の使用法に変更するような事態は起きず、耳栓が全面的な流行を迎えるまでにはかなりの年月（数10年間と思える）をついやしたため、その間には旧習にこだわる人びとがいて、石製玦状耳飾りから土製玦状耳飾りへの変化の時と比べて、装着方法を玦状耳飾りタイプから耳栓タイプに変更する時のほうがより長い時間がかかったように思われる。

(12) 拙論を書いていた1965年当時、私はサメの脊椎骨自体を使って製作した耳栓は後期にはあるが、中期には土製玦状耳飾りはあっても石製玦状耳栓がないのは、魚の脊椎骨製耳飾りが正式な耳飾りとして認められていなかったのか、あるいは魚の脊椎骨をモティーフにした耳飾りを製作するのが難しかったのかなど考えていた。しかし現在では中期以前の前期のサメの脊椎製品が福井県鳥浜貝塚で発掘されているので（大竹1989）、この懸念は解消している。サメの脊椎骨製耳栓は玦状耳飾りと併存していたのであった。当時、サメの脊椎骨が玦状耳飾りの形に細工されることもあったかもしれないが、このような遺物は未発見である。

(13) 藤田氏の批判の中に、拙論には主観が入っていると批判される箇所がある（藤田1975）。しかし考古学は民族学と違って使用現場を直接見ることはできないので、考古学の解釈には民族学的知識を根底においた「主観」が常に付随してしまう宿命がある。考古学者はこの点では「見てきたような嘘を言い」と揶揄される危険にさらされているといえる。同氏はここで「土製玦状耳飾りと耳栓とはそもそも別の機能を分担しているであって、ある時点で1個体の中、それも玦状耳飾りの型式中の土製品にのみ両機能を含ませるとするのは認めることができない」と拙論を批判したが、しかし民族学的資料によれば一見、文化的に異系統と思える玦状耳飾りと耳栓とは、耳朶に穿孔された孔に挿入して身体を飾るという目的の達成という点では、それらは共通の機能を果たしているのである。耳朶の孔を大きくするには、

最初は孔が癒着しないように糸を入れ、次に楊枝のようなものと入れ替えて、やがてその数を増やしていく。そしてその後、孔を伸張させるために「錘」を使うのが普通である。縄文人の場合も、成人になってから一気に耳朶を大きく切って裂け目を入れることは、傷を治癒する医療が発達していなかったので危険なことであり、耳朶の孔は徐々に大きくしていったと考えるほうが妥当であろう。耳朶の孔を伸張するには耳栓のような形をした木製品や竹製品が使われることは民族学では普通に見られることである。そして玦状耳飾りを佩用する前に使用していたこのような伸張器にすぎなかった耳栓に近い形態をした耳飾りのほうに、ある時、突如人気が出て、これが流行することになったと考えても決して奇怪な発想とはいえないだろう。玦状耳飾りは人間が生活していく上で不可欠なものではなく、この程度の変化が起きても縄文人にとっても少しも不思議ではなかったはずである。この点で桑原護氏の「土製玦状耳飾りが石製より遅れて出現し、形態も類似している以上、先学が既に指摘しているように石製玦状耳飾りを模倣して製作してことは否定できない」という結論に全面的に賛同する（桑原1993）。

(14) 私が耳栓の起源についての論文を発表した当時は、土製玦状耳飾りおよび中期の土製耳栓の個数とそれを出土した遺跡の数もほんのわずかであった。まさかこれほど多量の資料が発見される日がくるとは夢にも思わなかった。これらの新資料をながめて感じたことは、土製玦状耳飾りを製作するにあたった当時の縄文人は身近で使用されていた他の装身具類をモティーフにしてしばしば取り入れていたことであった。

(15) 土製玦状耳飾りや土製耳栓はしばしば魚（その多くはサメ）の脊椎骨を模倣していることである。サメの脊椎骨を模したもののあったことは、桑原氏が論文中に掲載した土製玦状耳飾りの図によって明白である（桑原1994：第3図-19-1）。

(16) イモガイの殻長部を参考にして製作されたものがあるが、このような耳栓と思われる遺物はフィリピンのパラワン島においても発掘されている。イモガイについては後で詳述したい。

(17) 土製玦状耳飾りだけでなく、石製玦状耳飾りの外周縁にも刻み目などの装飾があることは、玦状耳飾りの中には直接、耳朶に開けた孔に挿入するこ

とはしなかったもののあることを示唆している。つまり、玦状耳飾りが消滅に近づいた最後の段階、換言すれば土製耳栓に取って代わり始めた頃には、玦状耳飾りは紐で耳朶の孔から垂下されたか、あるいは首飾りのように本来の用法以外の仕方に変わっていたことが推測される。この点に関連して、神奈川県上浜田遺跡で発掘された切れ目の幅が狭く耳朶の孔への挿入が不可能と考えられる玦状耳飾りは、「の」字状石製品と同じように、紐で結えて耳朶の孔から吊り下げる着装法を行っていたのではなかとする上野修一氏の想定は正しいであろう（上野 2004）。なお、「の」字状石製品の起源については飯島正明・中山清隆両氏（飯島・中山 1989）や小田静夫氏（小田 2002a）らによってイモガイ模倣説が提唱されている。図7にメラネシアのクラ交易に使用されるイモガイ製ネックレスを掲載しておく。

図7　クラ交易に使用される首飾りの中央部に垂下されるアンボンクロザメ製ペンダント（Shack 1985より）。「の」字形をしている。

第5節　1980年代の諸研究

設楽博己氏の研究

　藤田氏論文から10年後、設楽博己氏が59遺跡136例の玦状耳飾りを集成した結果を発表した（設楽 1985）。この研究によって、かつて私が提案した断面形態分類は当時には予想もつかなかったほど精緻なものとなり、必然的に分類方法には大幅な変更が加えられることになった。

　ただ気になる箇所がないわけではない。たとえば、設楽氏は「伴出遺物（土器のこと：高山註）とのかかわりをみるならば、高山氏の想定した発展系列には疑問が多い」と土器の編年形式分類に依拠して批判している。たしかに拙論の発表より後、土器の編年研究は非常に精緻になった。しかしこのような細かい土器の編年型式が絶対年代を確実に表したものとは思えないのである。先述のように、甲野勇氏は土器の型式と文様からなされる形式を年代差のあるものとして誤解してはならないと注意を喚起したが、土器の型式分類が専門でない

私としては、ただ心配しているのみである。少なくとも私としては土製玦状耳飾りや土製耳栓をこのような細かい土器の編年体系のどこまで当てはめることが可能なのかという疑問が解消される日のくることを願うばかりである

次に耳栓の起源についての設楽氏の結論は土器の編年表に「(高山)が最も古い時期とされる土製耳栓の福島・音坊遺跡出土例は、大木7式に伴うもので(高山1966)、東北地方の出土ということを考えるならば、分布的・形態的にも土製玦状耳飾りとの継続性を考えるには無理があろう。埼玉・坂東山例も、土製耳飾り(耳栓)の発生を考えるには、前段階の土製玦状耳飾りとの時間的ヒアタスの大きすぎることは、(同論文に掲載されている)表2から明らかである。坂東山例は、すでに普遍化している土製耳飾り(耳栓)に、この段階にまでわずかながら存続する石製・骨製玦状耳飾りが影響して生じたものと考えたい。つまり、土製玦状耳飾りと土製耳飾り(耳栓)との系統的継起性を想定するには若干の無理があるようだ。いわれるように、土製玦状耳飾りは、早期末から中期まで、継続的に用いられる玦状耳飾りの、一時期的、地域的バラエティのひとつであろう」というものであった。この論考中、「(土製玦状耳飾り)は一時的・地域的ヴァラエティ」とする解釈には賛成しがたい。なぜなら前記の渡辺誠氏の分布図に示されているように、単にヴァラエティとみなすには地理的分布範囲が広すぎるように思えるからである。

なお設楽氏の論文に掲載されている耳栓の実測図の中には中期の耳栓と錯覚を起こしそうな玦状耳飾り兼耳栓が含まれている(同書:図2の44)。その他、私が同論考中で注目したのは、文様の付けられた事例が増加し、耳栓の製作時に存在していた他の装身具の様子も憶測の域は出ないが、かなりの程度明らかになったことである。このことについては後に桑原護氏の研究に触れる際に詳述することにする。

なお設楽氏の結論中に将来の調査で変更されるかもしれない部分がある。それは「遺跡ごとに出土個体数に偏差があるといっても、最も多く出土する遺跡でも10個体に満たない。これは後晩期の土製耳飾りの普遍化とは異なり、春成秀爾(1983年)氏のいう"一部の者だけがかかわる装身具"という性格を、この遺物は有していたと思われる」という部分である。私にはこのような結論を出すのにはまだ遺跡の発掘数が少なすぎるように思えるからである。

金子・忍澤氏の研究

　1986年になると、金子浩昌・忍澤成視両氏は著書『骨角器の研究（縄文篇Ⅰ）』の中で、拙論に対して次のような批判を展開した（金子・忍澤1986a）。「樋口清之博士は資料集成と比較研究によって鳥居龍蔵博士が唱えられた魚類脊椎骨製耳飾り説を肯定した。1965年、高山純氏によって、土製耳栓の初原が中期初頭に求められるのに対し、魚類脊椎骨製品がその中心を後・晩期におくことから、耳栓の起源を求めることについて否定的な見解を出された。しかし高山氏はサメの椎骨が耳栓の起源ではないにしても、耳飾りの一種であるとみなしている。しかしサメ椎骨製品が耳飾りという用途のみに用いられたものか疑念がないわけではない」。

　これには全く異論がない。サメの脊椎骨は中心部に穿孔を加えて、これを何個も紐で連ねてネックレスや足飾り、あるいは身体の色々な部分の飾りにしていたであろうことは大いに考えられることである。特に両氏は、形態的にみるとサメの脊椎製品は中期の土製耳栓に酷似するとしているが、これには眼から鱗が落ちる思いを覚えた（しかしその後、土製玦状耳飾りを研究する人たちがこの発言に耳をかさなかったのはどうしてなのであろうか）。

　興味深いことには金子・忍澤両氏の論考中に鹿角でサメの脊椎品を模造しているものがあることである。このことは縄文人がいかにサメの脊椎骨品を貴重視していたかを物語る好例である。そして著書に掲載されている豊富な資料の中には中期のサメの脊椎骨製品がいくつも含まれていた。

　また、土製玦状耳飾りの文様にイモガイの文様が描かれていることは、イモガイの殻頂部の装身具が当時あったものと思われるので、これがサメの脊椎骨と一緒に紐で装身具として使われていたことは想像に難くない。民族資料を渉猟した結果、玦状耳飾りが佩用されていた時には、耳朶の孔を伸長するために使われていたサメの脊椎骨製耳栓は、中期に耳栓が人気を博すと主役に躍り出るのである。留意しておきたいことはサメの脊椎骨は考古学的には発見が少ないが、それはこの骨自体の入手が困難なこととも関係があって、硬玉などと同様に貴重なものであったと想像される。前期においてはサメの脊椎骨などと共に耳朶の孔の伸張器でしかなかった木製や竹製の耳栓も彫刻が施されたりして裏方ではなくなったことであろう。このような変化は縄文人の生活に余裕が出

来たことに負っているかもしれない。生業経済が豊かになるなんらかの変化があったと思われる。

塚本師也氏の研究

1988年の塚本師也氏の論文は短いが重要である。塚本氏は、栃木県鹿島脇で発掘された2例の土製玦状耳飾りについて、その断面形態に関しては設楽氏の分類には見られないタイプのものであると言う。そして、ここのものと全く同じタイプの玦状耳飾りが福島県薬師堂遺跡から出土しているといい、両遺跡は距離的に近いので一定の分布圏をもっていたと考えられると報告している（塚本1988）。

卑見では断面形はサメの脊椎骨をモティーフにしたものと思われる。また同論文中の第131図の右側のものは周縁部がくびれていて、耳栓としての機能を果たせるものであるように見える。また塚本氏のこれらの玦状耳飾りが伴出する土器型式の報告も傾聴に値する。「設楽氏は、東北地方及び東関東地方では興津式期以降土製玦状耳飾りが消滅するとしている。しかし、これらの事例から、実際には存在していることがわかった。また（同氏は）E類がいずれも十三菩提式期に属することを指摘しているが、本遺跡では同時期にE類と似た断面形の個体が出土しており、その関連性が考えられる」と述べられているからである。

小野正文氏の研究

1989年、小野正文氏は山梨県内で発掘された土製耳飾りの視点から耳栓の起源について貴重な見解を発表した。この中で同氏は「高山分類は耳飾りを装着した状態で、いかなる違いを見せるかということを前提とすれば、興味ある分類である。しかし型式分類とそれから類推される時間的、空間的関連性を追求するにはやや問題がありそうである」と述べているが（小野1989）、すでに述べているように、筆者はこのような見解に対し全く異論はない。

小野氏は山梨県地域では石製玦状耳飾りが土製の玦状耳飾りや土製耳栓と共に中期前半まで共存していたと述べている。現在のように交通手段や通信網が発達していなかった縄文時代においてはこのようないわゆる「文化の残存現

象」があって当然であり、考古学的常識、つまり「同時代に同一の文化が広い範囲に存在していた」は検討されねばならないので、小野氏の指摘は傾聴に値する。これと同じような現象は北海道でも起きていたようである。すなわち、八雲町栄浜Ｉ遺跡から円筒上層ｂ式土器に伴って石製の滑車型耳栓が発掘されている（兵藤2000）。このことは耳飾りの流行は石製玦状耳飾りから土製耳栓に変化していても、地域によっては土製品より石製品を愛好する人々のいたことを示していると解釈できるだろう。

　しかし、小野氏のこの見解には後に批判が提出されている。すなわち、西川博孝氏は、小野氏が中期前半における土製玦状耳飾りと土製耳栓とが同時期に併存し両者の融合形が存在すると指摘していることにたいし、これは検討の余地があると疑問視しているのである（西川1995）。

　たしかに、私は先に「地域によっては文化の残存」もありうるという小野説を支持したが、この見解を支持するために土偶につけられた耳飾りを調べると、すべて耳栓であって、玦状耳飾りを表したものはないのである。つまりこの点からいえば、両者が併存したとの想定が成立しがたいことになる。しかしだからといって、土偶を製作した人びとは玦状耳飾りを製作・佩用しなかったと短絡的に結論づけることもまた現段階では滑稽な空論となるだろう。差し当たってはこれは謎であるとしておきたい。

　また小野氏は「上の平遺跡の２例のⅢ類Ｄ１玦状耳飾りは玦状耳飾りから土製耳飾りへの変遷の資料ではなく、両者の融合を示す資料である」としたうえで、土製耳飾りは玦状耳飾りとは別個の系譜をもっていると見なし、それを具体的に説明するためにいくつかの型式の耳飾りはそれぞれ個々の系譜のうえに存在すると思われるとした。すなわち、耳飾りのような著しい地域性を示す装身具は装着者の出自と無関係ではないと推論したのである。具体的には長野県側の八ヶ岳山麓と山梨県の甲府盆地東部の縄文中期の集団関係には垂飾集団と土製耳飾り集団という関係が認められないだろうかと問題を提起している。

　これを裏づける間接的証拠としては、耳飾りをつけた土偶とそうでない土偶とが別々の遺跡から発見されることが理想的である。しかし現段階ではこのような事例はないように思われる。また小野氏は「装着者は女性であるというが、中期には男性の装着者も知られている」と述べているが、ただ女性を表し

た土偶が大きな耳栓を佩用していることから、少なくとも女性が耳栓を使用していたことは明白である。さらに小野氏は土製耳飾りのみならず、装身具の装着者については、縄文時代の身分制を示すかもしれないといい、それは装身具の遺跡における多寡性と僅少性および民族例から推定されると論じた。

なお、耳飾りから縄文時代における身分制度の存在を類推する資料として小野氏は小林達雄氏が紹介したアメリカ・インディアンの民族例を引用している（小林1988a）。耳飾りに関しての民族例は別途触れるが、たしかにフィリピンのバゴボ族の高位の男性は身分を表す象牙製の耳栓を佩用している（Cutsem 2001）。しかし、太平洋やアジア方面では耳飾りが身分の高低を示す例はあまりないし、そのほうがむしろ一般的である。

また、この小野氏の論文中で図示されている釈迦堂遺跡出土の土製耳栓の中にサメではない別の魚のものと思われる脊椎骨を模したものが掲載されていることが注意を惹く。

第6節　1990年代以降の諸研究

桑原護氏ほかの研究

1990年代に入ると土製玦状耳飾りおよび耳栓の研究は私にとっては、まさに至福とも呼べる新時代の到来を思わせるような活況を呈する。

まず、吉田格氏は晩年に執筆した耳飾りの論考中で、中期以降出現する土製耳栓はその前の土製玦状耳飾りから生まれたものであると、これがまるで当然であるかのように論じている（吉田1992）。

1996年には、耳栓の考古学的意義に関する、金成南海子・宮尾亮両氏の新視点からの研究がある（金成・宮尾1996）。両氏は「藤田は土製玦状耳飾りと土製耳飾りの形態的相違に触れて高山を批判し、土製耳飾りと同様に体部が凹形の長野県有明山社遺跡の管玉状石製品との形態的連絡を重視した。いずれの見解にも妥当性があり、あるいはすべて正しいともいえることで、軍配は挙げかねる」といわば折衷案を提起している。

また、1997年に発表された上田耕・栞畑光博氏の論文は、高山純と渡辺誠が東日本における土製耳栓の起源を土製玦状耳飾りに求めていると紹介してい

る（上田・粢畑1997）。

　これより前の1993年、桑原護氏は房総地方の石製玦状耳飾りについての研究論文を発表し（桑原1993）、翌1994年には土製玦状耳飾りについて発表した。それらに掲載された各種の資料は私にとって宝物のように思われた。また「土製玦状耳飾りが石製より遅れて出現し、形態も類似している以上、先学が指摘しているように石製玦状耳飾りを模倣して製作したことは否定できいない」（桑原1994）という結論は、まるで縄文の女性たちが「あなたの変遷経路の想定は、一部に間違いはあるけど、結論は正しい」と私に語っているように思え、感慨無量であった。

西川博孝氏の研究

　しかし、翌1995年には西川博孝氏が「再び土製玦状耳飾りについて」と題する論文を発表し、拙論にたいする異論が提示される。これもまた多数の玦状耳飾りを集成しためざましい研究であった。西川氏はそれらの資料にもとづき「時期と地域を異にして現れる土製玦状耳飾りは多様な展開をしており、大きく見てまれな使用で盛行にいたらないケースと大量に製作・使用されるケースの両様があって、かって言われた土製は石製のバラエティーとする単一的な理解では、こうした様相を解釈することができない」と述べたのである。

　西川氏はまた、「土製玦状耳飾りは石製玦状耳飾りの補完的役割にすぎず、一時代的代用品程度としての機能しか想定しえない」として、土製玦状耳飾り出現前に盛行した石製玦状耳飾りについては、その着装者は限定された人、つまりシャーマンや集団・集落内の指導的役割を担った人びとの可能性が高いと考えた。そして多量に出土するタイプの土製玦状耳飾りは一般の集落構成員が使ったと想定した。

　私にはこの想定を否定するだけの決定的根拠はない。だが、もしそうであるならば、中期になって土製玦状耳飾りや石製玦状耳飾りが姿を消してしまったとき、このような身分階層の違った人びとはどのような形でこれを表現したのか、あるいは竹や木製品に代えたのかなど、いくつかの疑問が残る。

　この点に関して若干述べさせてもらうならば、鳥居龍蔵氏やウノ・ハルヴァの著したアルタイ系諸民族についての民族学的資料にはシャーマンが常民と

違った耳飾りをしているとする記述はない（鳥居1929）。シャーマンの装束はほぼ共通している。ツングースやヤクートが使用する装束には骨を表す鉄の〈骨〉・鈴・ガラガラがつけられている。また発掘品から古代のブリヤートのシャーマンが〈骨〉を表す鉄片を付けていたことが判っている。（ハルヴァ1971）。さらに考古学的発掘は先史時代では、女性のシャーマンに類した職能を演じていた身分の人が埋葬されたときの副葬品として動物を象った模様や擬人化された模様をもつ魔除け（amulet）や魚や鳥の骨や小さな棒のひとまとめたしたものを身に付けていたことを明らかにしている（Devlet 2001）。

　これらのことからもし縄文時代にシャーマンに類する職能の人がいたら、縄文時代の遺跡からしばしば発掘される動物の歯のペンダントや、鹿角や人間の骨から製作された装飾品の中には、このような人たちによって使用された可能性が高いものが含まれていたと思われる。さらに愛知県川地貝塚出土の骨製首飾りなどもこのような機能をもっていたのではなかろうかと推定される（岡村2002）。縄文時代の遺物の中にはシャーマンの慣例を連想させる目を閉じた姿を表した土面がある。ゴルド族のシャーマンは死者の魂を冥土へ移すとき、諸霊に見られないために顔を煤で黒く塗りつぶすという（ハルヴァ1971）。またフランスで発見された旧石器時代の洞窟壁画には、鹿に化装した呪術師のような人物が描かれていた（姫野1989）。縄文時代にもこのような呪術師がいたと考えても、あながち間違いとはいえないだろう。また、シャーマンと耳朶穿孔の関係について言うと、メラネシアの旧英領のパプア人は死人が死者の国に着くとその守護者によって耳朶に孔が開けられると信じており、今ではこの手術はシャーマンのイニシエーションに特徴的なものとなっているといい、さらに中央シベリアのサモイェード族のシャーマンの候補者の男性は、植物の言葉が理解できるように耳朶が穿孔されるという（エリアーデ1974）。

　さらに西川氏は、両地域のおける異型式の存在が本来の婚入によってもたらされたものであるならば、春成氏のいう婚姻時における集団の財産継承を伴った着装は理解しえないし、「土製玦状耳飾りが（春成）氏のいうような意味で付与されたものとするならば、先述した異型式の存在やキメラの出現はありえないであろう」と指摘している。至当な見解だと思う。ただ、この後に「土製玦状耳飾りは着装者が成長した集団内において、通過儀礼の一つとして与えら

れたものと考える」とあるが、耳飾りを通過儀礼と結びつける想定にはにわかに同意できない。たとえば、スマトラのミナンカバウ族の少女などは3歳頃に穿孔している。

なお、設楽博己氏は土製耳栓の着装部の径が2～3cmのものは、結婚適齢期の者あるいは婚姻の際の嫁（婿）入り道具（一種の交換財）として身を飾ったと考えることはできないだろうかと言い、民俗例と照合して長野県茅野から群馬県桐生に嫁いた者がいたと想像されると述べている（設楽1993）。だが、嫁入り道具ならば、もっと大きな優秀品を持参するのではなかろうか。また民俗誌時代の通婚圏は村内婚が中心であった。関東地方の9集落では、3里以内が明治5年前では90パーセント、明治32年から大正までは80パーセント、大正13年から昭和8年までは70パーセントだったし、岩手県下閉伊郡大川村釜津田村における幕末から明治5年までの婚姻の89パーセントが村の中での婚姻であった（関1962）。信州では同じ村内ではあまり家の事情が知られすぎているので通婚を嫌い、多少遠方から嫁・婿を迎えるところもあるが、しかし古くは村内の結婚が多かった（明治末には半分が村内婚）。その中には血族婚もあった。しかし富家だけは遠方から嫁を迎えた（長野県教育委員会編1970）。なお通婚圏は交通機関の発達で遠方の人との接触が頻繁になるに伴い拡大していったと思われる。こうしたことから見て、茅野・桐生間を通婚圏とみなすには距離的にやや遠方すぎるのではないかと思う。

とはいえ、縄文時代の広範な交易網を勘案すると、民俗誌時代の事例を安易に縄文時代に適用することは危険といえる。縄文時代と現代とは人口の規模からはじまって、生業形態、宗教、物質文化など多方面で大きな違いがあることを考慮しなければならないであろう。さらに、民族学的にみると、結婚前の男女の性的関係も民族によって正反対のこともあったり、また結婚後もこの関係が永続的に続くとは限らないような形態の婚姻関係「ピラウル婚」（ベルリン性科学研究所編1960）などもあって、縄文人がどのような婚姻形態をもっていたのかは簡単には論じることのできない問題のように思う。

西川氏の論文に戻るが、同氏は「装身具はもともと着装者の護身の道具であり、土製玦状耳飾りは着装者が成長した集団内において、通過儀礼の一つとして与えられたものと考えられる」と想定し、この見解に至るにあたり、装身具

が着装者の護身の道具であるとする根拠として金関丈夫氏の文献を引用している（金関1982）。金関氏は考古学的装身具の用途の解釈にいくつかも民族誌的事例を用いている。たとえば広田貝塚の貝製鉤状耳飾り、手首に巻きつけられていた鉤状貝製品などは遊離する魂を引き留めるためであるとか、巴形銅器に描かれた鉤は敵の邪霊の侵入を引き留めるとか、勾玉の材料である玉があお色であるのはこれが魂と同じ色であるといった解釈を展開している。たしかにそうしたことがあったかもしれないが、ただ後述の民族学的事例が示すように、入れ墨や割礼と違って耳朶穿孔は、例外はあるが、一般には通過儀礼に付随しない習俗のように思われる。耳朶穿孔は幼児の段階でなされることが多いからである。

長谷部言人の「結縛崇拝理論」

ここで長谷部言人氏の「結縛崇拝理論」についても触れておく必要があろう。金関丈夫氏の上記の論考より以前に発表されたこの理論については、甲野勇氏がいちはやく賛意を表し次のように述べている。「此種の耳飾りの意義に就いては、従来単に装飾品と呼ばれるのみで、これを佩用する本義にまで立入って考究を試みられた事はなかった。然るに、長谷部言人の持論とされる結縛崇拝の観点より、斯種耳飾りはその初期に於いては耳孔封鎖を意味を持つとされここに耳栓の新称を与えられた。これは従来慣用されて居た滑車形耳飾りなる名称より、此の遺物の用途、佩用状態を規定明示し、且つ所謂 ear-plug とも相通ずる点に於いても都合のよい簡潔なる好称と云ってよい」（甲野1971）。

長谷部氏の「結縛崇拝」理論によると、身体変工習俗は身体部分の去断と結縛ないしはその変法からなるという。そして「結縛崇拝」とは物件の保持、封蔵、占有、保全、補強、契合、連結、総約、侵害防止などの有効な認識であって、これをあらゆる物件に施し福利の増進を祈念するとする。換言すれば、結縛とは権利の表示で、結縛崇拝はその際限がない慣行であるというのである（長谷部1930）。そしてこれには省略と擬態が伴う。それらの事例としては、入れ墨や耳栓はもちろんのこと、陰唇部の人工的肥大や嬰児の鼻を圧して潰す習俗、あるいはボルネオのアムパランやセレベスのカムピのように亀頭に小桿

を挿入することなどがあるとしている。ただしこのように穿孔部に縄に代えて木桿などを挿入することは結縛崇拝の原義を忘れて淫具視されるにいたった。身近な省略態としては握り拳、握手、合掌、拍手などがあるという。

　なお、金関氏はマレーの男性が尿道開口部に接して横に孔を穿ち小さい木棒を通していたのは、快楽増進具ではなく、魂の脱出の門戸を閉じた門と見なすべきだと解釈している（金関1982）。また文化人類学者の深作光貞氏によれば古来、「結ぶ」ということは大切な行為であった。たとえば、固い約束をする時には言葉だけでは安心できずに小指を結び合わせて「指切り」をする。生霊たちを体内に封じ込めておくことは健康保全上大事なことであった。その結果、狩猟民は手元が狂わないように腕に紐を巻くし、足を大事にするところでは足に紐を巻いて生霊に祈願したが、それが腕紐や足紐の装飾化にともない腕輪や足輪になった。つまりそれらは本来呪具であったと興味深い指摘をしている（深作1983）。なお、中国では赤ん坊になされる「手首結び」は子供はおとなしく、また従順になるためになされる（ジェネップ1977）。

　インドでは耳は直接頭脳と結合しているので悪霊が体中に侵入する門となっているため、耳飾りは護符のような性質をもっていると考えられているようである（西村1933）。このような信仰の存在は注目すべきことである。

　話は元に戻る。これに続く西川氏の論考では、石製玦状耳飾りの着装者が女性であることは、土製玦状耳飾りの着装者も女性であった可能性が高いという。しかし土肥孝氏は玦状耳飾りがすべて女性専用の装身具と見なすことはできないと述べている（土肥1997）。かつて甲野勇氏は出土例から耳飾りは男女がいずれも使用していたと考えていた。西川氏のように玦状耳飾りは女性が着装していたとする前提に立てば、前期後半期においては多摩地域と千葉県西部地域では、女性の嫁入りによる婚姻関係が存在したことになると推定されるだけでなく、両地域の婚姻体制は妻方居住ではなく、夫方居住婚か選択居住婚の社会であったことを示すと思われる、と結んでいる。

　しかし先述のように、民俗学的資料が示す通婚圏はもっとずっと狭い範囲に限定されていたので、縄文時代の千葉県西部と多摩ほど遠隔地では婚姻関係は成立しにくいのではないだろうか。ただ、民俗学資料を縄文時代に当てはめると、先述のように縄文時代とは村の大きさや人口の数、それに交通網の発達な

ど全く状況が違うので単純な比較は危険かもしれない。しかも縄文時代に同種の遺物が広い範囲に分布している事実は、交易体系の存在だけで説明できるものなのか、それには婚姻を含む人びとの移住（移動）も含まれていなかったのか、後世のマタギのような特別の情報手段を縄文人はもっていたのか、あるいはまた民俗誌に見られるような行商人のような人たちがいたのか（長野県教育委員会編 1970）、さまざまな疑問があって、結論を出すことをますます困難にしている。

　なお、飯田市大平集落の人びとのような移住の例を知ると、理由はそれとは違うが、縄文時代にもオセアニアの海洋民のように新天地を求めて移住した人びとがいなければ、山間地における遺跡の存在理由はうまく説明できないように思う。

耳栓の起源について

　西川氏は「藤田氏や小野氏が指摘されたとおり、土製玦状耳飾りとは系統が別と思われる。藤田氏の『体部凹状管玉状品』が形態的に最も近いが、耳栓の確実な最古例は新道段階であり、石製体部凹状管玉品はいまだ前期を下る例はないらしい」と述べている（西川 1995）。

　しかしこれまでもしばしば述べているように、藤田氏の重視する「体部凹状管玉状品」は、中心孔を穿孔中に破損したビーズを再加工したものではないかという想定を私は捨てきれないでいる。したがって「体部凹状管玉状品」に触発されて土製耳栓が誕生する可能性はゼロに近いと私は考えている。ただこの「体部凹状管玉状品」が穿孔された耳朶の孔を伸ばすために、時には転用されることはあったかもしれない。しかし見栄えのしないこの遺物の形状から判断して、それは正式な耳飾りとして利用されることはなかったのではないか。その主たる理由はこの「体部凹状管玉状品」の切れ目は耳栓として使うには不必要なものだと思うからである。それに中期において側面にこのような割れ目（裂け目）を付けた石製耳栓が一般的な流行を見なかったことも否定の根拠となろう。同じことは土製玦状耳飾りにも当てはまることである。換言すれば、前期末から中期初頭にかけて出現する土製の「玦状耳飾り兼耳栓」も早期の「体部凹状管玉状品」の伝統を引き継いだのではないと私は思う。したがって、

西川氏は藤田氏や小野氏と同様に耳栓と土製玦状耳飾りとは別系統との立場をとっているが、民族学資料に基づく私の考えでは、穿孔された耳朶の孔に挿入するという着装法は両者共に同じであり、玦状耳飾りの場合でも、耳朶を伸張する段階では耳栓に近い形をした棒状の耳飾りを挿入することもあることを勘案すると、土製耳栓の出現は玦状耳飾りの単なる延長線上にあったにすぎないと思うのである。

　これをたとえていえば、本来帽子は庇を前にして被るものだが、最近ではこれを真横や後方に向けるのがファッションとなっているのと同じ程度の変化の現象にすぎないのではなかろうか。とはいえ、庇が本来もつ日光を遮断するという機能から逸脱したこの着装法はやがて本来の姿に戻るであろうが、玦状耳飾りはその材質が石から土製に代わった後、それ以前に愛用した石製品に戻ることはなかったのであるが。

　ところで、もし耳飾りの系統が違うならば、縄文時代でも伝統を重んじる保守的な人たちが存続していたはずなのに、ほとんど全域で一斉に変わってしまったのは、単なる好み（あるいは人気）の変化によるものではないかと思う。縄文人とは、時には後世の日本人ほど伝統に縛られない「気まぐれ」の性癖をもった人びとであったような気がする。このことを知らずに後世の考古学者が遺物をしげしげとしかめっ面をして眺めては衒学的解釈をしている姿は、縄文人にとって噴飯ものなのかもしれない。

第7節　貝類と耳栓

イモガイ

　イモガイの文様を施した耳栓を付けた姿を表した土偶が群馬県千網谷戸遺跡から出土している（土肥1997）。世界的にもイモガイを装身具に利用する民族例は多くある。台湾ではパイワン族の女性形の祖先像の腰部の珠数状に刻まれた図案はイモガイであろうと言われているし（鹿野1930b）、フィリピンではボントック族やアコサン（Akosan）族などもこれを好む（Maramba 1988）。しかしイモガイがなにゆえに好まれたのかは謎である。大谷幸市氏は縄文人や弥生人にとって、渦巻文・目形・連続菱形文・連続三角文など二重螺旋形文に

関わるすべての図形は、よみがえりを実現させる強い生命力を示す図形であったと解釈している（大谷1995）。また、立田洋司氏は縄文前期の土器につけられた渦巻文様はカタツムリが木にくっついた文様であるとし、縄文土器に「唐草文」があるとする説があるが、縄文土器の文様には唐草は認められない。これは唐草に潜む文様以外の要素や唐草が内部に抱えている不可知的世界を暗示しており、それはアニマ（霊魂）に求められる、という。さらに、渦巻自体は本来シャーマニズム的でありアニミズム的であると分析し、その例証としてトンボをとる人が人差し指をぐるぐる回転させ目を回させて捕らえる呪術的行為を挙げている（立田1997）。きわめて魅力的な解釈である。ただし、このようにしてトンボをとる方法は台湾からも報告されているので、歴史時代に中国から伝来した習俗かどうか調査する必要があろう。

また、アイヌ民族が彫刻において最も好む図案が渦巻き文である。児玉作左衛門氏によれば、アイヌ民族の渦巻き文はアイヌ民族だけでなく、オロッコ族、ギリヤーク族、それにシベリアのアムール沿岸民族にも好まれるもので広く北方民族を代表する文様であるだけでなく、それぞれ独特なタイプを作っているという（児玉1970b）。ちなみにモンゴル人は「螺旋状の模様」は雌の野生羊の角をモティーフにしている（阿拉担宝力格2007）。

中国山西省にある13世紀の永楽宮の壁画に描かれている白虎星君は、渦巻き文様を表した宝珠を親指と人差し指でつまんで持っているが、これは道教の道を体得した神仙が持つもので、神仙の道術を渦巻文で象徴的に表現したものあるという。また道教寺院の楼閣に見られる渦巻文は蔓を表していて、これは弥生時代の土器にも描かれているという（福永1996）。しかし私には、宝珠はイモガイか有棘型のオニサザエや無棘型のサザエのような巻き貝の蓋か、あるいはツメタガイのような巻き貝の殻頂部の渦巻も連想させる。

なお、古代中国では渦巻き文はとぐろを巻いた蛇を連想させることから大地の肥沃とも結びついていた（Cutsem 2001）。

渦巻き文は原始美術においても関心の的になっている図案の一つである。ボアズは代表的な渦巻き文ないし螺旋形文（spiral）はニュージーランドのマオリ人、メラネシアの原住民、それにアムール沿岸部の民族に見られるといい、それぞれの地域でそれがいかに特殊化して独自のものを発展させているかに驚

第1章 縄文時代の耳飾りの起源 57

嘆している（Boas 1955）。さらに北米の北西海岸部では、モティーフとして針金を巻いたものや、巻き上げ式土器や籠細工法などがヒントになったかもしれないし、あるいはビーバー（海狸）や熊の鼻孔、それにトンボなどがモティーフとなったかもしれないと述べている。

縄文時代の渦巻き文のモティーフは、主として巻き貝にあるように思われる。たとえば山梨県鋳物師屋遺跡の中期の土器に描かれている三本指の人物像の足下や頭上の両側にはイモガイの文様が見られる（佐原・春成 1997）。この人物像の片側の耳には同じく巻き貝と思われる文様が描かれており、反対側にも同じものがあったのが欠損したのであろう。

縄文時代の遺跡からはイモガイ自体から製作された耳栓の発見はまだないが、イモガイの文様を施した耳栓をつけた、いわゆるミミズク土偶はいくつか発見されている。茨城県立木貝塚出土の土偶（サントリー美術館 1969）、群馬県千網谷戸遺跡出土の土偶（土肥 1997）、茨城県三笠町出土の土偶（サントリー美術館 1969）などである。

三笠町のものは耳朶に同心円文の耳栓があり（ただし片側の耳栓のある部分は欠損）、頭部に相当する部位の両側にもイモガイ製品の文様が描かれているが、これは耳飾りを耳朶と耳介の上下に付けたようすを示しているのだろうか。またこの土偶が付けている耳栓は縁周部に刻み目が施されており、それは他の土偶にも見られるが、これらはイルカの脊椎骨を想起させる。立木貝塚出土のミミズク土偶の目は、もし周縁部に刻み目がないならば、サメの脊椎骨を連想させる。

また同貝塚出土の土偶の中には目を同心円文で描いたものがあるが（サントリー美術館 1969）、これは千葉県月之木貝塚出土のアワビが象嵌された耳栓（本書、図4の左側上段）と酷似している（武田 1951）。このアワビの表面は石製玦状耳飾りの表面のように平滑で、中期の土製耳栓の特徴を上手に表している。縄文時代に貝を象眼する技法のあったことは岩手県岩谷洞穴遺跡から縄文後期・晩期の貝殻象嵌の腕輪が発掘されていることからも分かる（高橋他 1983）。フィリピンのパラワン島のタボン洞窟遺跡で発掘された栓状の玉について、発掘者のフォックスは同島のタグバンワ（Tagbanwa）族は古くから現在にいたるまで真珠貝製の栓状品を木の枠の中に入れた耳栓として使用して

いるが、この玉製遺物はこれと同じようなものであったろうと推定している（Fox 1970）（図4の右側上段）。

　縄文前期の鮫の脊椎骨製耳栓は福井県鳥浜貝塚からも出土しており（大竹1989）、1965年に拙論を発表した当時の私の心配など、今やまったく消え去ってしまっている。

　イモガイ自体を用いて製作された縄文時代の玦状耳飾りや耳栓は未発見ではあるが、拙論中でFi.g.3-41とした中期の土製耳栓は（図4の左側下段）、イモガイの殻頂部の渦巻き文様を模したものであることは間違いないように思える。また、タイのバン・チャン遺跡やそれに多分ヴェトナムのチャンパ遺跡などからもイモガイ自体で製作されたと思われる玦状耳飾りが発掘されていおり、発掘した考古学者は死者がこれによって来世において魂を守ってもらうためであると解釈している（Cutsem 2001）。いずれ縄文時代のイモガイの耳飾りも発見されるであろう。三内丸山遺跡から出土したイモガイの全体を模した土製品の存在はこの期待を大きくしてくれている（国立歴史民俗博物館編2001）。否、むしろこのようなタイプの土製品はすでに耳栓としての役を立派に果たしていたのかもしれない。

　しかし縄文時代のイモガイ製品を見て感じることは、これら殻頂部の加工品は厚みが薄く、耳栓として使用できたとは思われないことである。しかし、さらにフィリピンのマンダヤ族、アッサムのナガ族、東アフリカのマコンダ族などの扁平な耳栓と照合し（図8）、これらの人種間の耳朶の形の差異に注意を払わずに類推すると、かなり薄い耳栓でも工夫次第では佩用することができたかもしれないと思われる。また後述のようにタイやヴェトナムではイモガイの体層部と思われる部位から作った耳栓が発掘されている（Cutsem 2001）。

　縄文時代の遺跡から発掘されるイモガイの多くは、たぶんネックレスや腕飾りや足飾りのような装飾品であったと思われるが、中には耳飾りとして紐で垂下されたものもあったと考えられる。特に土製の玦状耳飾りや耳栓にイモガイの文様が描かれていることは、このよう装飾品が身近にあったというだけではなく、イモガイ製品の中の一部には木製ないし土製耳栓の中心部に象嵌されていたものもあったのではないかと想像したくなる。数十年前に教示された下関市博物館蔵の耳栓は巻き貝の文様をもっており、今から思えばイモガイの文様

図8 左側はフィリピンのマンダヤ族の女性（Worcester 1913 より）。右側は同じく扁平な耳栓を付けたアッサムのダフラ族の男性。耳栓の断面が扁平のため落下しないためか紐で耳朶と結んでいる（Fürer-Haimendorf 1955 より）。

だったと思われるが、これは東日本の文様が伝播したものであろう。

ところで、伝統を固守したい縄文前期末の人びとの中には石製玦状耳飾りや石製玦状耳飾りの周縁部に、イモガイの文様を刻み込んだ者もいたようである（桑原 1993）。茨城県立木貝塚出土のミミズク土偶の中にはイモガイを模した文様を表したと思われる耳栓をつけたものがある（サントリー美術館 1969）。なお参考までに、イースター島の櫂に彫刻された人物像の耳朶に挿入されたサザエの蓋かあるいはイモガイを表したものがあるので掲載しておく（**図9**）（Barrow 1972）。これは精霊の怒りを宥めたり、植物食糧の不作を防いだり、干ばつを避けたり、あるいは有利な立場を確保するために行われるダンスの時に使われる。ただしこの絵が実際に使用されていた耳飾りを表したものを模したものか、また願望にもとづくものか、それとも単に図柄として採用されたのかは不明である。

イモガイ製品について

忍澤成視氏は、イモガイ製品は多くの場合、穿孔が施されているので装身具として機能したことは明らかであるが、身体のどの部位を飾ったものか定かで

ないので垂飾等の名称は避ける、と述べている（忍澤 2004a）。私も同感である。

　土製玦状耳飾りに表されている文様について気づいていくことは、明らかにイモガイをモティーフにしたものがいくつかあることである。これを見ると、理論的には縄文人がイモガイを使って耳飾り製作したことがあったと仮定しても否定はできない。将来このような遺物の発見されることを期待したい。かつて甲野勇氏が紹介してくれたようにメラネシアではイモガイの殻頂部を使って玦状耳飾りを製作していたし、オセアニアにおける私の発掘経験にもとづく印象では、縄文の玦状耳飾りに描かれたイモガイの文様には、一見した限りでは2種類以上があって、縄文時代の女性製作者たちは互いに芸術的センスを競い

図9 イモガイ製耳飾りを描いたイースター島の儀礼用のカヌーの櫂（Barrow 1972 より）。

あったかのようである。このような意味で選ばれたイモガイの候補としては、アンボンクロザメ、ダイミョウイモ、ゴマフイモなどが思い浮かぶ。

　ところでもしイモガイの装飾品の中に耳飾りとして使われていたものがあるとした場合、その装着方法が正確には判っていないのであるが、しかしタイのバンチャン遺跡からイモガイの体層部を縦に裂いて切れ目を入れた玦状耳飾りが発見されている（Cutsem 2001）。もしイモガイの殻頂部を平らな円盤に加工し、その周縁を凹状に成形すれば耳栓しての使用も不可能ではない。フィリピンのパラワン島で発掘された貝製品の中に明らかにイモガイの殻頂部を模したものがあるが（Fox 1970）、この周縁部は耳栓として使用可能のように窪んでいるので、将来縄文時代発掘でも同じようなものが出土する可能性が高い。残念ながら、縄文時代の遺跡からは、現在までのところ発見されているイモガイ製品は耳朶の穿孔された孔に挿入できても、耳栓としては使用するには、幅が狭すぎて落下しやすいものである。それなのに土製玦状耳飾りの文様にはイモガイの文様が取り入れられている。この理由として4つの可能性が考えら

れる。第1は先述のバンチャン遺跡のもののようにこれで玦状耳飾りを製作した。第2は上記のようにイモガイで耳栓を製作したものがあった。第3はイモガイを他の本体（土製か木製）に象眼していた。第4はイモガイの殻長部の中心に穿孔を開けてそこの紐を入れてこれでもって耳朶の穿孔された孔から吊すのである。出土しているイモガイ製品に小さな孔のあるものが含まれているので、この着装法のあった可能性はある。

　イモガイが縄文人の間に人気があったことを示す例証として、桑原氏の石製玦状耳飾りの論文中にもイモガイの文様を切り込んでいるものが存在することがあげられる（桑原 1993）。同論文中に掲載されている図の中で、第6図の48-118 はダイミョウイモ、48-706 は鮫の脊椎骨、第7図の 48-31・36・37、第8図の 48-39・40・42・44 はダイミョウイモ、第8図の 48-47・48・49 はアンボンクロザメかクロフモドキに見えるが、48-48 に見られる区画を示すような感じの何本もの横線は、タケノコガイなどの縫合を示しているようにも思える。このような横線が意識的に描かれている証拠として土製玦状耳飾りの文様にもつけられている（桑原 1994：第8図の 56-2）ことから確実である。土製玦状耳飾りの中にあるやや似た文様（同：第11図の 57-2）はタケノコガイ科の貝の縫合をはっきりと表現してるように思える。しかし第8図の 48-43 および 48-47 に見られる縦線がどのような貝をモティーフにしているのかはわからない。ただ2本の縦線の場合は二枚貝の肋間溝をヒントにして作成された可能性が考えられなくもないが、二枚貝の中に縦線の両側に斑点をつけた文様の貝のあることは寡聞にして知らない。第 48-51 はサメの脊椎骨、図9の 71-1 はアンボンクロザメかクロフモドキ、図9の 78-1・9 はダイミョウイモのような印象を受ける。これらの推測はあくまでも私が一見した時に感じたものであって今後検討の余地はある。

　桑原氏の論文に掲載されている石製玦状耳飾りの中で私を最も驚かせたのは耳栓としての機能をもったものが数点含まれていることである。それは第7図の 48-37、第8図の 48-50，第9図の 78-2 などである。忍澤氏によれば、イモガイ製品はほとんど殻頂部を切断したものを装身具の基本形としているという（忍澤 2004a）。土製玦状耳飾りを製作していた当時の縄文人はイモガイの殻頂部製装身具を目にしていたことは確実である。忍澤氏の論考中で特に興味

深いのは、イモガイ製装身具の中に側面に穿孔を施しているものが千葉県有吉北貝塚から出土していることだが、これは私にはサメの脊椎骨をヒントにしたものではなかろうかと思われる。またこのことは土製玦状耳飾りの中にサメの脊椎骨を模したものがあることから考えて、直接耳朶の孔に挿入せずに紐を使って垂下するとか、あるいは中心部に孔のある土製耳栓から紐で垂下したか、どちらかの着装法で佩用された耳飾りであったかもしれない。

さらにイモガイ製品の中に側面に小孔が2孔あるものがある。数からいえばサメの脊椎骨の模造品とするのには無理があるが、強いていえば、サメの脊椎骨を連想させる。このタイプの「の」字状製品を製作するとき、製作者はサメの脊椎骨の姿を頭の中に入れながら作ったのではなかろうか。またこのような手の込んだ土製品の出土は、当時、貴重な石ではなく土製の代用品で十分満足されていたことを示唆している。またこのイモガイ型土製品の周縁部の側面が平らであることは、中期の滑車形大型土製耳栓の誕生を暗示し、その揺籃期の様子を反映しているようにも思われる。

ホラガイ

拙論中でFig.3-37として図示した耳栓（本書、図5）の文様は、ホラガイの体層部の文様を周縁部に描き、内側にはホラガイを輪切りにして殻長部から見たような感じがする。

ところで縄文人がホラガイを愛好したことは、それに類似した模造品が発見されているので明白のように思いがちであるが、実際にはこの貝であるという明確な同定がまだなされていない。藤沼邦彦氏は新潟県上山遺跡や岩手県近内中村遺跡で発見された貝形土製品をホラガイかアカニシのような大型巻き貝を模したものであろうと述べている（藤沼1997）。しかしこれらのホラガイのような土製品には、本物のホラガイにはない刺が表されているし、さらにこの「ホラガイに似た土製品」には本物のホラガイを特徴づけている内唇部にあるはずの多くの襞がない。

縄文人は土製の子安貝を製作するときには必ず子安貝の口唇部にある歯を描いている（たとえば忍澤2004b）。しかしそのような注意力はここでは発揮されていないのである。藤沼氏は突起や螺旋状の隆起や段などはこの時期の土器

の文様表現をそのまま応用していると説明している。私は、この土製品の製作者は目の前にホラガイを置いたのではなく、他の場所でホラガイを見てきてそれを再現しようとしたが、サザエの刺のようなものが脳裏にあってそれとの混合品となってしまったのかもしれないと思っている。かつて江坂輝弥編『縄文土器と貝塚』（1973年）では、上山遺跡のこの土製品はテツボラの模造品と解説されているが、この見解は重要である。

　日本ではホラガイは修験者が使うが、同じようなものはチベットでも宗教的に重要視されており（セイファー1986）、修験者の法螺貝は仏教の伝来と結びついているのだろう。また、私たちマリアナ諸島ロタ島で人骨に伴っていたホラガイのトランペットを発掘している（Takayama 1988）。オセアニアではホラガイ製のトランペットは普遍的な楽器だが（Larsson 1960）、しかしホラガイ以外の大型巻き貝もこの用途に利用されている（Moyle 1990）。

　これら縄文時代の巻き貝形の土製模造品をながめていて、不思議に思うことは、これらの棲息地が紀伊半島・八丈島以南であるにもかかわらず、沖縄県キガ浜遺跡の例（金子・忍澤1986a）や同県伊是名貝塚（林2000）などを除けば、ホラガイ自体が縄文時代の遺跡から発掘されていないことである。これが発見されないとすると、土製玦状耳飾りの文様の中にホラガイの文様があるとする私の解釈は間違いということになる。

アンボンクロザメ

　拙論中のFig.3-37の耳栓の図案のモティーフの可能性として、ホラガイ以外の貝も考えられる。たとえばオキナエビス目ニシキウズガイ科の貝（ダンベイキザゴなど）の模様である。この場合は加工された殻頂部を土製の耳栓の中央に象眼して使用したと考えられるが、ニシキウズガイ科の場合は例証にすべき遺物は完全に未発見である。もしこの想定が許されるならば、この貝の文様のみをモティーフにしたのであろう。しかし縄文人の好んだ他の遺物の例から類推するとイモガイの一種であるアンボンクロザメやクロフモドキなどの可能性もないわけではない。

　すなわち、ホラガイ説以外の可能性としては、アンボンクロザメの殻頂部の文様などが候補者として挙げられる。たとえば、桑原護氏の論考中の実測図の

一部を図10として転載させてもらったが、図中の上段の2個、中段の右側、最下段の左側はアンボンクロザメ、中段の左側はアケボノイモかダイミョウイモガイのような貝の文様を模した可能性が高い（桑原1994）。比較のため最下段の右端にアンボンクロザメの貝の絵を掲載した。最下段の左側のアンボンクロザメの殻頂部の文様を模した土製玦状耳飾りの発見は、将来この貝の殻頂部で製作された土製玦状耳飾り兼耳栓か、あるいは耳栓自体の発掘される日のくることが期待される。

　九州国立博物館刊行の『南の貝のものがたり』（2006年）は、弥生人はアンボンクロザメで貝輪を仕上げるときにはその文様は消してしまうのが普通であることから、文様自体に美的価値を見出さなかったようだと説明している。オセアニアでは一般に発掘されるアンボンクロザメは、表面の文様が風化していてほとんど消えていることがめずらしくない。しかしもし弥生人が故意に消そうとしていたならば、イモガイに対する愛着の間に差異があったことになる。

　また、フィリピンのボントク族の女性の腰飾りは文様が残っているイモガイを使い、ティンギャン族では文様のないイモガイがサメの脊椎骨などと一緒に連ねられる（Maramba 1998）。またニューギニアの場合は文様のないイモガイがペニス飾りとして使用される（Greub 1985）。これに対して縄文人はイモガイの文様自体により深い愛着をもっていたかもしれな

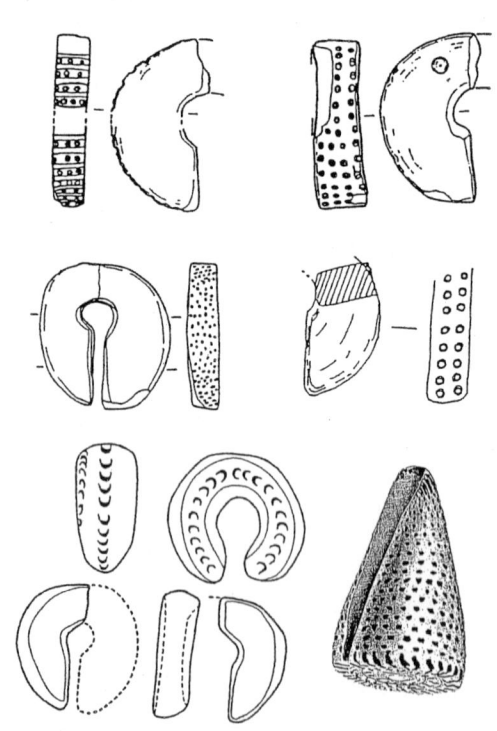

図10　イモガイの文様を描いた前期の土製耳栓（上段、中段、下段の左側と中央。いずれも桑原1994より）。下段右端はアンボンクロザメ。

い。

　橋本美佳氏の南海産の貝輪の研究では、九州の弥生人による南西諸島産のゴホウラやイモガイ（アンボンクロザメ）の需要に応じるため南西諸島民は貝輪生産を開始したが、やがて九州での消費量が激減した結果、供給地では完成品の在庫が残ることになったと推定している（橋本2007）。弥生時代における九州・南西諸島間のような長距離間の交易関係の状況を考えると、はたして東日本の縄文人がこれらの地域からの貝を、たとえ沢山の人の手を経由したとしても、入手することが可能だったのかどうか分からない。むしろ東日本のアンボンクロザメなどのイモガイは、当時、伊豆七島に生息していたものを使ったと考えるほうが自然なような気もする。なおダイミョウイモガイの現在の生息海域は沖縄以南である。

　イモガイは毒矢ともいえる舌歯を獲物に発射する。またイモガイ自体に毒性をもつものがある。アンボンクロザメは毒学上は毒性がないというが、全く安全なわけではない。しかし海岸に打ち上げられた死滅した貝ならばこのような心配はいらなかったことだろう。縄文人もこのようなことはよく知っていたと思われる。

　イモガイに縄文人が強い愛着をもっていたことは、忍澤成視氏の詳細な研究からも明らかであるが（忍澤2004a）、ただこの中にはアンボンクロザメは入っていない。縄文人がアンボンクロザメを使用していたとする筆者の仮説を裏づける資料は、考古学的資料からも現生種の調査からも確認されていないが、将来の発見に一途の希望をもっている。

高瀬貝

　忍澤成視氏のイモガイの遺物の研究によれば、イモガイから「の」字状製品に仕上げるには殻頂部と切断部を入念に研磨して平らにし、中央部に大型の穿孔を施す。そして体部に小孔を施し、最後に殻口部の切れ込みをさらに強調するため溝を入れるという（忍澤2004a）。どうして最後に殻口部にある突起では満足せずにさらに切り込みを入れて強調しようとしたのか不思議であるが、「の」字状製品はこの部位に特別な意味をもたされていたのかもしれない。

　オセアニア考古学を学ぶ者にとって、ここで頭に浮かぶのはイモガイだけで

なく、高瀬貝製の装身具や、またメラネシアの最古の発掘品である高瀬貝製の釣り針である。たとえば、アラウェ（Arawe）諸島で発掘された釣り針かペンダントを作るために加工途中の高瀬貝の破片（Smith 2001：Fig.3）を見ればこの連想は容易に理解できるだろう。これらから見ると「の」字状石製品は高瀬貝のような巻き貝の殻頂部が入手困難な結果、仕方なく類似のイモガイの殻頂部で間に合わせた可能性も考える必要があるかもしれない。オセアニアの民族誌時代では高瀬貝の腕輪は普遍的に見られるものである（染木 1945；Neich and Pereira 2004）。

　縄文時代の東日本では高瀬貝自体が発見されていないことは不思議である（たぶんこれはサンプリング・エラーによるものだろうと思われる）。つまり現状では高瀬貝を「の」字状石製品の候補者にすることには、このような乗り越えねばならない大きな障害物が横たわっている。とは言っても、土製玦状耳飾りの文様の中には明らかに高瀬貝の文様を模したと思われるものがあることも事実である。そして興味深いことには、南西諸島では弥生時代ではあるが、高瀬貝製と思われる貝輪が発掘されている。また福岡市博物館刊行の『弥生人のタイムカプセル』の43図にある沖縄県嘉門貝塚出土のイモガイ製貝輪は高瀬貝と思われる。木下尚子氏は具志川島の貝輪を高瀬貝（サラサバテイ）であるとしている（木下 1983）。また高瀬貝製輪は沖縄県の伊是名貝塚（林 2000）や鹿児島県宇宿遺跡（後期）からも出土している（金子・忍澤 1986b）。高瀬貝は沖縄以南に棲息しているので（波部・奥谷 1991）本州にはいないようである。ミクロネシアではヤップ諸島とベラウには豊富に棲息していて、私たちのヤップでの発掘では深い包含層から沢山の高瀬貝が固まって出土している。ヤップなどでは高瀬貝は腕輪として製作されていた。オセアニアでは高瀬貝の貝輪は最も愛好されたもののひとつである。

　なお、元田茂氏によれば、沖縄産の高瀬貝は *Tectus*（*Pyramidea*）*niloticus maximus* PHILIPPI と呼ばれる亜種で、その形は殻形正円錐で比較的螺塔が細いと言われている（元田 1938）。しかしこれを異名とする学者もいる（アボット・ダンス 1985）。高瀬貝の殻はボタンの材料として貴重であるが、戦前のミクロネシアではベラウとヤップにのみにしか生息していないため、南洋庁水産実験場が1927年にポナペ（現在ポーンペイ）に移植を試みたが失敗して

いる。しかしトラック(現在チューク)とサイパンで行われた移植は成功している(元田 1938)。1941年の報告では日本政府はパラウ島民の福利増進のため日本人の採取を禁止し、島民の採取したものを支庁職員が立ち会いのもとで買い取る制度を作った(岡島 1941)。したがって、現在、グアム島で生息が確認されているものは(Roth 1980)、日本統治時代に移植されたものである可能性が高い。グアムで発見された高瀬貝製腕輪について考古学者のトンプソンは、これはここで製作されたものではなく、歴史時代に南方のカロリン諸島から持ち込まれたものであろうと考えている(Thompson 1932)。しかしその後の考古学的調査ではこの見方が変わってきている。たとえば、バトラーとハリスはサイパン島における発掘の結果、高瀬貝製貝輪の発見から、この貝は先史時代後期にはほとんど絶滅していたようだと述べている(Butler and Harris 1995)。そして両氏はニシキウズ超科の貝は歴史時代になって移植される以前から生息していたことは確かだが、極度に稀少で、食糧にされることはほとんどなかったと報告している。結論として、両氏はもしこれが外国から持ち込まれたとするならば、それはベラウからであろうと推測している。

私たちはベラウで高瀬貝製の貝輪を発掘している(Takayama and Takasugi 1978)。またベラウおよびヤップ本島の調査では、ヤップ本島の最下層出土の土器がマリアナ諸島の土器と同一系統のものであることが明らかになった(Takayama 1982)。しかしこのタイプの土器はベラウでは発見されなかった。これらのことからもしマリアナ諸島の高瀬貝製品が外国から将来されたと仮定するならば、それはヤップ本島であって、ベラウではないはずである。しかしこの推定には次のような前提が今後証明されねばならない。すなわち、マリアナ諸島の南端にあるグアム島にはこれより南方にあるカロリン諸島の住民達が交易のため定期的に来港していたことを示す歴史的記録がある。この場合のカロリン諸島とはヤップ離島のナモヌイト、ラモトレク、ファラウレップ環礁島民を指す。彼らは無人島であるカーフェルト環礁を経由してグアムに到着していた(D'arcy 2006)。しかしラモトレク環礁島における発掘では11個のシャコガイ製貝輪と1個の耳飾り発見されたが、ニシキウズ超科の貝製品は出土しなかった(Fujimura and Alkire 1984)。それに加えて、ここでは若い女性の人骨の手首に副葬品としてイモガイか高瀬貝製貝輪が埋葬されていた。した

がって、問題はヤップ離島の島々に高瀬貝が生息していたかどうかである。

浅野長雄氏のオレアイ環礁島における貝の調査では高瀬貝は採集されていない（浅野1937）。もし先史時代にも生息していなかったとするならば、将来ヤップの離島でこの貝製品が発掘されたとき、それはヤップ本島からサウェイ交易でこれらの離島に運ばれたと解釈せざるをえなくなる。しかしサウェイ交易品の中にはこれは含まれていない（Lessa 1950; *cf.* D'arcy 2006）。もしグアムを含むマリアナ諸島の先史時代の高瀬貝製品がヤップ離島から持ち込まれたものならば、理論的にはそれはヤップ本島（それに可能性は低いがベラウ）のものが、カロリン諸島の離島民の手を経由してマリアナ諸島に転送されたことになる。ここで括弧内にベラウと書いた理由は、私たちがヤップ本島とベラウの間にあるングール環礁で行った発掘では、ヤップ本島の土器に混じってベラウで製作された土器が出土して、ヤップ本島およびその離島とベラウの間には先史時代初期から（これはヤップ人が石貨を求めてベラウに航海していた時代よりずっと前）接触があったことを明らかにしているからである（Takayama 1982）。なおラモトレクでスイショウガイ科の貝（*Lambis*）の外唇の部分から作った円盤が発見されているが（Fujimura and Alkire 1984）、私の知る限りではきわめてめずらしいものである。

また、マリアナ諸島では高瀬貝と違ってイモガイ製貝輪のほうが普通に出土する遺物である。これ以外のものとしてはツタノハガイ科の巻き貝製貝輪もある。マリアナ諸島の先史文化が日本の先史文化と系統的に無縁であることは、オセアニア地域では普遍的に見出されるラクダガイ製手斧がマリアナ諸島でも出土するにもかかわらず、日本では皆無であることから明らかである。なおヤップ本島には、ヤタウと呼ばれる変わった形に仕上げたイモガイ製腕輪があるが（染木1945）、同一のものは、ニューギニアのキワイ・パプアン人（Landman 1927）なども使用していて、同一系統の腕輪であることは疑問の余地がない。

東日本の土製玦状耳飾りに見られる高瀬貝らしき文様は沖縄方面からもたらされたサラサバテイ貝を模倣したのか、あるいは縄文時代にはこの貝は伊豆諸島には棲息していたが現在は消滅してしまったものであろうか。ミクロネシアでは北端に位置するマリアナ諸島にはこの貝はあまり生息していなかったよう

なので、小笠原諸島にもいなかった可能性があるが、私にはそれを断言できる資料が手元にない。したがって、もし東日本の土製玦状耳飾りに見られる高瀬貝らしき文様が正しいならば、現段階では南西諸島方面から転送されてきた可能性のほうが高いが、結論は将来の調査結果に待ちたい。

なお、池畑耕一氏は薩摩半島では縄文時代晩期中頃の人びとは沖縄方面に頻繁に出かけていて貝の美しさを知っていたはずだと想定している（池畑 2006）。

サラサバティ

木下尚子氏は南西諸島の貝製品研究において、サラサバティ（高瀬貝）は殻が厚く研磨には効果的であるが、貝の縫合面をとりこんで貝輪を作るには構造的に弱点があり、総じて素材として優れたものとはいえないと記している（木下 1996）。とはいえ、オセアニアでは壊れやすい貝を利用することがある。たとえば、メラネシアでは壊れやすいオウムガイ製の装飾品が発掘されているし（Ward 1976）、マリアナ諸島の先史文化では真珠貝の代わりにウグイスガイ科の貝の釣り針が製作されているが（Takayama 1988）、はたしてこのような釣り針が実用になったのか疑問にさえ思えるほどの脆さである。なお、南部マリアナ諸島には真珠貝は全く生息してないわけではないようである（Roth 1980）。

サラサバティはクモガイとともに南島の貝塚では普遍的に出土する貝殻のひとつで、食料であったという（木下 1996）。これに対してサイパンなどではこの貝は貴重なため食料には、滅多にか、あるいは完全にされなかった（Butler and Harris 1995）。なお熊本県大蔵山古墳で発掘されたサラサバティ釧は最大径が106ミリもあって（木下 1996）、オセアニアのサラサバティ製貝輪と比べ大きさにおいてはそれほど遜色はない。

日本では古墳時代になるとサラサバティは政策的に畿内に集められたが、これが熊本県大蔵山古墳で発見されたことは、南島から薩摩、肥後、筑紫のルートで瀬戸内海に入ったと想定され、しかもこれは弥生時代以来の貝の道であると見なされる（木下 1996）。

マリアナ諸島では貝輪はサラサバティやイモガイやツタノハガイ科の貝で製

作された。オセアニアの貝製品についてはパウルスンや印東道子氏の詳細な研究があるのでそれに譲るが（Poulsen 1987、印東 1981）、ここではそれに少しだけ補足しておく。

　メラネシアからポリネシアへ移住したポリネシア人の祖先たちがフィジー――トンガの間にある安山岩線を越えてサモアに移動すると、装身具を製作するのに適した貝が生息していなかったので貝製腕輪の製作は消滅した（Pawley and Green 1973）。ミクロネシアの有用貝類について調査した元田茂氏が高瀬貝はサモアにも生息すると記述しているのは誤りである（元田 1938）。しかし東ミクロネシアでは安山岩線の外側に位置するマーシャル諸島にはサラサバティは生息しているし、それから作られた貝輪が出土している（Rosendahl 1987）。

　なおミクロネシアの巻き貝について報告したデモンドは、マーシャル諸島のサラサバティは移植されたものだと記しているが（Demond 1957）、日本統治時代に日本人がこのようなことをしたのを書いた記録は見当たらない。マーシャルの隣国のキリバスで私たちはサラサバティ製の貝輪を発掘しているので、数こそ少ないが、マーシャル諸島と同様、かつてはキリバスにもこの貝は生息していたように思われる。さらにキリバスの南側の隣国ツヴァルには数十年前にニュージーランド人がサラサバティを移植した。1896～98年に行われたツヴァルのフナフティ環礁島での貝類の調査では、この貝は発見されなかった（Parkinson 1984）。しかし私たちの発掘ではこの貝で製作した先史時代の釣り針がヴァイツプ島で発見されている。ということは、フィジーなどから材料としてこの貝が輸入されたのではなく、ツヴァルにも先史時代にはこの貝が生息していたと考えるほうが妥当だろう（高山・齋藤・高山 2006）。ただキリバスなどでは同じサンゴ礁島でも大きなシャコガイが生息する島とそうでない島とがある。ツヴァルでも多少同じことが言える。ツヴァルでは全島における高瀬貝の調査がまだなされていないので、この結論の変わる可能性が全くないとは言えないかもしれない。

　メラネシアにはサラサバティが生息しているので、これで製作した貝輪が発掘される。言語学者の研究によれば、貝輪の呼称はオセアニアでは広い範囲に分布している。すなわち、プロト・オーストロネシア諸語では girig、プロト・オセアニア諸語になると gkiri（g）、プロト・中央太平洋諸語では gkiri、

プロト・ポリネシア諸語では kiri となる（Pawley and Green 1973:34）。ところで、耳飾りの語彙はプロト・中央太平洋諸語では *sau（星印はプロトタイプを表す）、プロト・ポリネシア諸語でも *sau であるし、それから派生したプロト・核ポリネシア諸語では *faka-kai である。問題はこれらの語彙が考古学的に発掘されているイモガイやシャコガイやウミギクガイ製の遺物との間に相関関係があまり認められないということである（Kirch and Green 2001）。

シャコガイ

　ポリネシア人の源郷であるメラネシアで栄えたラピータ文化の担い手たちは、大きなイモガイ、シャコガイ、ウミギクガイ、真珠貝、サラサバテイ、オウムガイなどでさまざまな貝製品を作り上げた（Kirch 1995）。
　一方、ミクロネシアと南西諸島の先史時代に目を転じると、両者の間の差違の好例としてウミギクガイ製品がある。ウミギクガイはマリアナ諸島（Thompson 1945）だけでなくミクロネシアでは広い範囲で貝貨の材料となっている。しかし南島の先史時代人にはこれはあまり魅力がなかったようである（木下 1996）。このことは南島とミクロネシアとの間の文化が系統的に別であったことを示している。なお弥生時代になるとウミギクガイ製貝輪が長崎県出津遺跡から発掘されているという（木下 1996）。
　興味深いことには、多量の貝製品の出土で知られる鹿児島県広田貝塚の正式な報告書にはサラサバテイ製品が見当たらない（木下 2003）。またここからはシャコガイ製品の出土もまた皆無であることは、同じ弥生時代の山口県土井ガ浜遺跡にはシャコガイ製装身具があったことと照合すると不思議に思われる。
　白井祥平氏のシャコガイ製品についての以下のような指摘は貴重である。すなわち、白井氏によれば、日本の古代人が製作した腕輪はハマグリ、サルボウガイ、カサガイ類と、いずれも現在の目からみると価値の低いものばかりである。これ以外にベンケイガイやイモガイ製もある。これらは多少はどっしりしてはいるが、どうしてシャコガイ製腕輪が製作されなかったか疑問であると言う。そして南西諸島にはシャコガイ製斧はあるが、熱帯アジアやオセアニアで貴重視されたシャコガイ製腕輪がないのは、日本人にはこれを製作するだけの技術がなかったとする以外適切な答えは浮かばないと言う（白井 1997）。は

たしてそうであろうか。

　まず南西諸島からはサメの歯をシャコガイらしき貝で模造した遺物が発掘されているし（三島1980）、山口県土井ケ浜遺跡でもシャコガイ製装身具が発掘されており、この中には楕円形のタカラガイを模したものが含まれている。さらにここでは巻き貝の軸かシャコガイの殻で製作された耳栓も発見されている（白井1997）。次に南西諸島の先史時代人はシャコガイを材料として貝手斧を製作していたが、これはフィリピンなど外国からの影響ではなく、独自の考案によるものではなかろうかと私は考えている（高山2001a）。シャコガイ製腕輪が盛んに製作されたメラネシアでは、これを作る島々は限られていた。それはシャコガイの生息地域とは一致しない。そしてシャコガイの腕輪が製作される地域ではイモガイの貝輪が付随する。一方、大きなシャコガイが生息しているミクロネシのキリバスではイモガイ製腕輪はあるが、シャコガイ製腕輪は考古学的には未発見である。石がないためシャコガイ製貝手斧で代用するキリバスのようなサンゴ礁民がシャコガイ貝輪を作らないのは、この貝が珍しいものではなかったためであったかと想像されるが、正確な答えは見かってない（高山2001b）。白井氏はまた、メラネシアの腕輪状のものと同じものを現在のボルネオやフィリピン南部の諸族は使用していると述べている（白井1997）。

　このようにシャコガイの腕輪が広く好まれたことからいって、南西諸島の先史時代人も例外ではなかったように思えるし、彼らもシャコガイで腕輪を製作する技術はあったにちがいない。にもかかわらず南西諸島の先史時代ではシャコガイの腕輪が見られないのはなぜか。それは、彼らがシャコガイではなくゴホウラ貝製の腕輪を非常に好んだからであり、シャコガイにはあまり関心がなかったためだと私は考えていた。

　その後、木下尚子氏の貝輪に関する著書が刊行され、その中に南西諸島でシャコガイを用いて作った白色貝輪が発見されているとの記述があった（木下1996）。これによって、南西諸島の先史時代人はシャコガイ製貝輪を製作する技術をもってはいたが、ゴホウラ製貝輪ほどに人気がなかったためにあまり作られなかったのだろう、という私の推測は裏づけられたといえよう。

　メラネシアではシャコガイ製腕輪の製作方法は島によって異なる。ガピが1881年にソロモン諸島のシンボ（Simbo）で調査したときには、すでにヨー

ロッパ人が持ち込んだたがね用の帯鉄を鋸状にしたものでシャコガの内側の孔を穿孔していた（Guppy 1887）。しかしソロモン諸島でも他の島ではそれが入手できないときには砂と水を加えながら繊維の紐を鋸のように使って円版を製作し、次に中心孔は硬い石か貝でのハンマーでつついたり（pecking）、叩いて砕くことによってある程度まで穿孔してから、次に棒の先に取り付けられた軽石で整形した。また時には弓の弦に繊維を張って円の外周を作ることもあった。

なお、このような技法はインドにもあったし、藤田富士夫氏は中国にあったこのような製作方法が日本に伝播して、玦状耳飾りの製作に利用された可能性があると述べている（藤田2004）。しかしこの程度の技法はどこででも偶然に考案されるものと思われるし、確証はないが、南西諸島民もまた例外ではなかったような気がする。

またタンガ島のように、最初に砕いたり叩き潰したりして輪郭を作り、次に中心孔はなまくらになった斧のような形をした石の先をよじらせながら穿孔する。この斧のような石は竹の端に取り付けられるのであるが、竹の部分は地面の穴に埋め込まれている。この島では、貝製ビーズの製作には女性、シャコガイ製腕輪の製作には男性が従事するようである（Quiggin 1979）。ちなみに中部太平洋のキリバスでは老いて仕事ができなくなった男たちが椰子の殻や貝殻を材料としたビーズの製作に従事する（Wilkes 1970:96）（なおメラネシアにおける貝製品については（Lewis 1929）を参照されたい）。

以上述べたメラネシアの製作方法は鹿野忠雄氏が指摘している台湾やインドシナで金石併用時代に行われていた管状穿截器文化とは違う（鹿野1946）。また宋文薫氏は台湾の玦状耳飾りの製作方法はこの管状穿截器によってなされたと推定している（宋1987）。

閑談　オセアニアにおけるシャコガイと巻き貝製品の重要性

木下尚子氏は南島におけるシャコガイのもつ宗教的役割について、考古学・民俗学的視点から詳述している（木下1966）。オセアニアの場合、キリバスではシャコガイを並べて"社（shrine）"として使用していたが、ソロモン諸島のシンボ（Simbo）ではシャコガイ製腕輪はしばしば精霊に捧げられたし、精霊がそこに出没すると信じられていた。シャコガイ製腕輪は占いにも使われた（Russell 1972）。またニューアイルランド島

の東海岸で注目される習俗に魔術師が雨を降らせる儀式がある。この場合、魔術師達の最も重要な呪物は幸運な祖先たちの頭蓋骨であって、それらはシャコガイ製の椀の中に入れてマラダン（maradan）の小さな森の中に保管されている（Schmidt n.d.）。しかしこのときのシャコガイ製椀の果たす役割について詳しいことは判らない。ほぼ40年にわたる私のオセアニア各地の調査では、明らかにこのような椀と思われるものを発見したことはないが、しばしば出土する未加工のシャコガイの中にはこのような用途のものがあったかもしれない。

　ツヴァルではヌクラエラエ環礁でウミミギクガイ科の貝製皿を発掘したが、これはこのような容器と見なすには小さすぎるようである。またナウル島の創世神話ではシャコガイが他の生き物と共に宇宙起源神話の主要な登場人物として活躍することになっている（大林 1993）。しかし私が調べた限りでは、ナウルの隆起珊瑚礁には大きなシャコガイが生息していないように見える。ラモトレク環礁における発掘ではシャコガイ製貝手斧を枕のようして副葬した人骨が出土した（藤村 1980）。

　なお、サラサバイティ製貝輪はオセアニアの民族学や考古学の書物には普通に掲載されているものである（たとえば、染木 1945：第110図右上、印東 1981：図16、Intoh 1988：fig.282、Takayama and Takasugi 1978：Pl.21 など）。これは通常ただ腕輪として考えられているが、ソロモン諸島のシンボ（Simbo）では大きな貝輪はシャコガイ製で大人が使うのに対して、サラサバティ製と思われる小さな貝輪は子供用であると報告されている（Russell 1972）。これは1908〜01年に行ったホッカート（A.M.Hocart）の未発表の原稿の記事であるが、1887年に刊行されたガピの本ではこれはサラサバティかリュウテンサザエ科の貝として報告されている（Guppy 1887）。

　また、イモガイの殻頂部を磨いたペンダントがいかに優品に仕上がるかは（Neich and Pereira 2004）の中に掲載されているソロモン諸島のウラワ（Ulawa）島のネックレスを見れば納得できるであろう。それはまさに象牙を連想させほどよく研磨されている。しかしフィリピンのボントク族が使う装身具にはアンボンクロザメだけでなく他のいくつかの種類のイモガイが含まれている（Maramba 1998）。このことはイモガイそのものが好まれていることを示している。

　なおオセアニアではウミギクガイ製ペンダントは貴重視されているが、縄文人はこの貝で装身具を作ることはなかったようである。

第8節　耳栓と玦状耳飾りは別系統か

　既述のように、西川博孝氏は土製玦状耳飾りの分析から、「耳栓については、

藤田氏や小野氏が指摘されるとおり、土製玦状耳飾りとは系統が別と思われる。藤田氏の『体部凹状管玉状品』が形態的に最も近いが、耳栓の確実な最古例は新道段階であり、石製体部凹状管玉状品はいまでも前期を下る例はないらしい」と述べている（西川 1995）。これはあくまで私の印象であるが、藤田氏の「体部凹状管玉状品」は形態的に耳栓としての使用は不可能ではない。しかしそれは穿孔された耳朶に一時的に着装はできても、すぐに落下するのではないか。フィリピンでは穿孔過程で壊れた管状ビーズに直角なきわめて細い孔を穿ち、その両端を研磨して再加工したビーズが発掘されている（Fox 1970）。縄文中期の最古の耳栓の中には円周よりも上下のほうが長いものがあるが（高山 1966）、これは扁平なサメ以外の魚の脊椎骨をモティーフにして製作された可能性がある。つまり当時サメの脊椎骨とともに他の種類の魚で脊椎骨が細長いものが耳栓として使用されていたため、それをヒントにして製作されたのではなかろうか。

　しかし、サメの脊椎骨と同様に他の魚の脊椎骨には中心部には本来孔はない。もっともオセアニアの類例から推測すると、縄文人もサメの脊椎骨の中心部を穿孔したタイプの耳栓を使用していた可能性が考えられるので、他の魚の脊椎骨にも同様な加工がなされていたかもしれない。あるいはまた中期の耳栓の中心部に孔があるのは玦状耳飾りが本来もっていた中心孔を踏襲したものと解釈することも可能である。そして縄文時代後期の耳栓などの主流が滑車形耳栓になったのは、前期の石製玦状耳飾りの扁平形やサメの脊椎骨の扁平形などの伝統を引き継いだ結果によるものと考えてみることも場合によっては必要であろう。

　原田昌幸氏は、縄文時代の耳栓と玦状耳飾りには「その出現時期に隔たりがあることや、両者の形の変化がスムーズにつながらないことから、まったく別系統の装身具であると考えられる」と述べている（原田 1988）。同氏はこの場合、これがどこから伝来した系統のものなのか具体的に触れていないので、国外から伝わったものなのか、あるいは九州方面から渡来したことを念頭においているのか判断できない。私は九州で発見された日本最古の耳栓はおそらくここで独自に考案されたものではないかと思っている（新東 1995）。その起源は本来木製や竹製耳栓であったものが、ある時から土製品に変わったのではない

かと考えたいのであるが、これを裏づける証拠はない。むしろ、現在の段階で言えることは、これによって土製耳栓は独立発生的にどこでも起こりうる装身具であることが示されたということだろう。

玦状耳飾りと耳栓の耳朶の孔への着装方法を民族学資料からながめて気づくことは、両者の間には大きな違いはなく、せいぜい前者のほうが耳朶に穿孔される孔が後者より小さいというくらいである。玦状耳飾りを挿入するときには、玦状耳飾りの両脚の片方の幅や長さが入るだけの大きさの孔を耳朶に開けることが必要であるが、耳栓ではしばしば穿孔された耳朶の孔は玦状耳飾りの場合よりずっと大きくなる傾向がある。

図11 上段は耳栓をしたモイ族の女性と耳輪をした男性。下段は耳栓をしたモイ族の女たちと耳輪をした女性（いずれも Hammerton, n.d. より）。両一民族でありながら「好み」によって違ったタイプの耳飾りしていることが分かる。

玦状（厳密にいえば耳輪）耳飾りと耳栓を併用する民族例はあまり多くないが、ないわけではない。両者が併用されている珍しい写真を転載しておく（図11）。これは旧安南に住むモイ族の女子の写真である。上段の向かって左の女性は耳栓、右端の男性は耳輪をしている。下段では耳栓と耳輪を付けた女性が写っている。同じ種族の男性が棒状の耳栓をしている写真もあり、どちらのタイプの耳飾りを使うかは、個人の好みによるのだろう。

また古代インドの神々の像を見ると、耳栓と耳輪が併存していたことを示す彫刻がある。たとえば、中部インドのグルジャラ・プラーティハーラ時代

(10世紀)に砂岩で製作されたガンガー女神は耳栓をつけているが、一緒にいる小柄な女性は耳輪をつけている(朝日新聞社1994)。ことによると耳飾りは身分や年齢によって違うのかもしれないが、確かなところは分からない。

年代によって耳飾りの形状が変化する事例はある。本来は玦状耳飾りであったが後に耳栓に変わったと推測される例としては、先述の台湾のピューマ族をあげることができる。また紀元前1500年～800年のパイワン族の祖先が4種類の玦状耳飾りを持っていたことは考古学的に明らかになっているが、民族誌時代の耳飾りの形態は耳栓である。パイワン族の耳朶の穿孔方法はアタイヤル族も同じであるが、径が一寸くらい円形の鉛板を耳飾りにしていると報告されている(台湾総督府蕃族調査会1921)。伊能嘉矩氏が1896年に採集したアタイヤル族の耳栓は長さが12.7cmほどの細長い竹製で、胴部に彫刻されているものとないものとがある(胡・崔1998)図12の上段は竹製の棒状耳栓を付けたアタイヤル族の女性、同図の下段は竹製耳栓を装着したニューギニアのトアリピの男性である。別の民族誌の報告書にはアタイヤル族の耳栓は貝製品であったことを伝えている。しかし先史時代では石製品のものが発掘されている(Chi-lu 1968)。

また耳栓形耳飾りの後ろ側にフック状の

図12 上段は棒状耳栓を付けたアタイヤル族の女性(鈴木1932より)。下段は竹の筒形耳栓を付けたニューギニアのイピ・グルーのトアリピの男性(Holmes 1924より)。

止め金具を付けていて、前から見ると耳栓のように見える耳飾りがエスキモーなどにあるが、これと似たものがチベットやラダクなどの男性が用いる耳飾りにもある。ここでは真珠貝を連ねて製作された大きな耳輪の一端にトルコ石を鏤めた円形や四角形の一見指輪状をしたものが装着されている。これは前方を向くように装着されていて、広義に解せば耳栓と耳輪の合体したものといえよう（Clarke 2004）。縄文人がこのようなものを製作しなかったのは、フックに必要な針金のように弾力に富む金属の材料がなかったためだろう。あるいは縄文人もフックを使うタイプの耳飾りを使用していたが、考古学者が気づかないにすぎないのかもしれない。

　縄文時代においては玦状耳飾りと耳栓が同時期に使用されていたのではないかとする意見もある。たとえば小野正文氏は山梨県地域では石製玦状耳飾りは中期の前半まで土製の玦状耳飾りや土製耳栓と併用されていた述べている（小野1989）。このような文化の残存現象はあってしかるべきことである。しかし、土製玦状耳飾り兼耳栓タイプの耳飾りが存在した時期にはたぶん人びとは両方の付け方を知っていたはずであるが、それはほんの短期間であったし、穿孔された耳朶の孔にうまく挿入可能な形態をした本格的な土製耳栓が考案されるや人びとは素早くその流行の波に乗った結果、玦状耳飾りのことなど忘れてしまったのかもしれない。たとえそうであっても、一部の地域では玦状耳飾りを依然として愛好する人たちがいた可能性のあることは言うまでもない。

　以下、民族例を参考にして、大型耳栓で伸長された耳朶の孔に玦状耳飾りを挿入した時の姿を民族的事例を使って類推してみたい。

　図13の上段の左側は中期の円盤状土製耳栓、上段の右側は大きな木製耳栓を装着した南米ペルーの原住民の男性（Heyerdahl 1952）、下段の左側は18世紀に描かれた耳飾りを外したイースター島の男性（cf. Beaglehole 1959）。イースター島のモアイ像の長い耳朶を説明するのにヘイエルダールはこの南米ペルーの原住民の耳栓を引用した（Heyerdahl 1952）。中期の縄文人の穿孔された耳朶の孔はこの程度の大きさが普通であったと推定される。下段は右側は多数の金属製耳輪を一個にしたときのボルネオ島の原住民で（Arnold 1959）、後期縄文時代に大型耳栓によって長く伸長した耳朶の孔に玦状耳飾りを吊したならば、このような姿になったことであろう。

図13　上段の左側は中期の大型土製耳（高山 1996 より）。右側は大きな木製耳栓を付けた南米のペルー人（Heyerdahl 1952 より）。下段の左側は大きな耳栓を外したイースター島民（Heyerdahl 1952 より）。右側は多くの耳輪で伸長した耳朶に小さな耳輪を一個挿入したボルネオ島のカヤン族の男性（Arnold 1959 より）。

　縄文中期には玦状耳飾りと耳栓が普遍的には併用されなかったはずだとする私の想定の根拠は、第1には、土偶の耳飾りはすべて耳栓を示しており、玦状耳飾りを表現しているものは皆無なことである。民族例は自分たちが使用している耳飾りを彫刻品などに描くのが普通である。たとえば、インドネシアの木像には玦状耳飾りらしきものを垂下したものがある。またインドシナで発掘されたドンソン文化期の銅剣の柄は同一の形をしていながら一個には耳栓、他の一個には耳輪が表されている（鹿野 1946：図版 17 の第 1 図・第 2 図）。
　したがって、土偶は女性を表しているので耳栓しか表されていないという限定をするならば、耳栓しか使用されていなかったと解釈しても不自然ではない

かもしれない。中期では土製耳栓の出土数に比べて、石製耳栓にしろ土製玦状耳飾りにしろこのタイプの耳飾りの発掘例が多くないことは、少なくともこれらがあまり製作されなかったことを物語っている。もし中期において男性が耳飾りをしていたならば、それらはこれらとは違った腐朽しやすい材質で製作されていのだろうと推測される。

なお、男性は「環状垂飾」と呼ばれる鹿角骨製や貝製遺物が耳飾りとして穿孔された耳朶の孔に挿入されていたことも想像される。特に、宮城県沼津貝塚出土の「環状垂飾」と分類されていたものの中には（金子・忍澤1986a）、耳飾りとして使用されていたならば、さぞかし美しく映えただろうと思われるものがある。このよう場合、「環状垂飾」は細い紐で耳介に穿孔された孔から吊り下げられたと思われる。またこの「環状垂飾」の円形部分はイモガイの殻頂部がモティーフになっていたと私は推測している。

第9節　土製玦状耳飾りの文様のモティーフ

西川博孝氏の論考に掲載されている土製玦状耳飾りの実測図を見て、以下のようなことに気づいた（西川1995）。

第1図の28のような周縁部の刻み目文様は、北海道で発掘されている土製品の周縁部に見られる刻み目文様連想させる（北海道埋蔵文化財センター2004）。さらにこれは青森県名川町平遺跡出土の魚の脊椎骨製耳栓の周縁部の文様にいきつく（江坂1960）。しかしこれが何をモティーフとしているのか不明である。

第2図の52は、オセアニア考古学からすると一見、枝珊瑚のように見えるが、桑原護氏はタコの吸盤状の突起のように見えると記述している（桑原1994）。縄文時代の遺跡から枝サンゴのようなものが発見されることが全くないわけではないが、きわめて稀であって、鹿児島県黒川洞穴遺跡出土のサンゴ製簪（上村1999）や福井県北安田北遺跡などがあるだけである。特に後者の枝状のサンゴは東大寺領横江荘に関係のある銅印が伴出したので奈良から伝来したものと見なされている（李家1991）。枝状サンゴは見栄えのしないものであるが、身近にない珍奇なものであったため貴重視されたのかもしれない。

古代日本でサンゴが知られるようになったのは仏典の中の七宝と言われ、当時サンゴで日本髪の根掛けや簪などを作った（近山1988）。しかし枝珊瑚は東日本の縄文遺跡では未発見のようなので、タコの吸盤とする桑原氏の解釈の方が妥当かもしれない。なお参考までに述べると、メラネシアのロイアルティ・グループのウヴェア島民は珊瑚製の耳飾りを佩用している（Hadfield 1920）。

　第3図の76、第10図の320はホラガイの螺塔、特にその中の体層に見られるV字形を連続させる「ヤマドリの羽」状の模様をモティーフにしているように見える。

　同図の66および第5図の128は共にサメの脊椎骨をモティーフにしているが、鮫の種類は違う。

　第5図129はサメの脊椎骨を忠実に模しているし、同図の148はヤツシロガイのようにも見えるが、他にも候補になる貝はある。また第8図の234・235、それにたぶん同図の264も魚の脊椎骨をモティーフにしている。これは断面形から判断してサメの脊椎骨をモティーフにしていたと思われる。

　第8図の263はその断面図から連想されることはサザエの蓋である。しかしサザエの蓋を装身具にした遺物は未発見である。縄文人はしばしばイメージだけでものを創作する性癖があるので、サザエの蓋製耳飾りが存在しなくてもそれを頭の中で描いて具象化することがあっても不思議でないと思う。

　第9図の288の文様はスイジガイの体層の太い螺肋をイメージして創作したような感じがするが、これは私がこの文様を見て連想しただけであって、スイジガイの太い螺肋は大小が並行しているわけはなく、厳密に比較すれば似ていない。この遺物の文様のモティーフとして気になる貝にはその他に2種類ある。一つは古墳時代に人気のあったテングガイである。この貝を模して製作された貝釧は古墳時代中期に畿内政権で愛好されていたもので（木下1996）、これらは南海産の貝である。もう一つはマキミゾツムバイである。この貝の生息地は北海道から北方である。このような寒い地域の貝が日本の縄文人に珍しがられることがなかったとは言えまい。このような想定に関連して木下尚子氏の示唆に富む研究が発表されている（木下1996）。すなわち木下氏は、山口県土井ケ浜遺跡で発掘された2点のユキノカサ製貝輪が北方の貝であることは（この貝輪自体は朝鮮半島からの将来品という可能性もあるが）、ここの人たち

が北方や東方地域と交流のあったことを示しているかもしれない、と言うのである。

　縄文人が北方に生息している貝を貴重視したというこの指摘は、実はここで取り上げているスイジガイの体層の太い螺肋以外の候補として、北海道東北部に稀にしか生育しないエゾバイ科のワダチバイ（アボット・ダンス 1985）を挙げたくなる。もしスイジガイやワダチガイの体層と玦状耳飾りとの間に関係があったとするならば、縄文人はこれらの貝の体層の形を文様のイメージとして取り入れただけはなく、海外にイモガイで玦状耳飾りを製作している実例のあることを考えると、縄文人も実際にこの部位を使って玦状耳飾りを製作しようとした可能性もないわけではないと思う。

　第9図の 288 は周縁が鋸状に凹凸が刻まれた特異な文様である。これも私の印象にすぎないが、側面に彫られている連続した凹凸文様はトウカムリ貝の螺塔の模様を模したように見える。ただトウカムリ貝製遺物は未発見である。この貝の生息地は紀伊半島・三宅島以南なので（波部・小菅 1975）、縄文人の目に触れた可能性は高い。またこの玦状耳飾りの周縁部が鋸歯状になっている点は、古墳時代に登場するテングガイ製腕輪（たとえば、木下 1996）の葉状突起との類似が想起される。ただテングガイは生息地海域が九州以南だが（吉良 1974）、縄文時代におけるさまざまな物資の交易網の発達から見て、これをモティーフを想定するうえでこのような生息海域の問題は障害にはならないと思う。とは言っても、南西諸島の貝がいくつかの中継交易地点を経由して東日本にまでもたらされていたとしても、具体的にどう解釈したらよいのかは謎である。

　その他、西川氏の論文に掲載されている実測図で新たに気づいたことは、イモガイの文様が人気のあるモティーフになっていたことである。それは第3図の 67・74・84（？）・89・114・115・116・120 の図案で、それらはイモガイの周縁部に見られる模様からえられたものであることは明白である。しかし問題は当時、イモガイから玦状耳飾り（あるいは耳栓）を実際に製作していたかどうかは肝心の遺物が縄文の遺跡で未発見なことである。メラネシアではイモガイの殻頂部を平らにして玦状耳飾りを製作しているので（*cf*.Ward 1976:175、しかし穿孔された耳介に装着される）、縄文人が同じものを製作し

ていたと仮定することは、推理としては可能である。特に縄文人が長い期間イモガイを愛好したことは、これが早期の上黒岩遺跡から始まり晩期の是川遺跡まで確認されていることからも分かる。

なお、イモガイはそのままの状態で耳朶の穿孔された孔に挿入することは不可能ではないが、かなり困難である。特にサメの脊椎骨製耳栓と較べると、ずっと重いという欠点がある。しかし第8図の263の実測図をみると、耳栓には不適当であるが、装身具としてなら十分に使用可能なものとなっている。このようなタイプのイモガイ製品は太平洋では一般に貝製ビーズとして使用されているので、縄文人もこのようなイモガイ製のビーズをもっていて、時には それを紐で穿孔された耳朶から吊り下げたのではないかと想像したくなる。同図の256の周辺部の湾曲の感じはオセアニアのイモガイの腕輪を即座に連想させる。今後は縄文の遺跡からこのような形のイモガイ腕輪が発見されるかもしれないと関心をもっていたところ、北海道美々遺跡から縄文晩期のサラサバテイのような巻き貝の模様を模した土製耳栓が発見された（吉田2003）。

なおまた、土製玦状耳飾りの文様としては確認されていないが、貝製装身具の中にヤツシロガイ製品がある（忍澤2000）。この貝の模様をモティーフにした土製ないし石製玦状耳飾りがいつか発見されるものと予想される。

最後に私の関心を最も惹いたのは、周辺部を鋸歯形にした大型の玦状耳飾りである（第9図の288）。この形では一見、穿孔された耳朶の孔に挿入しにくいし、挿入しても皮膚にこのギザギザが触れて具合がよくないように思える。しかしボントック族など

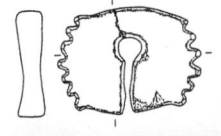

図14 上段の左側は前期の土製玦状耳飾り（桑原1994より）。右側はボントク・イゴロット族の銀製玦状耳飾り（Jenks 1905より）。下段の左側は西スンバ島の金属製玦状耳飾り（Hoskins 1988より）。右側はこのタイプの玦状耳飾りを装着した女性（Hoskins 1988より）。

の双頭獣型玦状耳飾りを付けた写真を見ると（Ellis 1981）、このような不格好をした形の耳飾りが耳朶の穿孔された孔に挿入されることが可能であることは民族例から明らかである（**図14**）。縄文時代にタイム・スリップできないかぎり、このような民族学的資料から縄文人の耳飾りの様子を間接的に類推するしかない。ただ縄文人がこのような玦状耳飾りを紐を使って耳朶の孔から垂下した可能性もなくはない。

　以上、縄文の耳飾りの起源について、さまざまな角度から考えてきたが、今後の研究にあたっては、以下のような問題もテーマとする必要があるだろう。

　施術者（親族か専門家か）／施術時期／施術道具／出血した血の処理／耳朶に穿孔された孔を大きくしていくために使われた錘（伸張器）／耳朶が穿孔される年齢／耳朶穿孔に伴う儀式の有無／男性はどのような耳飾りをしていたのか（女性は土偶から類推できるが）

第2章　先史時代の周辺地域の耳飾り

第1節　擦切手法は単一系統か

　縄文時代の玦状耳飾りの中国起源説の傍証の一つとして擦切技術が指摘されている（たとえば、川崎1998）。かつて八幡一郎氏が注目して以来語られる、石斧の擦り切り手法を文化の系統論に利用することは、私には意味がないように思える。と言うのは、たとえば世界でも最後の人類の移民のひとつに数えられているニュージーランドのマオリ人もこのような擦切手法（sawing）で石手斧を製作している（Best 1974）。またポリネシアでは骨や貝から釣り針を製作するのにいわゆる擦り切り技法を使う（Bryan 1938）。私たちもツヴァルにおける発掘で真珠貝製単式釣り針の未完成品（tab）を見つけている（高山研磨2001）。このような小さな遺物にもなされるこの製法は石器の分割法の技術の延長上にある。この程度の技術は世界各地で必然的に考案されてしかるべき人間の知恵のひとつであると言えよう。

　また日本の研究者は黒潮をまるで「魔法のじゅうたん」のように錯覚して、これに乗れば南方の文化は簡単に日本列島に到着できるとしばしば考えるが、空想の世界からそろそろ脱却する必要があろう。船は流木ではないのである。

　もっとも外国の学者でも、日本文化北上論を唱える者もいる。たとえばジュムサイは、インドネシア付近から北上した先史文化があって、これはフィリピンと台湾の間を通過して日本に達したと想定している（Jumsai 1988）。ただし彼の場合は黒潮の流れを重視するのではなく、航海術に熟達した航海者がすでに存在したと考えている。しかし彼の言っていることには日本の考古学についての知識が貧弱である。彼によれば、この先史文化は最初は水辺の土地にあった。具体的に言えば、それは紀元前1万年から8千年前に北ヴェトナムで栄えたホアビニアン文化と、紀元前8千年に出現した日本縄文文化で代

表される。シャムでは紀元前9700年には栽培植物が発見されているだけでなく、紀元前6800年には縄蓆文土器が出現している。バンチャン遺跡では紀元前3600年には青銅器が発見されていて、その出現は近東地域のもの（紀元前3千年）より先行するし、インドのモヘンジョ＝ダーロ遺跡の年代2千年よりも古い。もちろんこの年代が中国の青銅器時代よりも古いことは言うまでもない。そしてアジアの先史時代には南から北へと流れる文化があった。この文化を特徴づけているのが稲作、高床住居、独特な籠の編み方である。さらに日本語に見られるオーストロネシア諸語の構成要素はこの流れに付随していたものであると言うのが彼の結論である。この推論は日本の考古学的"常識"とは整合しない。

第1に、日本では稲作は弥生時代に始まるとされ、その年代は紀元前3世紀頃が一般に容認されている年代である。それが琉球諸島を経由して入ったものでないことは、この地からは弥生時代に相当する年代に属す稲作耕作のあったことを示す考古学的証拠が未発見であることから明らかである。

第2に、日本語にはオーストロネシア諸語の影響は認められない。

第3に、フィリピンにおける稲作の開始は紀元前1500年頃まで遡ることを考えると（Snow et al. 1986）、琉球における稲作開始がこれよりずっと遅いのは彼我の間には接触がなかったことを示唆している。

第2節　照葉樹林文化・ナラ林文化と玦状耳飾り

文化人類学的視点から日本文化起源の解明に精力的に取り組んできた佐々木高明氏は、縄文中期の滑車型耳栓はイモ栽培や他の文化要素と共に東南アジアから伝わったとする江坂輝弥氏の見解を引用し（佐々木1971）、縄文文化の成立に関して3つの時期に3つの系統の外来文化の伝来を想定している。すなわち、縄文前期には大陸から照葉樹林採集文化が伝来し、中期（同著の編年表では後期となっているが図示されている年代から見ると中期に相当する）になると照葉樹林焼畑農耕文化が渡来して、さらに後期には東北アジアのナラ林文化がおそらく東日本に影響を与えたと推論する（佐々木1997）。また、その後の日本文化の原型を形成したとされる稲作文化が縄文末か弥生初に朝鮮半島か

ら伝えられ、これらの他にも長江下流域や江南地方から直接、日本列島や琉球列島を経由して流入した文化もあったと述べている。この想定に従えば、縄文前期には玦状耳飾りは照葉樹林採集文化の1つの要素として伝来したことになる。渡来した文化要素を綿密に調べている佐々木氏も同書では玦状耳飾りについては触れていないが、別の著書では「前期になると耳朶に穴をあけてぶらさげる土製や石製の玦状耳飾りが流行し、後・晩期になると、漆塗りの透かし彫り文様をあるみごとな耳飾りもつくられた」と論じている（佐々木1991a）。

なお、小山修三氏の著書『縄文探検』の表紙を飾っている大きな透かし彫り耳栓を付けた縄文女性の復元想定図には耳朶が見えない。イラストレーターは耳朶が穿孔されてその中に耳栓が挿入されることを知らなかったようである。また国立歴史民俗博物館編集の三内丸山遺跡の図録中に掲載されている透かし彫り耳栓の装着復元図にも耳朶は確認できないし、さらにこれを佩用した人物が男性となっているだけでなく、傍らに描かれている女性の耳朶には穿孔の痕跡がないのは理解に苦しむ（国立歴史民俗博物館編2001）。

藤田富士夫氏の見解に従えば、南部中国における玦状耳飾りは日本の縄文早期末頃にあたる時期から現れる（藤田1992）。したがって縄文中期以前に日本にすでに伝播してきたことになるので、佐々木氏がこの文化要素に言及しなかったのは考古学が専門でないことからいたしかたないであろう。佐々木氏は言及していないが、東北アジアのナラ林文化にも玦状耳飾りが伴っている（大貫1998）。大貫静夫氏は興隆窪文化など北方地域における玦状耳飾りの発見は長江流域とは無関係にこれが生まれたことを意味し、すべての玦状耳飾りが同一起源でないことを明らかにした、と論じている。これに対して、中国の学者はこの中国東北の興隆窪文化第1期に出現した玦状耳飾りは波及的に拡散して東アジア地域の玦状耳飾りを生んだとする一元論を発表している（藤田1994）。これに関連して藤田富士夫氏は、これを含め中国大陸の玦状耳飾りの切れ目の製作方法は糸鋸技法が用いられていて、日本の始源期の玦状耳飾りにもこの製作方法が認められるならば、中国起源説に対する強力な後押しとなると論じた。そして、本州最古の玦状耳飾りは環状であるのに対して、九州では内径が小さいというヴァリエーションがあるので、日本の玦状耳飾りの起源には、中国の河姆渡文化と同じく中国の東北地域と2系統の影響があったと解

釈している。

ところで、玦状耳飾りは本来耳朶に穿孔された孔から垂下された耳飾りと解釈するのが普通である。玦状耳飾りの中心に開けられた小さな孔は、単なる装身具なら必要ないからである。ただこのような形の耳飾りは他の地域でも偶然に考案される可能性がないわけではない。以下、簡単に論じてみたい。

東南アジアには考古学者がリンリンオー（ling ling-o）と呼ぶ玦状耳飾りがある（本書152頁参照）。これと中国の新石器時代の玦状耳飾りとはどういう関係にあるのか。

藤田氏によれば、東アジアや東南アジアの玦状耳飾りを概観した黄士強氏は、台湾の円山貝塚出土の円形玦状耳飾りは「関係はわからないが中国の青蓮崗文化や殷・周時代の玦と類似する」と述べているという（藤田1992）。さらに、横倉雅幸氏が発表したヴェトナムの玦状耳飾りの研究を概観して、「ベトナムの玦状耳飾りはおそらく東南中国の青銅器文化が有していた玦文化の影響を受けて、先ず北部フンゲェン文化に出現したものと推定されるとし、更に青銅器時代を通じて独自の蛭状耳飾りを生むなどしながら初期鉄器時代のドンソン文化でもっとも盛んになった」と説明している。そして、一方、北部ヴェトナムの耳飾り文化は青銅器時代に徐々に南下してドンソン文化と同時期である中部・南部のサーフィン文化期に至って独自の双頭獣型玦状耳飾りを加えるなどして大流行したと述べている。

中国考古学が専門の中村慎一氏は以下のように述べている（中村1987）。広東南部から広西にかけての地域にダブルF字紋を特徴とする幾何学印紋硬陶と共に玦状製品が分布する。それは春秋戦国時代の相当期にある。そして玦状耳飾りの形状は有角式で香港や台湾などからも発見されている。また中国西南地区では銅鼓を出土する遺跡で知られる石塞山、李家山で玦状耳飾りが発見されている。しかしその形態や装着方法は特異で、他地域のものとはやや趣が異なる。結論として、新石器時代の比較的早い段階で長江下流域で製作・使用された玦状耳飾りは時間の経過と共に周辺地域に伝播していったと思われる、と論じている。しかし中村氏は、この拡散が日本にまで及んだとする見解には反対している。

なお、ジャムには玦状耳飾り型をしたブレスレットがある（Quiggin 1979）。

第3節　玉崇拝

　水野清一氏は、周代の彫玉を紹介した後、中国人の玉に対する尊敬・愛情の深さにはかり知れないものがあると述べたうえで、その半透明で潤沢のある良質の玉は新しい貿易路の開拓を暗示し、文献にはないが新彊省コータンへの貿易が盛んになったことが察せられると述べている（水野1959a）。また劉茂源氏は、古代中国人が長い間玉を崇拝に近い気持ちで愛好した理由は、玉がもつ独自の美観、純血、高貴、神聖とされる特徴から、それはやがて人格化され、ついには階層化される段階まで発展したのだと言い、B.P.4300年～5700年の長江中・下流域の大渓文化遺跡では玉器は玉玦が主体をなし、巫山県の大渓遺跡墓葬からの玉玦は男女の耳飾りとして使用されていると述べる（劉1996）。

　では、縄文人は玦状耳飾りの製品である石に対して同じような信仰に近い憧憬の念を抱いていたのだろうか。

　縄文時代の玦状耳飾りには硬度1の滑石やろう石をはじめ、稀にはいくらか硬質の蛇紋岩や粘板岩などが利用されていた（藤田1992）。蛇紋岩や粘板岩は石斧の材料として普通に利用されていたものであるが、これを玦状耳飾りの材料としているからといって、縄文人がこれらの石に対しても信仰に近い考えをもっていたとは思えない。ただし縄文時代中期頃からはかなり硬質の硬玉製大珠の装身具が登場して人気を博すが、この石は硬度6.5～7であるという（藤田1992）。藤田氏によれば中国では「玉」と称しているものはネフライト（軟玉）が主であり、これは角閃光石の繊維状結晶であるのに対して、日本の硬玉、つまり翡翠は輝石の繊維状結晶が集合したもので鉱物的に異なるという。また劉茂源氏は玉器とは一般に和闐石を含め透閃石―陽起石の分子式構造をもつもので、これをいわゆる軟玉（Nephrite）と定義づけているという。また東アジアの初期稲作文化発祥の地と考えられている河姆渡遺跡（B.P.5000～6900）の玦状耳飾りを含む玉器類は地元で産出する蛍石鉱から手に入る石を利用しているので、この文化玉器の75パーセントはこの石で製作されているという（劉1996）。

　日本の硬玉は新潟県糸魚川に産出するものが各地に運ばれたと言われてき

た。しかし藁科哲男氏が北海道平和遺跡のヒスイの遺物に関して行った科学的分析によれば、これは日高産のヒスイであり、日高産のヒスイで製作された玉類は東北・北海道地域で重要な石材となっていたと推定している（藁科2001）。この分布範囲は今後さらに拡大することであろう。

　玦状耳飾りはこのような硬玉で製作したものは未発見である。糸魚川産の硬玉の原石やそれから製作されたペンダントの未製品が出現するのは縄文中期初頭からである（藤田1992）。この時期には土製玦状耳飾りが土製耳栓に変わったことに注目する必要があろう。つまりこの頃の縄文人は玦状耳飾りに使用していた石そのものにはあまり愛着がなかったような印象を受ける。それは玦状耳飾りに加工の容易な滑石やろう石が主に利用されたこととも関係があるかもしれない。かつて藤沢宗平氏は、両者は成分が似ているので混同される場合があると述べ、さらに滑石は軟石で細工がしやすいが、色合いが余り映えないため垂飾品としての利用は縄文文化の進展とともにしだいに衰えていくが、これには新しい石質や新しい形態の垂飾品の登場があるだろうと推測している（藤沢1962）。そしてまた長野県内では滑石製品は前期を中心にその上下に及んでいるが、特に中期以降は硬玉その他の石質の出現を迎え、土製品にその形態を変えて交代していくようであると指摘をしている。

　現時点では私の印象にしかすぎないが、前期末の縄文人にとっては玦状耳飾りを付けることは単なる装飾品として祖先の代からあった形に従って製作し使用していただけのことであったように思われる。そしてその原型は猪のような動物の牙かイモガイのようなものであったと推定される。しかしこれら以外にも候補がある。それは「の」字状石製品である。これは玦状耳飾りと石質も製作技法が類似していて、川崎保氏をして両者共これらの点では最適な対比ができると言わしめているものである（川崎2002）。

　このように「の」字形石製品は玦状耳飾り起源として候補者の中に挙げられるほど重要な遺物である。面白いことには他の材質で実物と同じようなものを製作することが未開社会でもある。たとえばニューギニアの例では、豚の犬歯の装身具を貝殻を材料として立派に模造している（Seligmann 1910）。キリバスでは人間の歯を骨（未鑑定）を使って本物と現地の医者も見間違ってしまったほど精巧に製作したものが発掘されている（高山・甲斐山1993）。

縄文時代における土製珠などの存在は、ときには本物の石でなくても代用品でも十分であったことを示唆している。ただ、このような代用品は身分の高い家の子供が使用したものか、あるは土製品の製作者の家族がたまたま自分の家の子供のために製作したものか、あるいはまたこのようなことは普通に行われたことか、などさまざまな推理をしたくなるが、発掘例が少なく、的確な判断はできない。

　また玦状耳飾りの壊れた形を模した土製玦状耳飾りの遺物もあるが、これは土製玦状耳飾りを製作中の女性が面白半分に製作したものであろうか。また山梨県北杜酒呑場遺跡からの土製腕輪（山梨県立博物館 2004：図 85）の発見は、敢えて壊れた土製玦状耳飾りの形を製作するという高い技術をもった「ユーモアを解する」女性がいたことを示唆しているとすら思いたくなる。また硬玉の登場は縄文人がこの石自体にそれまでになかったような特別な感情をもつようになったことを示しているように思える。その中には栗島義明氏が述べるように「威信財」としての価値が付加されていた可能性も大いにありえることである（栗島 2004）。渡辺仁氏は、縄文時代にもステイタス・シンボル（威信財）はあったのではないかと考え、その候補として硬玉製大珠やオオツタノハ貝を挙げている（渡辺 2000）。同氏の推論の根拠はアラスカのインガリック族やアリューシャン列島のアリュート族の民族例にある。このような古アジア人は上層階層は輸入贅沢品を所有していたので、縄文時代においてもこのような付加価値の高い稀少贅沢品の常習化されている状況は、貧富差のある階層社会があったことを示している、と同氏は見なしたのである。少なくとも縄文時代中期以降では階層社会は発達していたが、それは個人の人格を無視するほど厳格ではなく、長老政治に近いかなり民主的なものではなかったかと、私には思われる。渡辺氏は、オオツタノハ貝が貴重視されたのは原産地が海の彼方であるため危険と高度な技術を伴う海洋交易が流通過程に含まれているだけなく、材料の性質から破損しやすいから奢侈的価値、すなわち贅沢品としての価値は、硬玉製品に劣らず並外れに大きかったと考えている。

　なお関東地方の縄文中期の貝輪について忍澤成視氏の研究によれば、「縄文中期までは一部の者が象徴的に装着していた感のある貝輪は、後期になって、丈夫で絶妙なサイズのベンケイガイの採用によって大量に生産されるようにな

り、多くの者が恒久的に貝輪を装着するという装身習俗自体に大きな変化をもたらしたとみられる。さらに後期以降、こうした貝輪装着の一般化は、さらに良質で稀少な素材への探求へと向けられ、遂に伊豆諸島南部の島嶼域にのみに生息するオオツタノハの発見・貝輪の広範におよぶ流通へとつながっていくのである」という（忍澤 2006）。この見解は考古学者がしばしば陥る単なる思いつきに走らず、遺物の積み重ねから引き出された実証的結論として重みがある。これを「殷鑑遠からず」と肝に銘じながら、日本の考古学者に多少はヒントとなるかと思える民族例を、以下に付記しておきたい。

　メラネシアのロッセル島における通貨制度のことである。南東ニューギニア地域にあるこの島では私たちが言うところの通貨制度が存在する。ここでは貝製品は装身具ではなく、そのように使うことはむしろ「悪」でさえある。貝製通貨には2種類がある。1つは ndap と呼ばれるものでウミギクガイ科の貝で製作される。もう一方は nko と呼ばれシャコガイで製作される。彼らの伝える神話によれば、すべての nko は Wonajo と呼ばれる神によって製作された。Wonajo 神はこの貝をウォルンガ（Wolunga）湾の特定の場所で入手した。そこではこの貝は神聖なものであって、今ではサメの神と鰐の神によって守られている。したがって、お金である nko の製作は Wonajo 神の手によるものであった。ndap のほうはヨンガ（Yongga）湾のある場所で Wonajo 神がその貝を発見して製作した。この場所も神聖で蛇の神によって守護されている。最も値打ちのある ndap の材料となった貝は現在、ロッセル島には見当たらない。原住民によれば、一番価値の低い通貨の中の3、4種類は今でもタグラ（Tagula）から手に入れて作るという。そして ndap の製作に関して酋長たちは奇妙な独占権をもっている。つまり彼らは ndap を作るためのウミギクガイ科の貝を集めるためには、自分たちが所有している一艘の特別なカヌーによって運ぶことだけが許されており、このことによって酋長たちは ndap の製造と分配を支配しているのである（Tueting 1935）。

　縄文時代の装身具は婚姻形態などの復元研究に注目が集まっているが、このような視点からの研究も参考にして行ってみる価値があるかもしれない。

　メラネシアにはこれとは別に貝製装身具を交換するクラと呼ばれる「交易体系」が存在する。これは腕輪とネックレスが島から島へと儀礼的に順番に渡さ

れるものである。ネックレスはウミギク貝製、腕輪はイモガイ製である。前者は時計回りに、後者はその逆に廻る（Malinowski 1922）。なお、私たちはこれと似たようなイモガイをベラウやマリアナ諸島で発掘しているが、これはクラ交易と間接的にしろ関係がある遺物だと私は思っている。これに若干似たものは日本の先史時代の遺物中にもあるが、もちろん、これはクラ交易とは全く無関係なものである。

閑談　クラ交易（Kura ring）

　1922年、メラネシアのトロブリアンド諸島の民族学的調査を行った民族学者マリノウスキーは *Argonauts of the Western Pacific* と題した著書を上梓した（寺田和夫・増田義郎訳『西太平洋の遠洋航海者』1967年）。この中で著者は、この付近の島々には「kura ring」と呼ばれる複雑な儀礼的ないし贈答的交換体系のあることを報告している。これは首飾りや腕輪が島から島へ村から村へと循環して移動する一種の交易体系である（秋道 1989）。これらの貝製装身具の材料としては、クロフイモガイモドキ、アンボンクロザメ、ウミギクガイ科の貝、シャコガイ、サラサバテイラなどがあり（Kirch 1997）、この交換体系においてはこれらの貝製装身具は個々の歴史をもった「譲渡できない占有物」と呼ばれている。マリノウスキーが報告しているクラ交易とは功利的な貿易品を物々交換することとは異なるものなのである。なお、S.Uberoi（1962）は、マリノウスキーは矛盾した資料を用いて独自の分析を発表したと批判している。先史時代におけるクラ交易の解明には考古学者も挑戦しているのである。

　クラ交易に似たマイル・アロマ間の交易体系も見ておく必要があるだろう。マイル島民が西方のアロマ島に行って交易する最も重要な品物は貝製腕輪であるが、これは彼ら自身が製作したり、マッシム地域から入手したものである。この貝製腕輪はマイルに帰る時になされる大切な饗宴で食べられる豚のために交易されるのである。アロマに到着する直前、船団はバリアー・リーフの沖合にある小さな島に停泊し、男たちは体を黒色に塗り、貝製腕輪に呪文をかけて儀礼的に洗浄する。これは相手のアロマ島民に交易品が熱狂的に素晴らしいものに見え、高価で取引されるためであるが、このような呪文はクラ交易に従事した人びとも行っていたと想像される。マイルの場合、交換される状況は物々交換に近くクラ交易とは著しい差異があるが、クラ交易と似ている点もあって、クラ交易の先輩のようにも見えると考古学者アーウィンは言う。そして貝製腕輪や首飾りは今から2000年前の遺跡から出土しているが、クラ交易が発達したのは、たぶん500年くらい前からであろうと推測している（Irwin 1978）。

　考古学者たちはクラ交易の起源を究明するためにラピータ遺跡で発掘される土器、石

手斧の石質(黒曜石や角岩)、地炉の石、それに貝製品などを手掛かりとしている研究を進めているが(Kirch 1977)、これらの研究の中で興味深いのは、土器の製作時には粘土の中に混されるテンパーである。ここでは砕いた小石や石灰岩や土器などが使用された(なお先史日本では沖縄の土器に土器片がテンパーとして使われていた)。マイル島民は2000年前に土器の製作を開始したが、その時には海岸の貝殻を砕いてテンパーとして粘土に混入して淡水を使用していたが、この製作方法はすぐに止めて、テンパーとしては塩水だけで間に合わせることになった(Irwin 1978)。これではテンパーの岩石分類学的研究から土器の起源を探る研究には適切な資料とならない。なお、トロブリアンド諸島の発掘で出土した黒曜石から、2万年前よりメラネシアにおいてこれが交易されていたことが明らかになっている(Fernstal,et al 2002)。

日本の縄文文化研究でもクラ交易が参考にされることがしばしばある。かつて西村正衛氏は、装身具獲得のための交易としていくつかの歴史的・民族誌的事例を挙げたが、この中にはトロブリアンド島周辺でなされているクラ交易環などが含まれていた(西村 1960)。また近年、小杉康氏も著書『縄文のマツリと暮らし』の中でこの民族例を挙げて縄文時代前期後半に見られる木の葉浅鉢形土器がこのような儀礼的交換(贈答と返礼)によって移動していたのであろうと想定している(小杉 2003)。

なお、ニューギニア近辺ではクラ交易以外の交換体系も存在したし(Tueting 1935)、パプア・ニューギニアのエンガ族の交換と儀礼と闘争に関する民族誌情報も縄文研究者に新知見を与えてくれるかもしれない(Wiessner and Tumu 1998)。クラだけでなくその他の地域における外部との交換(external exchange)については、オセアニア民族学のオリヴァーの研究が参考になる(Oliver 1989,vol.1)。さらにオセアニア全体の交易体系については、Hage and Harary (1991) 編の文献、またオセアニア以外の地域のものとしては、(Earle and Ericson eds.1977) の文献などがある。

中国の玉と日本の硬玉の利用法で違う点は、前者では玉で昆虫などさまざまな生物を製作したが、日本では硬玉斧の模造品はあってもこのような面ではあまり利用されなかったことである。それは石に対する信仰の差違に起因しているのであろう。ただ縄文時代の土製品にはさまざまな生き物が表現されているので、小さな生き物に対する関心という面で言えば、中国人と同じようにもっていたようである。

『古事記』にはかずらに巻いた珠などの話が出てくる。八幡一郎氏はこれは珠には霊力や呪力があったとする考えを強調した話であろうと解釈しているが(八幡1968)、私はこの発想の根底には弥生時代以後に中国人の玉に対する信

仰が日本に伝わったことがあったように思う。なお近年、縄文時代にはすでに中国から玉がもたらされていたという見解が提出されているが、これについては後述したい。

　ところで、縄文時代の翡翠は加工前には焼く作業がなされたのではないかと寺村光晴氏は想像しているが（寺村1968）、この着想は卓見であろう。これと同じことがインドでも行われていたからである。ここではえり抜かれた瑪瑙と紅玉髄の瘤塊を検査した後、太陽の下にしばらく間、広げられて、その後、焼かれる。この過程にはさまざまなことがあるが、共通していることは焼くことが浅く掘られた穴の中でなされることで、それは四角形であったり、溝であったりする。瑪瑙や紅玉髄は覆われた吸い口をもった土器の中に入れられる。これらの土器は穴の中にそろえて置かれるが、このとき、土器の周りは牛か山羊の糞で包む。それから火が燃やされるのであるが、火は燃料が燃え尽きるまでゆっくりと燃やされる。火は夜間に点火されて翌朝に燃え尽きるようにしているという報告もある。なお、石が望みどおりの色になるまで12回も繰り返し焼かれることもあるという（Bellina 2007）。縄文時代にもこのような加熱作業（heat treatment）はあったのだろうか。

　石は火で炙った後、鞄の中に包み込まれる。そして3月の終わり頃、これらの鞄はナルマダ（Narmada）に運ばれて、ここからブローチ（Broach）まで浮流させる。ここからは大きな船に積み込まれてカンベイに運ばれ、そこで紅玉髄売買業者に売りものとして出される。一部だけ完成しただけのビーズや未製品が多量にリモドラ（Limodra）付近で発見されることは、ここでもこの加工過程が発送される前になされていたことを示している（Allchin 1979）。

　なお、玦状耳飾りの使用法であるが、かつて八幡一郎氏は玦状耳飾りは耳朶に切れ目を挟んで付けたと考えていたような印象を受けると記している（八幡1929）。これに対して甲野勇氏は同年に著した本で、フィリピンのイゴロット族の玦状耳飾りの使用している写真を紹介して、玦状耳飾りは耳朶に穿孔した孔から垂下したと述べた。これより数年後、玦状耳飾りの資料集成を行った樋口清之氏は玦状耳飾りをフィリピンのイガオ（ママ）族、ニューギニアのパプアン（Papuan）、イゴロット（Igorot）等の土俗と比較して我が国の石器時代人もこれと同様に耳朶に穿孔しそれに吊したとする解釈が妥当であろうと発表

している（樋口1933a）。この論考には民族例の文献の出典が明記されていないが、多分、甲野勇の文献に依拠したものと思われる。

　ところで、イゴロット族などでは玦状耳飾りはその本来の用途だけでなく首飾りとして転用されることもある。このようなタイプの玦状耳飾りは切れ目は狭くて引き伸ばした耳朶の中への挿入が不可能のように製作されている。興味深いのは、このような民族例が参考になる玦状耳飾りが縄文時代にも発見されていることである。たとえば、上野修一氏は、縄文時代の玦状耳飾りの中には切れ目の幅が狭くて耳朶への挿入が不可能であるものが存在し、これは紐で耳朶に穿孔された孔を通過させて吊したのではないかと言う（上野2004）。同じような遺物は福井県桑野遺跡からも出土している。この用途に関して橋本氏は切れ目の幅が極端に狭く耳朶への装着は困難と思わせるので、この遺物の出土した土坑の性格そのものに不可解な謎を秘められていると解釈している（橋本1999）。民族誌的見地からいえば、上記のように玦状耳飾りはネックレットかネックレスのようなペンダントとしての本来の使用目的とは別の用途のために製作されていたと見なすこともできる。福井桑野遺跡出土の玦状耳飾りの出土状態やこれらのものの中にはいわゆる補修孔ではない孔が穿孔されていることは（木下2002：図5）、この推測を支持している。なお付言しておくならば、切れ目がかなり狭い玦状耳飾りが民族例にあることは、縄文の該種遺物の中には耳飾りとして使用可能なものもあったかもしれないと考えている。

　縄文時代の玦状耳飾りは女性だけが使用していたという解釈がある。その主たる根拠として大阪府の国府遺跡では女性人骨の両耳部で、また岡山県の中津貝塚と津雲貝塚においても女性人骨の耳の位置から鹿角製玦状耳飾りが発見されていることがあげられる。これらの資料から藤田富士夫氏は「玦状耳飾りは集団の中でも社会的地位の高い、あるいは特殊な能力をもった選ばれた一部の女性に装着されていたらしい」と論じ、その後、他の遺跡において人骨があったと推定される土坑墓の位置から玦状耳飾りが発見されていると言う（藤田1992）。しかし、人骨に伴っていた上記の発掘例は3例とも戦前の調査で出土したものであり、その後、縄文時代の人骨が無数に発掘されているにもかかわらず、玦状耳飾りを装着した事例は未発見である。さらに、玦状耳飾りが両耳に装着したとは思えない出土状況を示す発掘例も報告されている（木下

2002)。片方しか使用しない民族例も稀にはある。

　私のフィリピンにおける体験や、またアッサムのナガ諸族やニューギニア原住民などの民族誌的資料から感じられることは、未開社会ではしばしば大きな山をひとつ越えただけで異なる文化が存在することである。したがって、縄文時代の大阪府や岡山県の習俗と全く同じようにものが東日本にもあったと見なすことには危険が伴う。つまり縄文時代の玦状耳飾りが耳飾りであったとしても、その使用者が女性に限られていたとする一般論的な結論は、今後東日本の発掘でその例が確認されるまでは、差し控えるべきだと私は思っている。

　中国の玦状耳飾りについても藤田富士夫氏は女性が佩用したとみなしているが、西口陽一氏は中国の江南地方玦状耳飾りの着装者は出土した人骨の調査から児童から青年・中年の女性と判明していると述べている（西口1983）。同じく劉茂源氏はB.P.4300年から5700年にかけての長江中・下流域の大渓文化遺跡では玉器は玉玦が主体をなし、巫山県の大渓遺跡墓葬からの玉玦は性別とは無関係で、男女共耳飾りに使用していたと論述している（劉1996）。また台湾の卑南遺跡では玦状耳飾りは693基の墓の中で442基から発見され、発掘者の連照美（Lien Chao-mei）氏は、これらは死者（特に成人の）への明白な基本的供え物であったと述べている（Lien 1991）。そしてこのような副葬品は女性と幼児の墓から発見されていると言う。また台湾の南のフィリピンの山地民は男女とも玦状耳飾りを使用しているし、アッサムのナガ族では女子のみが使用している。縄文人の玦状耳飾りの佩用者の性別を推測するには、今後、人骨に伴う事例が数多く発見されるまでは決定的なことは言えないであろう。ただ縄文時代の中期以降に出現する耳栓を女性が使用していたことは土偶の耳朶にそれが表現されていることから明白である。このことから中期以前の縄文時代においては女性が玦状耳飾りを使用していた可能性はあるが、それを裏づける証拠はない。また以上のことから縄文時代の男性たちが耳飾りを佩用していなかったとすることもできない。可能性としては、男性は腐朽してしまうような材質で製作した耳飾りを使用していたと考えるのが自然だろう。なお女性を表している土偶に玦状耳飾りを付けたものがないことから、もし男性を表した土偶が製作されていれば、それには玦状耳飾りが佩用されているかもしれないと想定することもできなくはないが、それにしては中期以降の遺跡から玦状耳

飾りの出土がほとんどないことから見てありえない推測となる可能性が高い。

第4節　サーフィン文化

　ヴェトナムのサーフィン遺跡を代表とするサーフィン文化は、紀元前600年頃から紀元後1000年初まで存在した文化で、主として南部ヴェトナムを中心にして栄えた。ヴェトナム人の考古学者はこの先史文化の祖型は紀元前2千年紀の後半まで遡ると考えているが、現在のチャム人が担い手であったと推測され、彼らはインド・マレー起源のオーストロネシア諸語の話し手であったと考えられている。そして南部ヴェトナムにはマレー地方かボルネオから移住してきたものと思われる。チャム人はやがて紀元後1千年紀の前半にはインド化されたチャンパ文化を発達させるが、しかし後にヴェトナム人の進出により圧迫され、現在は山岳地帯に住む少数民族に転落している（Bellwood 1985）。なおサーフィン文化が成立する直前にあった先史文化の担い手はオーストロ・アジア語を話す人びとと考えられている。

　サーフィン文化は別名、埋葬甕棺文化と呼ばれるように埋葬甕棺が付随している。この文化は、もしボルネオのニア洞窟遺跡やフィリピンのタボン洞窟遺跡の年代が正しければ、インド・マレー諸島からチャム人が持ち込んだとする解釈もある（Bellwood 1985）。ベルウッドは、サーフィン文化は甕棺および切れ目文様と貝殻の腹縁部を押しつけた文様とをつけた装飾土器複合で、これはフィリピン、北部ボルネオ、それに北部インドネシアのセレベス海地域の初期金属期甕棺文化複合ときわめて密接に類似しているという。そしてこれらの結びつきは、ヴェトナムとパラワン島とサラワクにおけるいくつかの遺跡におけるほとんど同一の突起をもつ三角形の石製耳玦状耳飾り（いわゆるlingling-o）によっても表されていると論じる。

　またハイアムは、この石製耳玦状耳飾りの分布は双頭獣形耳飾り（ないしペンダント）の分布範囲をはるかに凌駕していて、香港のランマ島、台湾の沖合にサマサマ島、フィリピンのタボン洞窟、カンボジアのサムロンセン、中部タイなどから発見されていると言う。そして、これらの遺物はヴェトナムの海岸に沿ってだけでなく、それを越えた地域間に交易のための接触（exchange contacts) があったことの証拠となっているが、ドンソン文化とサーフィン文化との間には明白な対照をなすものがある。それはドンソン文化には銅鼓や青銅製武器と容器があるが、サーフィン文化にはこれは稀か欠如していることであり、サーフィン文化におけるこのような稀少性は、この文化の埋葬が東南アジアの島嶼部からの侵入的グループによってなされたと考えるのが最も容易な理解である、と結論づけた (Higham 1996)。

ベルウッドとハイアムの二人の考古学者が一致していることはチャム人がオーストロネシア諸語の担い手であって、その故郷は東南アジアの島嶼部にあったとする想定である。二人のこのような想定の根拠は言語学者の研究成果に依拠している。つまり、ヴェトナムのチャム語は西へスペロネシア諸語の中の北グループに所属するが、この仲間にはフィリピン、北ボルネオ、北セレベスの言語がある (杉田 1981)。これに対してヴェトナム、カンボジア、ラオス、タイ、マレーシア、ビルマ、インドにはオーストロ・アジア語族と一括されて分類される大きな言語集団がある (坂本 1981)。サーフィン文化がチャム文明の先史時代の先駆者であることは、考古学者ソールハイムがすでに気づいており、それが裏づけられつつあることになる (Solheim 1959)。

第5節　東南アジアのリンリンオー (lingling-o)

半世紀以上も前、バイアーはフィリピンで発見された玦状耳飾りについて、フランスの考古学者コラニ (Colani) がこれをインドシナの類似品と比較した結果ヴィシュヌ像か他のヒンドゥー教の神々の宗教的持ち物と結びつくと考えているのに対して、これは日本の勾玉やイフガオ族やイゴロット族や他の北部ルソン島の未開人達の間でリンリンオーと呼ばれる耳飾りと関係があるように思えると述べている (Beyer 1948)。リンリンオーは現在では考古学的用語となっているが、厳密に言えば、イフガオ語ではシンシン (singsing) かセン・セン (seng-seng) であり、またボントック方言では耳飾りの総称であると言われている (Maramba 1998)。

東南アジアのリンリンオーと双頭獣型玦状耳飾りに関するルーフス＝ヴィソウワとソールハイムの重要な研究がある (Loofs-Wissowa 1982, Solheim

1982)。また日本でも1986年、東南アジア考古学会でこれに関する研究発表がなされ翌年の「会報」に報告されている。さらにこのときヴェトナムについて発表した横倉雅幸は、別途詳細な研究を発表している（横倉1987）。

以下、これらの研究の一部を紹介しておく。

ルーフス＝ヴィソウワは東南アジアの先史時代と原史時代の玦状耳飾りを、タイプAとタイプBの2種類に分けた。A型は重くて円形で4個の突出部をもつ輪（ただし上端の1個が鉤状に製作された場合は3個）と突出部は違った形をしているものとがある。しかし突出部は常に互いに交差するような位置に置かれていて、それはいわば占星方向（cardinal directions）を指している。B型は水平で断面は多少樽形であるが、その大部分は卵形で、輪の上端には鉤状のフックが付いている。また両端には哺乳動物（馬やロバや犬が想定されている）の頭が様式化された姿で付けられている。この装身具にはいくつもの変形物（ヴァリエーション）がある。彼はリンリンオーの名称を上記のタイプA（円形で4個か3個の突起をもつ）に当てはめて、次にこの2つの主要タイプに付随した2つの亜類型を設定した。そしてこれらは石、ガラス、時には粘土で製作されていると述べている。

この2つの亜類型のうちタイプ2は、サーフィン遺跡からの出土が最もよく知られている。そのためフォックスはこれを"サーフィン・タイプ"と呼び（Fox 1970）、バイアーは"サーフィンの標本"としている（Beyer 1948）。しかしこれと完全に同一形態をしたものは（それらの材質はグリーンのガラスや玉や軟玉である）、ルソン島のバタンガス地区の遺跡、パラワン島のタボン洞窟群遺跡、南部のフーホア遺跡、カンボジアのサムロンセン遺跡、中部タイ西方のウトン遺跡から発見されている。そして鹿野忠雄氏によれば台湾の南東にあるボテル・トバゴ島にも存在したとルーフス＝ヴィソウワは述べているが（Loofs-Wissowa 1980）、鹿野氏は直径3cmの土製耳輪とだけしか報告していない（鹿野1946）。

このように広大な地域に同一タイプのものが分布していることは、原型がインドシナ半島の東側のどこかにあったことが最も高い可能性として浮上してくる。そこからこれらは南シナ海を横切ったか、あるいはまたインドシナ半島の南西部に輸出されたか、あるいは交易されていったのであろう。この

仮定はタボン洞窟群の中のいくつかの洞窟遺跡から発掘されたいくつかの材質（玉、他の石、貝）によって製作されたものから裏づけられる。この点について、フィリピン考古学の専門家フォックスは次のように説明している（Fox 1970）。すなわち、玉の製品は輸入されたが、それが埋葬用に消費されたり破壊されたりして無くなってしまうと、自分たちが住む地域で入手できる材質、たとえば貝やフィリピン中部のミンドロ島の東にあるマリンドゥケ島の粘土で間に合わせることにしていた。またバブヤン諸島のカラヤン島でも直径3cmの土製耳輪が発掘されている（鹿野1946）。さらにサーフィン文化の発祥地のサーフィン遺跡においても黒色粘土を焼いて作った一対の土製玦状耳飾りが発見されている。発掘者のパルマンティエは、この鉤状突起は脆いため、実際には耳朶に穿孔された孔から吊すと壊れたであろうと推測している（Parmentier 1924）。そしてまたこのような土製の玦状耳飾りはいわば「祈願を込めて奉納された像」のような役目を果たしたのではないかと述べている。

　サムロンセン遺跡ではタイプ2はガラスや石や粘土で製作されたものと併存している。このような異なる材質のものは、異なる社会的地位の人びとが使うように予定されていたものかもしれないと解釈されている（Loofs-Wissowa 1980-1981）。ルーフス＝ヴィソウワは、タイプ2aは模造品が3個発見されているだけであり、これらは厳格ともいえるほど形態と材質（ガラス）までが同一で、1個はルソン島のリザール州、1個はパラワン島のリトファビアン洞窟遺跡、1個はヴェトナムからであるが、このことは独立発生説は明らかにありえないことで、ヴェトナムからの輸出を想定すべき、としている。また、南シナ海の両側にある多くの遺跡では、いわゆる"早いタイプ"と"遅いタイプ"の両タイプが併存して発見されることがあるが、この理由についての一つの解釈は、東南アジア人がもつ伝統文化（物質文化にしろ精神文化にしろ）に執着する有名な性癖である。また彼らは同時に新しいものを取り入れる国民性も持ち合わせていて、これは新しい文化が"伝統文化の"の中に統合される所産であるかもしれないと解釈している。

　ルーフス＝ヴィソウワは、かつての鹿野忠雄氏が提起した想定（つまり今日にいたるまで北部ルソン島の山地民がさまざまな耳飾りを使用していることは先史時代の原型に由来することを示しているということ）は、きわめて説得力

のあるものであるという（鹿野1946）。特に山地民が往昔の鳩尾状の突起をもつ玦状耳飾りの痕跡を示しているものを使用していることは重要であり、また現在ではイフガオ族はかつてのスペイン時代にメキシコから運ばれてきた銀貨で製作したものに高い価値を付与していて、これらは時には家宝にもなっているだけでなく、それを所有していること自体が社会的地位を高める役割を果たしているとしている。また、これらの貴重な耳飾りを絶えず使用するために穿孔された耳朶の孔は大きくされているし、これが首飾りとして利用されることもある、という。

次に円形の体部の周縁を飾っている鳩尾状突起のモティーフがどのようにして誕生したかであるが、ルーフス＝ヴィソウワによれば、円形の体部の縁周に占星の方位をとって4個の突起を付ける発想は少なくとも紀元前3000年まで遡るという。いわゆる"紅河文明"といわれるプロト・バンランギアン（Vanlangian）時代のフングエン（Phung Nguyen）文化で、切れ目のある耳飾りが発見されているからである。このタイプの耳飾りは早期青銅器時代を経てドンソン時代（通常これは"最終青銅文化時代"と呼ぶ）まで引き継がれる。このような発見は鹿野がリンリンオーを研究していた時代には未発見であったため、彼はすべての（ただし鳩尾状の突起をもつものは除外する）リンリンオーは直接的にしろ間接的にしろドンソン文化に起源があると論じた。この結論はゴルーベフの報告した青銅製の腕輪にもとづいて引き出されたものである（Goloubew 1929）。しかし今になってみるとこの考察はいくらかの注意をもって取り扱われねばならないようである。なぜならドンソン遺跡自体からはリンリンオーの4個の突起をもつ原型の発見が著しく欠乏しているからである。これとは反対にジャンセは単純な玦状円盤を「ドンソンで発見される最も典型的な遺物のひとつ」と見なした（Janse 1958）。彼はこの遺物は古代中国の湾曲した装飾品の中に、その両端にそれぞれ竜の頭が彫刻されているもののあることに注目して、それを起源と考えたのである。

たしかに水野清一氏によれば、中国では殷周の佩玉の中で小さい系壁で一方が欠するものは玦と呼ばれたが、東周のものは扁平で刻文があるものとないものとがあり、西周時代以前のものは厚く不規則で、殷代のものは太く獣頭をなすものが多いという（水野1959b）。ヴェトナムのドンソン文化に伴う刻紋の

ある玦状耳飾りを見ると、中国の玦状耳飾りで表面に文様の施されたものとの親縁関係を考えたくなる。しかし彼我の間の系統的関係の有無については横倉雅章氏の緻密な研究が発表されている（横倉1987）。同氏は南中国で玦状耳飾りが出現するのは広東省の石峡遺跡中層からで印文軟陶盛行期になってからであって、これがヴェトナムのフングエン文化の玦状耳飾りとなったかという問いには即答できないと述べている。なぜならフングエン文化の最初の段階に現れた有角玦状耳飾りは方形の環部に切り込みを入れた形式だが、石峡遺跡の中層のものは円形の環部に三日形の突起が4個付いたものであるからであるという。そしてこの形式の有角玦状耳飾りは戦国時代後期の広西壮族自治区の銀山嶺古墓からも出土していて、広東・広西では初期金属器時代を通じて盛行していたらしいという。

　なお、かつてコラニは、サーフィンの3個の突起をもつリンリンオーはインドのヴィシュヌ神の像が手に持っているシャンクガイなどの巻き貝をヒントにしたもので、これによってインドからの影響があったことがわかると論じたことがある。しかしルーフ＝ヴィソウワは、これは思いつきとしてはよいがしばらく結論は出せない、と慎重な立場をとっている（Loofs-Wissowa 1980-1981）。というのは3個の突起をもつリンリンオーは実際には4の突起ももっていたらしいが、やがてそれから3個のものが発達したように思われるからだという。つまり体部の上端の突起が鉤状になると、当然突起の一個はなくなるのである。また最古の4個の突起や鳩尾状突起の観念は一般には北部ヴェトナムで生まれて、その年代はおそらくサーフィンのリンリンオーより古いに違いない。四角形の耳飾りが丸い形のものに先行するものかどうかについては、さらに信頼できる相対年代をもつ、さまざまな遺物から検討されねばならないだろうと述べる。

　なお、後述するように、四角形の玦状耳飾りは、現在でもアッサムのナガ族によって使用されている。

第6節　ソールハイム（Solheim）の見解

　以上のようなルーフス＝ヴィソウワの論文に対して、ソールハイムはつぎ

のようなコメントを発表している (Solheim 1982)。

すなわち、ルーフス=ヴィソウワは私（= Solheim、以下同）の研究を引用してヴェトナムとフィリピンの関係を論じているが、ここで引用されている論文以後、私は多くの論考を発表しており、その論文はもはや時代遅れのものとなっている。ルーフス=ヴィソウワは私は少なくとも3つの異なる人びとの一団が異なる地域から来たとしていると述べているが、しかしフィリピンにおける最初の鉄器の使用年代はこれでよいが、鉄器がこのような早い時期にこの地で製作されたかどうか、また稀にしか発見されない鉄器が貿易商人たちによって持ち込まれたものかどうか、疑問に思っている。鉄の加工についての知識は3つの異なる人びとの一団がもってきたのではなく、むしろ稀少な鉄器の遺物はサーフィン・カラナイ土器伝統およびノウヴァリーチェイズ土器複合遺跡に結びつき、その時期は紀元前400年であると私は言いたい。またこれまで南からフィリピンに移住してきたと仮定されていたマレー人たちは紀元後9世紀か10世紀までは渡来しなかったし、その後、渡来した人びとは移民ではなく、主として貿易商人であったと信じるにいたっている。その時代以前にフィリピンでは鉄器加工に関する知識が広がっていたのである。しかし私にはいつどこから鉄器加工の知識がフィリピンに伝わったのかわからない。

ソールハイムはさらに言う。ルーフス=ヴィソウワが提起した耳飾りの型式分類は興味深いもので将来は利用価値のあるものとなるであろう。ただし自分はこれに数個の新資料を追加しておきたいとして、タイプ2としてはルーフス=ヴィソウワの論文でパラワン島出土として掲載されているFig.3と全く同一のものがサラワクの「グレイト・ニア」洞窟から発見されている (Chin 1980, Majid 1982)。これとは別に同じようなものがタイ半島中央部の東海岸に近いチャンポン (Chumpon) のカオ・サーム・ケオ (Khao Saam Keo) 近くの遺跡からも発見されている。ここからはグリーンのガラス製品、紅玉髄製や黒と白のけばけばしい図形模様のついた縞瑪瑙製ビーズ、装飾を施された「ドンソン」の銅鼓の破片などが発見されている。

また1983年、フィリピン国立博物館の調査隊は南東ルソン島のビコールのカマーリーネイス・ノーティの近くで現地人によって発見されたタイプ2aのグリーンの色をしたガラス製耳飾りを寄贈されている。これによってこのよう

な耳飾りは4個見つかったことになる。その内訳は3個はフィリピンの広い範囲に、残りの1個はヴェトナムからである。また玉製および他の石製のリンリンオーが数個トゥゲゲラオ（Tugegerao）近くのカガヤン渓谷にある遺跡から発見されている（Solheim 1981）。

このソールハイムの論文に見られる玦状耳飾り以外にも貴重な発見が相次いで報告されている。田中和彦氏はルソン島南部のカマーリーネイス・ノーティ州のアグイト・イト甕棺埋葬遺跡でパラワン島のリト・ファビアン洞窟遺跡で発見されたものと同一形態をしたガラス製リンリンオーが発見されたことを記述している（田中1985）。

そしてまたティール（Thiel）はフィリピンのカガヤン渓谷のアルク洞窟とムサン洞窟で貝製蛭状耳飾りの発見を報告していると横倉氏の論文中に記述されている。

またタボン洞窟のものと同じものはボルネオ島のサラワクにあるニア洞窟でも発掘されている（Bellwood 1997）。

ソールハイムはさらに言う。ルーフス＝ヴィソウワが述べているリンリンオーの年代を紀元前1千年紀にするのは疑問である。なぜならルーフス＝ヴィソウワが引用しているフォックスの文献にあるリンリンオーについての年代、つまり紀元前400年から100年とした年代は、フィリピンから得られた年代ではなくインドシナと南中国の遺跡の年代に依拠しているからである。また、ルーフス＝ヴィソウワがリンリンオーの原型と考えられるとする遺物を出土した北部ヴェトナムのフンゲエン文化期の年代紀元前3000年は、一般に紀元前2500年に比定される。そしてソールハイム自身はルーフス＝ヴィソウワが分類したタイプ2のリンリンオーは北部のドンソンの諸遺跡からも南中国のどこの遺跡からも発見されていないと述べる。またソールハイムは両（双）頭（bi-cephalous）形耳飾り（これは双頭獣型玦状耳飾りや獣形耳飾りと同義語）とはリンリンオー耳飾りよりもっと独特なものであると述べた後、ルーフス＝ヴィソウワはタイとフィリピンから合計10個（1個は破片）を紹介しているが、ソールハイムはこれとは別に2例のあることを挙げ、1個はパラワン島で発見されたと思われるものでマニラのサントス・コレクション中にあるもの、他の1個は台湾の南東海岸にあるボテル・トバゴ島から発見され

たものだと言う。

　ただソールハイムは、リンリンオーと両頭形装飾品が単に装身具ということではなく、他の機能を持っていたかどうかについて関心があるとしながらも、しかしそれらに社会的諸機能があったことを想定するのは無駄なことと感じると述べている。そのうえで、将来これらの耳飾りがかなりの量（たとえば10個かそれ以上）が原位置の状態で攪乱されていない遺跡で発見されて、併存する遺物や出土状態が明らかになるまで、その機能に関してのいかなる想定も単なる推測に過ぎないと批判している。ちなみに台湾のペイナン石棺墓遺跡ではこれらの装身具が耳飾りとして使われていたことが確認されている（Solheim 1982）。

　またソールハイムは、ルーフス＝ヴィソウワが「しかしながら、最も興味にあることは、これら２つのタイプの装身具が明白な異なる起源を示しているのに、どうして南シナ海の両側で結合しているのかである」と述べているのは滑稽であると論じただけでなく、これは１つの共通の起源から発したことは明白であると、自分が敢えて言うほど疑問ではないと批判している（Solheim 1982）。ソールハイムは両頭形装身具の上にある突起がリンリンオーの突起から発達しなかったということはあまりにも証拠が多すぎて信じることはできないとし、双頭獣型装身具は石で製作される以前は木で製作されていたのではなかろうかと指摘した。さらに、これらの装身具は装身具としてだけではなく、多分本来は貿易品としての機能をもっていたと解釈し、これこそは広い地域に住んでいた人々の間で接触があったことを示す証拠になるとしている。つまりソールハイムは1975年以来ずっと、貿易関係の存在を考えていたし、あるいはまたヴェトナムとフィリピンの間の少なくもかなりの程度の接触の存在が紀元前２千年紀（つまりそれはドンソン文化の開始前からの意である）からあったことを論じてきた自説にもとづき、現在必要なことは様式の差違と相似を研究するよりも、これらの装身具の玉の研究であると言う。すなわち「我々が玉の供給源（それは複数か単数か不明であるが）を探し出し、そして玉の装身具が製作された作業場（workshop）を見つけるまでは、この装身具類の源泉について無理のない想像ができるとは感じない」と述べているのである。

第7節　双頭獣型玦状耳飾りのモティーフ

　ルーフス＝ヴィソウワは、尖った突起のあるリンリンオーはヴェトナムで発生してフィリピンに伝播し、ここで「蕾」のモティーフが生まれたと見なした。また、フィリピン北部のマガピット貝塚の発掘調査で青柳洋治・小川英文・田中和彦氏らは台湾の卑南遺跡出土の玦状耳飾りと類似したものを発掘しているだけでなく、ヴェトナムで発見される蛭状土製装身具に類似したものも発見し、それに土製耳飾りの比較研究からフィリピンにおける地域差の存在を指摘している（青柳・小川・田中1996）。

　次に取り上げなければならない問題は、獣の形をした動物の双頭を表した玦状耳飾りの起源である（図15）。遅くとも1970年までにはフィリピンの考古学者FoxはDuyon洞窟遺跡でこの双頭獣型玦耳飾りを発掘して「フィリピンではこれは今まで発見された最高の玉製装身具である」と感嘆している（Fox 1970）。しかしほぼ同じ頃、同じ形態をした玦状耳飾りがサーフィン遺跡から4個、この遺跡の南にある同じようなフーホア遺跡から2個が発見された。これらはすべて軟玉で製作されているようである。そしてもう一つがさらに南にあるハンゴン遺跡からも発見されたし、ドンソン文化地域からも発見されている。また同一のものは西部中央タイのウトン遺跡からも出土した。これは軟玉製で、体部の上端にある鉤は三角形の上に取り付けられている（Loofs-Wissowa 1980-1981）。この双頭獣型玦状耳飾りの年代はサーフィン文化に属するので紀元前500年に比定されているのであるが、この年代はサーフィン文化の開始時代であって、各地のサーフィン文化遺跡から発見される遺物が常にこの年代に属すというわけではないと言われている。そしてルーフス＝ヴィソウワは双頭獣型玦状耳飾りはヴェトナムの北端のものが最古であり、中央ヴェトナムには交易のネットワークの中心があって、ここから北や南、そして南シナ海を横切ってフィリピンまで運ばれたと考えた。

図15　フィリピンで発掘された双頭獣型玦状耳飾り（Fox 1970より）。

　ところで、突如出現するこのような独特な形を

した双頭獣型玦状耳飾りがどうして生まれたのか大きな問題となっている。ルーフス゠ヴィソウワは、ある地域で突如発達したのか、あるいはニュー・ファッションの伝播なのか、あるいはまた新しい儀礼や信仰の形態が生じたのか、あるいは当時流行していた宝石類よりもこれらに大きな価値が付加されるような事態が起きたためか、などさまざまなことが想定されるとしている。そしてさらに、純粋な想定の範囲では、この耳飾りがある特定の社会的地位を示すものであったと推定することが、必ずしも非現実的なものとは思えないようにも思える。つまりこのタイプの耳飾りを付けられる人はそれをするだけの権利があったはずだが、残念なことに当時の人物像にはこれを付けた姿を表したものが皆無なので、その重要性を決定できず、単にそのことが推定されるだけなのであるとした (Loofs-Wissowa 1980-1981)。

さらに、このタイプの耳飾りがある種の社会的・宗教的地位の徽章であったかもしれないということを頭に入れて、ここで考察しなければならないことは、双頭の動物は一体なんであったかだと述べたうえで、まずロバ、馬、犬の可能性から論じている。ロバについてはかつてハイネ゠ゲルデルンが東ヨーロッパからの移民がインドシナ半島の北部に紀元前8世紀に中央アジアを経由して到着したという、現在では信用に値しない「ポントス人の移住」説が考えられるかもしれないが、卑しいロバにどうしてステイタス・シンボルが与えられるのか不可解であると批判している (Loofs-Wissowa 1980-1981)。

では馬はどうであろうか。ルーフス゠ヴィソウワは、馬はインドシナ半島には本来生息していなかった動物なのでこれを考えることには無理があると除外した。いわゆるアーリア馬はトゥルケシタンが原産地であるが、インドではヴェーダ時代以来祭式の対象物となった。そして東南アジアで見られるこの儀礼はここの文化がインド化された後に始まったもので、それは紀元後8世紀頃である（アンコールワットに見られる馬の像は12世紀の遺産である）。したがって、紀元前500年頃に東部インドシナで馬の祭式が行われていたとは考えられない。またフィリピンにロバと馬が導入されるのはヨーロッパ人との接触以後のことである。

そしてルーフス゠ヴィソウワが最後に想定したのが雌鹿である。たしかにドンソン文化の特徴的装飾のモティーフには鹿の行列がある。これで双頭獣型

玦状耳飾りの動物が雌鹿であることは判明したが、鹿にどのような儀式が付随していたか不明であるという。ただ太陽信仰との結びつきはないはずだと彼は言う。そして祭儀的性格がインドシナの青銅器時代には成立していた可能性が高いと述べたうえで、同じ頃、鹿が北東インドと同じ様な地位を獲得していたであろうことを指摘している。なおインドでは仏教徒の説話や図像でも鹿は特定の役割を果たしているとした。またフィリピンでは鹿は白人渡来前から生息していたという。

　双頭獣型玦状耳飾りのモティーフについて、フォックスはこれは馬の頭ではないかと言い（Fox 1977a）、ジャカヌーも馬か子牛であるとする（Jocano 1975）。またエリスはマヤオヤソのイフガオ族では3種類の玦状耳飾りがあり、それらは通常のC形、「おんどりの鶏冠」のような突起をつけたもの、「鶏のひなのための階段」状の突起をもつものであると言う（Ellis 1981）。しかしその後ベルウッドは鹿の頭であろうと述べ（Bellwood 1985）、最近刊行されたフィリピンの装身具の本に掲載されているイフガオ族の金製の双頭獣型玦状耳飾りは鹿の頭と明記されているだけでなく、鹿の角が彫刻されているのでこれが鹿の頭であることは容易に判断できる（Maramba 1998）。しかし別の報告では、プレイン（plain）Cタイプの翼は鹿やその他の角のある動物とか（Maramba 1998）、雄鳥のとさかや翼、手などが考えられている（Maramba 1998）。

　なおルーフス＝ヴィソウワは結論の中で、タイプBの起源地の特定ははっきりできないが、中央および南部ヴェトナムで完全な形をして突如出現することは、タイプAと同様、ここから各地に広がったと想定している。先端が尖った突起は戦士と結びついている。これらが社会的地位と結びつくことは、主として埋葬地から発見されることから支持されるであろうとしている。双頭獣型玦状耳飾りが鹿の頭であることはこれが宗教的分野における祭式に結びついていたと考えられている。すなわち、両型式の玦状耳飾りはファッションとして指図されて使ったのではなく、社会・宗教的重要性を保持していたことが推測されるのである。もしこの彼の結論が正しいならば、これらの耳飾りは本当に儀式用のものとして、あるいは他の目的をもってフィリピンに運ばれてきた可能性が出てくる。それはどの程度まで文化的であるか、あるいは商業的なものであったかも問題となる。もし後者ならば、フィリピンからいくつかの品

物がインドシナ半島へ見返り品として渡ったはずであるが、それがなんであったかは不明である。

ともあれ、もしこの想定は正しければ、両タイプの耳飾りは社会的・宗教的重要性をもってインドシナからフィリピンにもたらされたわけであるが、フィリピンのような受け入れ国ではそれらがどのように発達したかということを答えることは目下不可能であると述べている。

なお、青柳洋治氏はフィリピンでは突起の形には蕾のようなものと蝉の羽をモティーフにしたものがあると述べている（青柳1987）。これは蝉の形をした玉製装身具がフィリピンで発見されていることを勘案すると興味深い。なぜならこれは中国人が好んで製作した蝉と関係があるかもしれないからである。フィリピンではガラス製の蝉が発掘されているが、古代中国では玉で製作した蝉形の小板を死者の口の中に入れた。こうすると体の外からのあらゆる害気が守られ、また体内からの毒気も出ていくことがないと考えられていた（マイケル・サリバン 1973；Laufer 1974）。古代中国では蝉の玉製模造品を腰飾りにしていたし、蝉は帯鉤の中のデザインともなっている（Laufer 1974）。中国人は目を閉じることのない蝉を魚と同じように変わりものと見なしていたのである（Laufer 1974）。

また、フィリピンで発見された上記のガラス製蝉についてフォックスは、これは大きなグリーン色をしたガラス製品でパラワン島のウヤウ洞窟遺跡から発見され、時期は初期金属器時代のものであると述べている（Fox 1977）。そして羽をたたんだ蝉の姿はパラワン島の同一遺跡群から発見されている玉製の耳飾りと同じであるとしたうえで、中国では漢代の遺跡からガラス製蝉が発見されていると述べている。そして、この中国のガラス製品にはバリウムが含有されているが、フィリピンのものには含有されていない。しかし中国ではバリウムを含有しないガラスも製造されているので、このフィリピンのものが中国から運ばれてきた可能性が高く、この形は玉製の彫刻品を模倣したのであろうとしている。しかしパラワン島で発見されている他のタイプのガラス製品は疑いもなく近東で製造されて中国とインドネシアに貿易品として伝わり、そこからフィリピンに達したと述べている。

また双頭獣型玦状耳飾りに戻る。フランシスは最新の見解として、双頭獣型

玦状耳飾りの双頭獣のモティーフは1992年まで科学者には知られていなかった未知の有蹄動物 Pseudoryx nghetinensis（？）を表したものであると述べている（Francis 2002）。

ここで双頭獣型玦状耳飾りの双頭について以上のものとは全く別の意見のあることを紹介しておきたい。ヴィーレイガスはこれは西アジアからの影響ではないかと指摘している（Villegas 1983）。というのは双頭獣型玦状耳飾りの動物は古代メソポタニア人の遺物にあるからである。これは白い石のお守りで紀元前約2500年から2000年にかけての時代のものである。動物の一つは雄牛か去勢していない雄羊、他の一つはイラクのニネベ（古代アッシリアの首都）の熊である。またエジプトのものは紀元前2300年から2100年の紅玉髄製のお守りで、2個のライオンの双頭がついている。

ついでに私の思いつきを述べるならば、古代中国の殷代の玉玦状耳飾りの先端は獣頭形をしているが、東南アジアの双頭獣型玦状耳飾りより時代的には中国のもののほうが古く、もしこのような玉が東南アジアに流入したならば、東南アジアの人びとは中国の龍の姿を何の動物か理解できず、その結果、各地で目の前にいる思い思いの動物を描いたのではないか、という気がする。

なお横倉雅章氏はヴェトナムのフングエン文化には東南中国の装身具文化が何らかの影響を及ぼしていたと予想しているので、今後の研究に期待したい（横倉1987）。

さらに付言すると、台湾の蘭嶼（旧紅頭嶼）で発見された石製小像について、鹿野忠雄氏は雌山羊の頭部を想定したのに対して（鹿野1930c）、宋文薫氏はその口元を山羊の舌をのぞかせている口を示すものではないかと解釈し、この有角玦状石輪の原型として、コラニがヴィシュヌ神が手に持つ3個の突起のある貝の形に求めていることに賛意を表している（宋1980）。

またもう少し脱線するならば、インドネシアでは有角玦状耳飾りは女性原理を表していると解釈されている。つまり、突起物は胎内＝豊饒と同義語で、逆になったC字形は開口部において胎内と膣を表している。2個の頭の形はラッパ管と卵巣（頭）をきちんともった女性の再生させる生殖器官であるという。したがって、このタイプの玦状耳飾りは今では観光客に「多産のシンボル」と名付けて店頭で売られているほどである。しかしフィリピンの山岳地帯に住む

住民はこのデザインに対してこのような説明はしていない (Maramba 1998)。

ここで通常の玦状耳飾りと双頭獣型玦状耳飾り（ソールハイムは双頭、bi-cephalous としている）の伝播経路についてもう少し触れておく。

横倉氏は両型式の玦状耳飾りは中北部で最初に誕生し、その中でドンホイ・タイプの有角蛭玦状耳飾りは中北部ヴェトナムからフィリピンに伝播したが、一方、突起の短い有角玦状耳飾りの分布は中部ヴェトナムから南部ヴェトナム、カンボジア、タイ、それにフィリピンに伝播したと想定している（横倉1987）。ここで横倉氏の掲載した想定図は、先に述べたベルウッドやハイアムのものとは多少一致しない部分があが、今後の研究の推移を見守りたい。

その後、平野裕子氏によれば、祖型の石製玦状耳飾りは金属器文化早期のフングエン段階から出現し、末期のドンソン文化段階で普遍的に出土するという。そしてサーフィン文化遺跡からは3つの突起をもつ特徴的なリンリンオー型耳飾りが出土しているが、サーフィン文化特有の双獣頭型耳飾りは当地域ではガラス製品がダイライン遺跡から1個発見されているだけである。したがって型式によっては石製品が依然として主流であって、ガラスという素材を用いていないことが判ると言う（平野2005）。ベルウッドは先述のように、これらはたぶんインド起源であろうと解釈している（Bellwood 1985）。

台湾における有角玦状耳飾りの起源については、古く鹿野忠雄氏が注目している。彼はヴェトナムのドンソン文化に起源があると想定して、ヴェトナムから直接伝播したルートと、ヴェトナムからフィリピンを経由して渡来したルートの可能性を考えた。その後、宋文薫氏は蘭嶼・緑島から台湾の東海岸にかけて発見されている有角玦状耳飾りおよび環状耳飾りは、黒潮に乗ってフィリピンのルソン島からバブヤン・バタン諸島を経由して北上した文化要素のひとつであると想定した。また横倉雅章氏はヴェトナムからフィリピン経由で台湾に伝播したと推定している。これに対して、金子エリカ氏の見解にも耳を傾けておく必要があろう。彼女によれば、サーフィンの3つの突起部をもつ石製輪はドンソンの4つの突出部をもつ青銅輪に起源があるとプゥン・ダェン氏は論じているという。そしてさらに「蘭嶼と台湾は、明らかに黒潮にのってルソン、バブヤン、バタン諸島をへて北上して来た文化移動の末端であるとする単純な文化移動論は複雑な事情に合わないだけではなく、編年的に見てもかなり

無理であろう」と述べている（金子 1983）。

　ところで、藤田富士夫氏はこのタイプの玦状耳飾りがフィリピンのタボン洞窟で発掘されていることに関して、「タボン洞穴群は海に面して営まれ、装身具は主に甕棺の埋葬に伴って発見されている。海人集団による南シナ海交易によってもたらされた習俗であったのだろう。それらが、フィリピン群島でも限定して発見されているのは、コロニー的な地域社会形成によるためかもしれない。中でもドゥヨン洞穴からの出土した双獣頭形耳飾りは、台湾の蘭嶼出土のものとよく似ている。これはパラワン諸島で製作されたとする説もある。台湾のそれはフィリピンから伝播したものと考えられていて、海上ルート復元の好資料となっている」と論じている（藤田 2002）。しかし藤田氏のこの見解は藤田氏独自の解釈であって、東南アジア考古学界で完全に容認されているものではないように思える。

　1968 年、私はパラワン島のタボン洞窟の発掘に参加していたとき、海上からここをながめた第一印象は、日本で調査に加わった岩手県ひょうたん穴洞窟遺跡や愛媛県上黒岩岩蔭遺跡が単独で存在していたので比べて、ここでは海岸の崖に多くの洞窟が散在していて、まるで洞窟のアパートを見るような気がした。発掘に向かうボートは通常、タボン洞窟の下の海岸に着岸するのだが、満月が近づくと洞窟の前に広がる浅い海は完全に干上がってしまうので、かなり遠方に係留せざるをえなかったし、洞窟から遠くの対岸まで徒歩で行かれるまでに陸地化した。遺跡はかなり高い位置にあるため、急な坂道には足が滑らないように竹で作った手すりが設置された。洞窟内には時にはオオトカゲがいることもあって、これを追い出してから発掘に取りかかった。洞窟内は入り口が大きいため乾燥して居住には適しているが、断崖の中途にあるため、飲料水も近くにはないし、コロニーを形成するには不便な場所である。

　ソールハイムの論考にタボン洞窟遺跡群の景観が記されているが（Solheim 1981）、この遺跡群はパラワン島の西側の海岸に面し、海抜約 35m 南シナ海を見下ろす位置にある。後期洪積世時代には海岸は西方約 35km も遠方にあったという。タボン洞窟から南西方向に 600km ほど離れた北部サラワクにはニア洞窟がある。タボン洞窟遺跡で人間の住んでいた最古の年代は今から 3 万 5000 年前、北部サラワクのニア洞窟群中のグレイト・ニア洞窟は今から約 4

万年前である（Harrison 1965）。タボン洞窟は開口部が大きく内部は明るく地面は乾燥していて生活には適している。この時代の人びとは淡水産の貝に加えて小さな鹿やブタ、鳥、コウモリを生活の糧にする採集・狩猟民であった。道具としては一定の型式にこだわらない多種多様な剥片石器などを使用していた。

洪積世時代が終わると、海退が始まり、フィリピン諸島は他の島々から孤立した。タボン洞窟遺跡の北方14kmにあるドゥヨン（Duyong）洞窟遺跡では小型の剥片石器などが海産の貝からなる貝塚中から発見されている。ドゥヨン洞窟遺跡にDuyongと英語の名称が付けられたのは、この洞窟から5000個以上のジュゴン（duyong）の骨が出土したからである（なおduyongはマライ語で、英語dugongはこの派生語）。この地域では1000年間にわたり甕棺葬の儀礼にはジュゴンが必要であった。この頃フレイク（剥片石器）を使ってアウトリガーを取り付けたカヌーが建造されていたことが想像される（Fox 1970）。なお東南アジアで石器のフレイキング手法が最も発達したのはインドネシアの南西スラウェシ島であるといわれている（Mulvaney and Soejono 1970）。ドゥヨン洞窟遺跡からはC-14年代は検出されていないが、マヌングル洞窟のA室遺跡の直後のものと推定されている。換言すれば、それは紀元前800年〜700年の間である。ここから発見された玉製装身具にはリンリンオータイプの玦状耳飾り、双頭獣型玦状耳飾り、飾りのない輪のタイプ、腕輪、それに本来木製の耳栓の中心に象眼されたと思われる玉製栓状遺物（これは穿孔された耳朶を引き伸ばすために使用された）と3個の玉製ビーズである。

この遺跡から多くの装身具が発見されている割には、玉製品が少ない。これは本来は他の遺跡で発見されているような玉製のビーズが、他の材質（滑石ないし緑色髄、貝、粘土を焼いた土製品）に代わったことによると思われる。これらの装身具が示しているもっと重要なことは、国際的交易の存在の証拠を提出してくれていることである。つまりドゥヨン洞窟遺跡からは8個の紅玉髄製ビーズが発見された。これこそはフィリピンとインドの間の交易の存在を示す決定的な証拠である。同じような遺物はサーフィン遺跡やヴェトナムのこれと関係のある同時代の遺跡からも発見されている（Solheim 1981）。

ドゥヨン洞窟遺跡時代が終わって、すぐにリップーン岬にあるウヤウ洞窟が埋葬場所として使用されるようになった。ここからはフィリピンで最古の

ガラス製品が出土している。それは2個の腕輪の破片と3個のビーズである (Solheim 1981)。

　東南アジア島嶼の交易について一瞥しておく。紀元前1000年から400年以降、中国南部の海岸に住んでいたヌーサンタオ（Nusantao）海岸民（ヌーサンタオとはソールハイムが提起した言葉で、ヌーサNusaは島、タオtaoは人を意味する。オーストロネシア人と同義語）がヴェトナム海岸部と南部中国での交易を徐々に活発化させた結果、多くの文化要素がこれら両地域と北西ボルネオとフィリピンの間に誕生した。しかし台湾は地理的にはこの接触圏に入っていたが、フィリピンと台湾の間にあるバブヤン、バリンタン、バシーの海峡は海流が速いため彼我の接触は煩雑にはなされなかったようである。ただし夏の南西の季節風の吹く季節だけはフィリピンから台湾や南中国や日本にまで航海することは可能である。また南シナ海の海流は時計の反対回りである。冬期には北東季節風が吹くので南部中国からヴェトナムへの航海は容易である。南西の季節風の吹く時期にはヴェトナムの海岸からパラワン島の東にあるカラミアン諸島やミンドロ島に航海できたという（Solheim 1981）。

　ところで、ソールハイムは甕棺葬は紀元前500年頃かそれより少し後に東アジアに広がったと考えている。そしてそれは九州、南部日本、南部韓国、インドネシア、南部インド、スリランカに伝わったとしているが、残念ながら、日本への伝播について、現在、日本の考古学者からの明確な賛成は提出されていないようである。

　かつてバイアーらはこの埋葬習俗は、単一なグループが南中国から台湾と北部フィリピン、そしてそこからフィリピンの南部を通ってインドネシアにかけての移住によって広がったと想定した（Beyer and Veyra 1947）。しかしこれに対して、ソールハイムはこのように伝播を単一な文化に限定することは誤りで、多くの文化をもった人びとによる移住によってなされたと考えるべきだと主張した（Solheim 1981）。その事例として日本には水田稲作耕作が伝わったが、ここの埋葬にはサーフィン・カラナイ土器が見られないことを指摘した。ソールハイムはさらに甕棺葬は南部日本へは中国南部海岸に沿った地帯にいた人びとがもたらしたと推定したうえで、以下のような仮説を提起している。

　南部ヴェトナムのいくつかの遺跡は甕棺を伴う遺跡で、その土器はサーフィ

ン・カラナイ土器伝統に属すものであるが、この文化はヌーサンタオ人のボートでここに達したのであろう。なお南部インドでは甕棺葬はさまざまな巨石遺跡と結びついているが、これらはいくつかの異なる鉄器使用文化期のものである。ヌーサンタオ貿易商人たちはこのような習慣を東南アジアにも運んでいった。またこれによって、スマトラ、マレー半島、フィリピン、東部台湾ではこれらの石棺墓が鉄器と結びついていることの意味もわかる。要するに、甕棺葬の突如の出現は、ヌーサンタオ人の海上貿易商人が海岸部に住んでいたこと、そして彼らは紀元前500年前に宗教思想や遺物が広く行き渡るような役割を演じていた、ということであろう。紅玉髄や他の石製ビーズを東インドから運んできて、フィリピンや東南アジア各地にもたらしたのもヌーサンタオ人の貿易商人であった。このような商人たちは最初はルソン島の北部海岸やおそらくカガヤン渓谷まで達していただろう、と言うのである。

　この想定の傍証として、玉がリザールとバタンガス地区にももたらされていたことは、バイアーのコレクションの中に多くの玉製ビーズ、手斧、鑿が入っていることからもわかる。フィリピンに渡ってきた玉は最初は大きな手斧に製作されていたが、やがて量が減少するため小型の手斧になっていく。興味深いことには玉はヴィサヤン諸島には運ばれていない。多分、これは南部ヴェトナムからヴィサヤン諸島やボルネオに渡っていった商人たちは他の商人と違って、あまり多くの玉を運ばなかったためであろうと推定される。したがって、ニア洞窟遺跡やサバの遺跡からは玉はあまり出土しない。ヴィサヤン諸島はこの点では、ボルネオやフィリピンのスルー諸島やミンダナオ島の西海岸の一部のような存在であったと言えよう（Solheim 1981）。

　さらにソールハイムによれば、中国と地中海との間の海上貿易の発達で、南部中国の海岸や北部ヴェトナムの北部よりにいたヌーサンタオ人は東南アジア貿易にいっそう従事するようになった。彼らは南中国の幾何学紋土器を製作して運んだと思われる。そしてこのタイプの土器は韓国やたぶん南日本にも点々と見られると言う。しかし国分直一氏が先島の波照間島下田遺跡で江南や台湾北部にある印文土器に酷似した土器片の発見を報告していることを除けば（国分1970）、沖縄諸島を含む南日本にはこのタイプの土器は伝播していない。なお、日本には有角挟状耳飾りもサーフィン・カラナイ土器も伝播してこなかっ

たのは注目すべきことである。

　フィリピンにはヴェトナムで栄えたサーフィン文化と同一のものもあったことが発掘で明らかになっている。これと同じことはボルネオにも言える。つまりサーフィン文化の土器と同じ独特な文様をもつ土器や装身具がフィリピンの初期金属器時代の甕棺埋葬遺跡から発見されている。しかもこの甕棺埋葬文化は北部フィリピンだけでなく北部ボルネオや北部インドネシアのセレベス海にある島々でも確認されている。このことからベルウッドは初期金属時代か後期新石器時代に南部ヴェトナムとボルネオ―フィリピン地域の間に結びつきがあったと想定している。特にこれらの地域における lingling-o と考古学者が命名した玦状耳飾りおよび双頭獣型玦状耳飾りが、ヴェトナム、パラワン、サラワクのいくつもの遺跡から発掘されていることはこの想定を裏付ける重要な証拠となっていると述べている（Bellwood 1985）。

　なお、フィリピンの先史文化と日本の先史文化における中国文化の影響を比較したとき、多くの面で大きな差違のあったことに気づく。たとえば、弥生時代の日本人が好んだ中国の銅鏡はフィリピンには伝来していないし、フィリピンからはまだ中国のガラス製耳瑺は発見されていない。弥生時代の日本には中国製耳瑺が伝わってきた可能性を示す遺物が山口県一の宮遺跡などで発見されており、双形勾玉と呼ばれている（藤田 1994）。

第8節　フィリピンの玉はフィリピンの原石か

　ヴィレーガスによれば、バイアーがフィリピンの玉はフィリピンの原石ではないと考えたのに対して、フォックスは玉の発見される量があまりにも多いためフィリピンのどこかに原石産出場所があったはずで、それはバタンガスかミンドロ島にあるのはないかと想定した。そして、フォックスがこの論文の執筆中にその鉱脈らしきものが、サームバーレスで発見されて騒がれたことがあったが、岩石学的研究の結果、それはフィリピンの先史時代の玉製品とは別の岩石であることが判明した。バイアーの中国渡来の玉説は否定されなかったのである。そのときの分析結果によると、フィリピンの岩石は黄緑色か黄白色か白色のまだらで直線的な粒状物が混入している。フィリピンの岩石は中国の玉よ

りわずかであるが硬度が低い。しかしフィリピンで発掘される先史時代の軟玉製手斧は、非常に硬くてカヌーの船体内部を刳り抜くのに適していたのである (Villegas 1983)。

中国の玉がひときわ人びとを魅了した理由はその硬度にあった。中国の真の玉ないし軟玉はカルシウム・マグネシウム二酸化珪素で、モーズ硬度計では6.5である（ちなみに、タルクが1でダイヤモンドは10である）。ヴァルディスによれば19世紀の中頃、通称英語でjadeと呼ばれる言葉は2つの明白に別個の物質を指していた (Valdes 2004)。すなわち、スペイン人がjadeとして認識していたものはjadeite（ジェード、輝石ないし翡翠輝石）であるのに対して、古代の中国人がjadeとして親しんでいものはネフライト（nephrite：軟玉）であるという。ネフライトは中国では広範囲に見られるもので、モーズ硬度計では硬度は5.5〜6.5であって、花崗岩や最高の鋼よりも硬い。一方、jadeiteはモーズ硬度計では6.5〜7.0であって、今日ではこのほうがネフライトより宝石としては人気がある。

フィリピンの先史人は未知の地域から運ばれてきた石に対しては神秘感や驚嘆の気持ちをもって迎えたであろう。同様に、もし中国から日本に玉が伝来したならば、それを見た縄文人は同じような感嘆な声を発したであろうことは想像に難くない（なお、縄文時代における中国渡来の玉製品については浅川利一・安孫子昭二編集の論文集にいくつもの事例が論じられている）。

なお、フィリピンにおける石製品についてはバイヤーがインドシナ半島や日本の曲玉と比較している (Beyer 1948)。彼はフィリピンで発掘された玉製装身具や有角玉製玦状耳飾りを取り上げ、これと同じものは現在、北部ルソン島の人が首飾りとして、またあるものはイフガオ族が耳飾り（リンリンオー）として使用していると述べている。しかし彼がここでフィリピンの遺物は日本の曲玉と関係があるとした点は現在では支持されていない。彼はフィリピンにおけるさまざまな装身具の発見から、ここには玉崇拝があったとしている。

第9節　ヴァルディスの研究

フィリピンの玦状耳飾りについて、ヴァルディスがソールハイムの研究を

高く評価する論考を発表しているので、その一部を紹介しておきたい（Valdes 2004）。

　バタンガス出土のネフライトについてアイソトープ分析した結果、フィリピン産の原石であることが判明した。すなわち新石器時代の軟玉（nephrite）製手斧はこの地で製作されたものだったのである。しかし問題はこれを製作した工房址がまだ発見されていないことである。またフィリピンではこの石の代用品として石灰岩、大理石、貝殻、蛇紋岩、石鹸石、他の玉に似た類似品が利用された（Valdes 2004）。

　東南アジアの紀元前500年から紀元後100年に属す50カ所の甕棺を分析したライネック（Reinecke）は、双頭獣型玦状耳飾り（bi-cephalous earring）が一部の墓にしか副葬されていないのは、高い位の男性か、特別の機能を発揮できる男性のみがこれを使用していたため、と推定した。

　また東南アジア全体では70個の双頭獣型玦状耳飾りが発見されているが、それらには様式上の差違がほとんどない。そして最も数が多いのはサーフィン文化の遺跡である。「長い角」「葉脈の装飾」「かすかにはみ出した目」やその他の特徴は特別な生産センターの独特なデザインに帰せられる。このような比較的独立したセンターの遺跡はすでに確認されている。つまり中央ヴェトナムと南部ヴェトナムにある耳飾り製作所は共通の伝統をもっていたと推定されているのである（Valdes 2004）。ソールハイムがその発見を熱望していた「製作址のセンター」がヴェトナムのいくつかの遺跡でアイデンティファイされたのであるが、サーフィンとサムロンセン文化以外の「先ドン・ソニアン文化期」の遺跡からはこれらとは違ったタイプの耳飾りが発見されている。これらの遺跡は紅河の谷の中に位置し、耳飾りは土着のものが継続的に発達したものと推定されている。

　次にフィリピンの玦状耳飾りに目を転じると、ソールハイムはパラワン島で発見された新資料などから、この島のいくつかの遺跡で発掘されている玉製装身具はサーフィン・カラナイ土器を伴うが、北部にある遺跡ではこれとは別のタイプの土器と一緒になって出土するので、玉製装身具は必ずしも特定の文化や土器のタイプに結びつくということはなく、別々の貿易ルートを通って運ばれたものであろうと推定した（Valdes 2004）。またパラワン島の玉製玦状耳飾

りは台湾で発見される玉製玦状耳飾りと同一石質で製作されていることが地質学的研究で明らかになった。しかしパラワン島の玦状耳飾りは様式ないし図案などで台湾のものよりずっと南部中国のものと似ていることもわかった。

なおパラワン島で発掘されている双頭獣型玦状耳飾りや鏃形突起をもつ玦状耳飾りの体部の刻み目模様は、私には中国の殷代の獣形玦状耳飾りと類似しているように思える。

ヴァルディスは最後に今やソールハイムの提唱したヌーサンタオ人か船乗り (boat peoples) 兼貿易商人たちが広大な連絡システムの発達と複雑な関係を促進したとする仮説は、土器の型式だけでなくリンリンオーや双頭獣型玦状耳飾りの拡散の説明と結びつくとしている (Valdes 2004)。

なお、ここに論じられている船乗り (boat peoples) について詳しく知りたい読者は (Spoehr 1965) を参照していただきたい。また中国側から見た中国とシャム (タイ) との18世紀後半から19世紀初期の貿易については (Cushman ed. 1993) がある。

第10節　台湾の卑南遺跡の玦状耳飾り

サーフィン文化の玦状耳飾りは紀元前500年頃から登場すると考えられてきたのであるが、1991年、連照美 (Chao-mei-Lien) 氏は台湾の卑南 (Peinan) 遺跡における発掘で、それまでの考えを根底から見直さなければならない重要な発見を報告した。すなわち紀元前2000年頃より前の埋葬遺跡で明らかにリンリンオーと同一タイプの周縁に突起をもった玦状耳飾りなどが発掘されたと発表し、この遺跡の文化は台湾の東部に現在住んでいるパイワン族の祖先のものだと推測しているのである。以下、その要旨を紹介したい。

この遺跡は新石器時代に属す墳墓群が中心であった。約75パーセントの成人の墳墓と23パーセントの幼児の墳墓から多くの副葬品が発掘された。それらの大部分は土器、玉、粘板岩である。最も一般的な遺物は鈴の形をしたビーズと管状形ビーズ、玦状耳飾り、腕輪、ペンダント、手斧、槍先、鏃、土器、紡錘車、玉の破片などである。この中で玦状耳飾りは特に興味深い。なぜならこれは南シナ海をめぐる伝播や人の移住の証拠として利用されてきたからであ

る。1328個の耳飾りが発掘された墳墓から出土した。それらはほとんどが完形品である。合計639の墳墓のうち441基からこれらの耳飾りを含む副葬品が発見され、それらが死者、特に成人のためになされた基本的供物であることは明らかである。30個の粘板岩製の玦状耳飾りを除き、残りの大部分は他の台湾の先史時代の遺跡のものと同じ、いわゆる「台湾の玉（軟玉）」、蛇紋石、蛇紋岩製である。そしてこれらの中には土製、ガラス製、貝製、金属製品はなかった。耳飾りは鋸と管状穿孔技法で製作されていた。

　1032個のこれらの玦状耳飾りは形態的に4つに分類できる。タイプⅠは単純な切れ目だけであるもので262基の墳墓から606個、タイプⅡは4個の突起をもつ切れ目のあるもので181基の墳墓から671個が発掘された。この両タイプは最も一般的な形態である。タイプⅠにはさまざま大きさがあり、個人墓から出土する傾向がある。それらは幼児と女性に密接な関係がある。タイプⅡは通常より大きなものであるが、材質に幅がある。いずれも粘板岩で製作されていて、しばしば集団墓で発見される。3個だけの突起をもっている耳飾りの例はない。タイプⅢは長方形形の切れ目をもつもので、これにはさまざまな形態がある。38基の墳墓から48個が検出されている。タイプⅣはこれよりもっと特殊な形態、すなわち三日月形、人間、動物形の耳飾りである。このタイプのものは4基の墳墓からわずかに6個出土しただけであった。

　このような切れ目のある耳飾りの詳細な研究は、台湾国内の編年と卑南文化の社会組織の解明に貴重な根拠を提供してくれるであろう。卑南遺跡は台湾で切れ目状耳飾りを出土した唯一の遺跡ではないが、しかし耳飾りの機能を明らかにする確かな根拠を提供した最初の遺跡である。これまで耳飾りを出土した遺跡としては円山遺跡ほか円山文化期のいくつかの遺跡がある。これらの遺跡から出土したものは卑南遺跡と同様の形式の耳飾りであるが、ただ卑南遺跡には円山文化に伴う薄く切れ目のあるタイプのものはない。これらは北部台湾の円山文化期の遺跡からのみ出土する。おそらくこのタイプの切れ目状耳飾りはその大きさからみて、耳飾りではなく腕輪だったように思われる（私の見たところでは、論文に掲載されている玦状耳飾りの中の最下段の右側、4と5はタイのバンチャン遺跡かヴェトナムのチャンパ遺跡出土として〈Cutsem 2001〉が掲載している耳飾りの中の左列の上から3番目にあるイモガイの体層部を

縦に裂いて切れ目を入れて製作した玦状耳飾りを想起させ、このことから台湾のものがこのような貝をプロト・タイプにしていたことが想像される)。

　卑南文化が紀元前3000年から紀元後1000年までの年代に位置づけられるのは、C-14年代ばかりでなく遺跡の確実な層位によって証明される。上層には50以上の建造物が存在していたことが家屋や貯蔵施設の土台の痕跡によって明らかである。これらの遺構で最も特報的なことの一つは、家々が北北東—南南西の方向に並列して鈴なりに建てられていたことである。これらの家々の真下には家屋と同じ方角で板石棺墓が埋められていた。このような状況から、新石器時代における卑南村の配置は次のように復元される。

　村は最初卑南川のデルタである卑南丘の麓にあった。村の中では家々が一列になるように並行して建てられ、この家々の方角は丘の方角と一致していた。各家の外側には1つか2つの貯蔵施設が接して作られており、この貯蔵施設は隣家の貯蔵施設と隣接していた。このことは貯蔵施設が個人ではなく共同社会に属するものであったことをうかがわせる。B.P.約5300年から2300年の間は卑南文化を残した人たちは定住生活をおくっていた。主要な生業として農耕を営んだが、狩猟によってかなりの量の食糧を補っていた。発掘の結果、移動式農耕のためにここが数回は焼畑用の畑になっていた可能性がうかがわれるが、これは現在の台湾先住民に見られる農法である。新石器時代の卑南人は粘板岩で石の板を作る技術を持ち、石の板の使用方法を熟知していた。その結果、これらの石材は家屋や墳墓だけでなく各種の石器に利用されていた。なお卑南遺跡でみつかった特別なタイプの装身具一式は、台湾における同時期の円山文化や稠仔文化にも見られるものであった。卑南文化は狩猟・漁労ばかりでなく稲やキビの栽培のような生業の技術や他の文化要素においても、円山文化・牛稠仔文化とも共通したものをもっていた。そのほかに共通する習俗としては抜歯、キンマ嚙み、首狩りなどもあげられる。

　卑南文化はやがて海岸地帯、さらに山麓の丘陵地帯に沿って広がり、最終的には山岳地帯に達した。その結果、東海岸に居住するアミ族と同様に、山岳地帯に移った人びとも古来の伝統的文化（抜歯、首狩り、屈葬や坐葬をするための石板を一列に並べた棺を使った屋内葬、山岳地帯に住む伝統的なパイワン族のグループがしているような集団埋葬）を維持していた。

以上が連氏の論文の要旨であるが、金関丈夫氏や国分直一氏は、相互の地理的位置や土器の形式にもとづき卑南、つまり現在のパイワン族と現存のアミ族とは本来系統的に関係があると見なしている。また鹿野忠雄氏は家屋の建築や埋葬に粘板岩を高度に用いることから卑南文化はパイワン文化とより近い関係にあると考えた。同様の見解は宋文勲氏も発表している（金関・国分 1979、鹿野 1930a,b、宋 1980）。これらの見解や自らの発掘結果にもとづいて、連氏は卑南文化は祖型的パイワン文化と親縁関係があると見なし、竜山類似文化はパイワン的文化と相互関係にあるとする張光直氏らの見解を否定した。

なお劉茂源氏は下記の台湾の卑南遺跡のヴァラエティに富んだ玦状耳飾りは、同島独自の文化である蓋然性が高いと述べている（劉 1996）。

ともあれ、これによって 1966 年に太平洋学術会議で陳奇祿（Chen Chin-lu）氏が発表した、パイワン族が所有するガラス製品の研究からパイワン族が台湾に移住してきたのは紀元前とは考えられないとする見解は（Chen 1967）、完全に否定されたのである。

後藤雅彦氏はその論考の中で、良渚文化に発達した玉器（琮）が卑南文化に見られないことから台湾の玉器（玦状耳飾りを含め）の起源を河姆渡文化～崧沢文化に求める陳仲玉氏の研究を紹介している（後藤 2000）。後藤氏は結論として、東南中国（特に内陸側）と台湾の玦状耳飾りは長江下流域に系譜を求めることができるが、各地で独自の展開を遂げたとしている。

不思議なことには、台湾の高砂族では民族誌時代になると玦状耳飾りはその姿を消し、耳栓が耳飾りとして登場している。残念ながら目下の考古学的調査からはその変化の時期や動機は不明である。さらに興味深いのは、リンリンオーの系統を引く耳飾りが民族誌時代にはインドネシア全域に流布しており、中央ジャワのグヌンキドゥル（Gunung Kidul）の金属器時代に属する石棺墓から、有角式ではないが、イゴロット族が現用しているものと酷似した金属製玦状耳飾りが発見されていることである（Bellwood 1985）。

第 11 節　ヴェトナム・タイの耳飾り

ヴェトナムの玦状耳飾りの起源について綿密な研究を行った横倉雅章氏は次

のように述べている。東南中国では河姆渡遺跡の第4層から円環形玦状耳飾りが出土するが、広東・広西では殷代前後からである。これらの石玉製の玦状耳飾りがそのままヴェトナムへ伝えられてフングエン文化の玦状耳飾りになったかどうか即断できないが、しかしフングエン文化の段階からすでに東南中国の装身具文化がなんらかの影響を及ぼしていたとことは否定できない、と言う。そして有角蛭状耳飾りと双頭獣型玦状耳飾りはヴェトナム起源であり、ここからフィリピン、カンボジア、タイに伝わったと想定している（横倉1987）。

平野裕子氏は「祖型の石製耳飾りは金属器文化早期のフングエン段階から出現し、末期のドンソン文化段階では普遍的に出土している」と言い、また双頭獣型玦状耳飾りは「サーフィン文化特有である」と述べている（平野2005）。

タイの考古学者ハイアムは、タイ中部のバンドンターペット遺跡で発掘された遺物は北部ヴェトナムのバクボ（Bac Bo）遺跡のものと共通しており、両者の間に接触があったことの証明になると言い、そして具体的遺物として双頭獣型玦状耳飾りをあげている。そして、双頭をもった珍しい形態をした玦状耳飾りはヴェトナムのフーホア、ハンゴン、サーフィン、それにビンの近くのスアンアンにおけるドンソン文化のコンテクスト（脈絡）の中や、フィリピンのドゥヨン洞窟から発見されていると、（Loofs-Wissowa 1980-1981）を引用して述べている。また、バンドンターペット遺跡のガラス製や石製ビーズがインド起源であることは、躍動しているライオンを描いた紅玉髄品からも証明されると言い、さらに、この遺跡の壺と類似した壺がインドのいくつかの遺跡からも発見され、インドのコインバトールからの遺物は23.5パーセントの錫を含有していることから、このバンダンターペット遺跡のものも同一の技術で製作されていると述べている。また、ビーズや腕輪を貝か石で製作していた古代人の選択肢は、外国の紅玉髄や瑪瑙やガラスに変わり、同時に大きな金属製腕輪も生まれることになった、とも言う（Higham 1996）。

第12節　インドの紅玉髄

インドの紅玉髄の問題も一瞥しておく必要があろう。

かつて八幡一郎氏は、縄文時代の玦状耳飾りの石が日本原産であることを論

じた際に、併せて古代中国人が愛好したビルマの玉についても詳述している（八幡1979）。ところが、茅原一也氏は世界のヒスイ文化は日本とメソアメリカであるという）。しかし最近の藁科哲男氏の科学的分析によれば、ビルマ産の硬玉はヒスイと鑑定されている（藁科2001）。

中国の古文書はビルマではない別のルートを記している。漢代には甘粛地方の西のはずれに玉門関と呼ばれる関門が配されたが、当時ここを通過して中国に運ばれた玉は「コンロンの玉」と呼ばれていた。コンロンとは中国の西隣に住む異民族のことで、彼らの手によって西方産の玉が中国に運び込まれた。やがて玉の原産地が明らかになった結果、コンロンの名はウテンの南にそびえる大山脈にこじつけられてしまい、今日でもこの山なみをコンロンと呼んでいる（松田1960）。松田寿男氏は『新五代史』に西暦359年の出来事として、玉を甘州の産としてあるのは回鶻の玉の誤認であると訂正している（松田1956）。

一方、インドの考古学から見ると、中央アジアと中国からきた玉は北西インドでは長い間愛用されていたし、またアフガニスタンと中央アジアからの準宝石類の石は北西からインド内部まで伝えられた。そしてラピスラズリ（青金石）の遺物は、かたやラジャスタン（Rajasthan）、マラワ（Malwa）、マハラシュトラ（Maharashtra）、アンドラ・パラデシュ（Andra Paradesh）、タミル・ナドゥ（Tamil Nadu）、そして他方ではガンジス高原を通過してガンジス川下流の大河口まで運ばれたと言われている。またロシアの琥珀は北西への道をとった。同様に玉製品は中央インドとベンガルでも見つかっている（Lahiri 1992）。

しかし東南アジア島嶼部とミクロネシアのマリアナ諸島の場合は、ビルマではなくインド亜大陸の原産の石が貴重視されていたようである。

ヴェトナムのサーフィン時代（紀元前400年～32年）のハンゴン遺跡では多くの土器や鉄斧が埋葬儀礼のために故意に破壊されていた。ここからは紅玉髄、瑪瑙、ガラス、金などで製作された装身具が発見されただけでなく、双頭獣をつけた耳飾りも出土した。同じような装身具がサーフィン遺跡からは4個、フーホアから2個、それにハンゴンからも見つかっていることは、これが他の地域からも発見されていることを勘案すると、フィリピンのドゥヨング洞窟とこれらの地域との間に広範囲にわたる海上交易があったことを強く示唆

している (Higham 1996)。

　フィリピンのタボン洞窟からインド原産の紅玉髄ビーズが発掘されている。フィリピンではこれは金属器時代になるまで現れない。発掘者フォックスはこの発見はフィリピンとアジア本土との間に交易のあったことを示していると発表した (Fox 1970)。ところが、江上幹幸・斎藤文子氏らがミクロネシアの北部マリアナ諸島のパガン島で発掘したこれと同じような形をした紅玉髄は、C-14年代測定から紀元後1325年から1495年の間のものであることが分かった。しかもこの遺跡ではこれ以外にもインド起源の縞瑪瑙の塊が発見されている (Egami and Saito 1973)。

　インドの瑪瑙と紅玉髄は中央インドで産出する。正確にいえば、南では半島の高原の東側に沿ってあり、西ではグジャーラ (Gujarat) と カティワール (Kathiwar) にある。瑪瑙と紅玉髄は玉髄の亜変種である。瑪瑙と紅玉髄の利用は中石器時代だけでなく、西インドや北インドではより早い時代の文化にその根源を求めることができる。紅玉髄とそれに近い石はすでに中石器時代の人びとが石器を製作するのに利用していた。当時の装身具は骨や貝や、それに多分木の実などであって、それを吊すための孔はこのような石の錐で製作していたようである。この種の道具は後の都市国家ハラッパや銅石時代の遺跡からも発見されている。円筒形ないし樽形の石刃（ブレード）の核と円盤状のビーズを穿孔する仕事は定住民でない人びとによって継続されていた。両側が平行するようなブレードを製作するために準備する核は、西インドでは上部旧石器時代、そして北インドでは上部旧石器時代末から見られる。ハラッパ時代になるとシンド（パキスタン南部インダス川下流の地域）のチャンフジョ・ダロ (Chanhujo-daro) 遺跡ではヒスイと紅玉髄は色々な形に製作されていた (Allchin 1979)。

　またマリアナ諸島のパガンで発掘された縞瑪瑙と同じものはここにあった。チャンフジョ・ダロ遺跡で発掘されたビーズの製造場の資料からほとんどすべての製作過程が復元されている (Mackay 1938)。このことからビーズや石の道具を作ることは、これより前の時代からあったが、より大きなビーズの穿孔（相当する日本語がないので"穿孔"と訳したが、原文ではboringないしpiercingすることと記述されている）は明らかに銅石器時代の発明であるとい

う（Allchin 1979:94）。

　マッケイは長さが12.5cmもある細長い樽型のビーズは溝を作り出すのに線材の鋸（weir saw）が金剛砂のような研磨材と共に使用されていたのではないかと最初は想像したが、後に板金が使用されていた可能性が高いことに気づいた。彼はこの解釈をするにあたりアーケル（Arlkel 1936）が報告した現代のグアジャラット（Guajarat）でなされている方法を参考にしたのである。瑪瑙と紅玉髄製ビーズの製作はハラッパ文化以降もずっと生き延びていたことはウジーアン（Ujiian）の発掘から知ることができる（Banerjee 1959）。ここではこれは紀元前200年から紀元後の最初まで継続して製作されていた。穿孔方法についての部分だけ引用するならば、ビーズの穿孔は最初に磨石で磨いたり、皮などで磨いたりして、両側からなされる。マッケイはどのような錐が使用されたのか触れていないが、オールチン（Allchin）は多分弓を利用した錐（bow drill）であったろうと推測している。そしてこの時までに、すでに一部では金属製の錐が使用されていたかもしれないし、また現在のようにダイアモンドが先端につけられていたかもしれいないと述べている。

　インドの紅玉髄や他の宝石類が外国に盛んに輸出されていたことは、16世紀のポルトガル人旅行家が報告している。それによれば、インド洋ではこれらはカムバヤ王国から輸出されているが、これらは紅海入口の海港アデンや他の場所で入手されたものであるという（Allchin 1979）。

　ここで東南アジアにおけるインド起源のビーズについて見てみたい。

　ビーズは古代の交易を知るうえで貴重な証拠になる。レームはこれらのビーズを研究するにあたって注目すべき点として、以下の6点を挙げている（Lamb 1965a）。

①材質　②色　③装飾様式　④形　⑤製作方法　⑥機能、目的、シンボリックな価値

　これらの中で⑥は最も軽視されてきた点があるが、これはビーズの背後にある意義であり、各種族がビーズに対してもつ感情の研究はしばしば単なる装飾以上のものを含んでいるので大切であると言う。たとえば、あるビーズは他のものより高い価値をもっているし、またあるビーズは呪術的特性をもっているものと考えられている。そしてビーズの価値はその大きさや完成度と常に関係があるわけではない。またビーズのシンボリックな見方は分類の意義のある企

てを複雑にしている。なぜならシンボリックな見方はビーズの形に「模倣」や「伝統」という要素を導入しているからである。たとえば大変貴重視されていた石製ビーズがガラスで模造されたとした場合、それを使用する人は、ビーズを分類するにあたって、その模造品の質のほうを石製品より高く評価することがある。この事例は縄文人にとって土製玦状耳飾りが必ずしも石製玦状耳飾りより価値がないものとは見なされなかったとしても、それは決して奇妙なことでなかったことを示唆している、と私は思っている。

　レームはまた、地域によってはビーズのもつ伝統的な価値がある特定のタイプに帰されるが、このことは古代のビーズの活発な交易を生むことになると言う。たとえば、スマトラ島の古墓で掘り出された古代のビーズはティモール島に輸出されて、そこで高価な値段で売られている。東南アジアではこのような事例は多くあり、たとえば、ボルネオでは「ローマ」ビーズと称されるものが依然として人気があるし、また東南アジアの大部分の地域ではビーズ製品には瑪瑙、紅玉髄、水晶、アメジスト（紫水品）などがある。これらの大部分はインドかセイロンで産出された石である。そして東南アジアのこれらのビーズは紀元前にインド亜大陸で製作された。実際、インドはこのような石製ビーズの世界的貿易ではずっと長い間、重要な地位を占めてきている。現在、インドにおけるこの分野の中心はボンベイの北にあるカンベイ（Cambay）である。ここの紅玉髄と瑪瑙はアフリカや東南アジアに運ばれたのである。東南アジアの多くの町の道端に坐っているチベット人やネパール人の旅商人たちは、カンペイ製のビーズを暴騰した値で売っているのである。先にビーズ製作の中心はカンペイと述べたが、しかし昔はもっと広い範囲で製作がなされていた可能性がある。というのはインド東部のポンディシェリの南にあるアリカメードゥでビーズ製作センターの跡が多く発見されているからである。一般的にいって、アリカメードゥの石製ビーズは東南アジアのものと同一のものである。つまり東南アジアのものは紀元前の直前の頃、ここから運ばれた可能性がある。しかし東南アジアのすべての石製ビーズがここか南インドからもたらされたと見ることは軽率である。ここでもうひとつ考えねばならない可能性は、アリカメードゥではこの地のビーズの細工職人が他の地域から手に入れた原材料を使ってここで製作していたかもしれないことである。またあるいは定住せずに絶えず

移動をしている身分のビーズ職人が、その技術が要求されるとどこにでも移ってしまうことである。もしそうならば、後世になって彼らが東南アジアのセンターに居住していたことは大いにありえることであるからである。クアラセリンシン（Kuala Selinsing）のマレー遺跡で発見された石製ビーズ製作の痕跡の証拠はこのような視点からの解釈できるかもしれない、とレームは言う。

レームは東南アジアのマレー半島では少なくとも石は外国から入ってきたもので、製作はここでなされた可能性が高いと見なした。そして、もしそうであるならば紅玉髄と瑪瑙は交易品としてどこかから持ち込まれ、その場所はベンガル湾からインドかセイロンの広い範囲のどこかであったろうと推定している。そしてまた、このような交易は紀元前3世紀よりずっと早い時代になされていたとは考えられない、としている。つまり彼は西暦紀元の最初の数年を想定しているのである。

一方、ベルウッドは、インドネシアのタラウド・グループの中のサレバブ（Salebabu）島のレアンブイダーネ（Leang Buidane）洞窟遺跡の発掘で初期のインドとの接触を示す資料を発見している。それは石製ビーズであるが、それらの大部分は球形か長い切子面のある赤色の紅玉髄である。これらになされている正確な穿孔技術はインド起源を示しているが、形は編年的に見て間違いなく、インドと東南アジアの過去2000年にわたり共通したタイプに属す。白地の中に食刻されたデザインをした3個の黒色瑪瑙製ビーズは、確実にガンジス川主流やインダス川の流域にあるハスティナプラ・タキシラ（Hastinapura Taxila）、クアサンブル（Kausamble）、チャンドラケトゥガーラ（Chandraketugarh）といった遺跡の紀元前1千年紀の後半の層から出土しているものと同じである。またハラッパ文化以降ずっと普通に出土するタイプと同じ縞模様のビーズもある。ようするに、レアンブイダーネ洞窟遺跡の食刻された翡翠のビーズは、インドネシアのバーリー島の北部海岸にあるタジャクラ（Tejakula）近くのセンブリアン（Sembiran）遺跡で発掘された遺物が、紀元前200年にはインドとの交流のあったことを示しているという仮説を補強しているといえよう。ただ留意しておかなければならないのは、タラウド島のような遠隔地における発見は、インド起源のビーズが副葬品として使われる以前に多年にわたり島々を循環されていたかもしれないことを考慮すべきである、

と彼が注意を促していることである（Bellwood 1997）。

ところで、インドのビーズのカテゴリーの中で東南アジアにはなかったり、稀にしかないものがあるが、このようなものの中にはビーズの編年に役立つものがある。たとえば、アリカメードゥで見られる石製やガラス製ビーズのグループに"collared"と呼ばれるものがある。インドではこのタイプのビーズは南インドの巨石遺跡から発見される。これは西暦紀元の直前頃に流行が途絶えて姿を消した。しかし東南アジアではオケオ遺跡から発見されている。オケオ遺跡の年代は南インドの後期巨石遺跡に相当している（Lamb 1965a）。

東南アジアの原史時代（protohistoric）の遺跡ではほとんどいたるところで発見されている石製ビーズがある。これは不透明で黒っぽい赤色の材質でできている。これはテラコッタ（粘土の素焼き）か珊瑚であるとみなされてきたのであるが、ガラス製品であることがレームの研究によって判明した。インドネシアではこのタイプのビーズはムティサラー（mutisalah）と呼ばれる。これはフィリピン、ティモール、セレベス、ジャワ、ボルネオ、スマトラ、マレー、タイ、カンボジア、ヴェトナム、ラオス、ビルマ、インドまで分布している。インドではケララ、マイソール、マドラスでは巨石遺跡と共に登場して中古コーラ時代まで存続する。そしてそれ以後は完全に製作されなくなる。一方、東南アジアでは mutisalah タイプのビーズは巨石遺跡やドンソン時代の遺跡や初期のインド化された遺跡から発掘される。またボルネオのサントゥボン（Santubong）地域の"中古"サラワク遺跡からも多くの mutisalah タイプのビーズが発見されている（Lamb 1965a）。

なお、マレーシアのジョホールのコタ・ティンギ（Kota Tinggi）遺跡からは紅玉髄に似せたガラス製品や mutisalah のみならず、人間の臼歯を模したものも発見されている（Lamb 1965b）。

ミクロネシアのベラウ島では位の高い家の人たちは祖先から代々伝わるガラス製ネックレスを現在でも吊している。これはきわめて価値のあるもので、通称「パラウアン・マネー」と英語で呼ばれている（Riezenthaler 1954）。その起源については近年、紀元後600～900年にベラウと東ジャワ間にあった接触の結果もたらされたのではないかという仮説が提出された（Francis 2002）。そしてベラウのこれらのガラス製ビーズはインドで製作されたものであるとも

いわれている。さらに、東南アジアに見られるインド原産の切子面のない紅玉髄は、ベラウにまで認められるという見解もある（Bellwood 1976）。

しかし私たちの2回にわたるベラウの考古学調査では、このような遺物は発見されなかったし、また紀元後600〜900年にベラウが東インドネシアと接触していたとする確実な証拠を検出することはできなかった。しかしここから石製ビークド・アッズが発見されたことは、ベラウにはインドネシアからの文化伝播があった可能性を強く示唆している（高山1982）。サーフィンやタボンなどで発掘されているインド起源の紅玉髄と瑪瑙がミクロネシアまで広がっていたのであろう（Egami and Saito 1973）。

先述の北部インドネシアのサレバブ島のレアンブイダーネ洞窟遺跡の発掘ではフィリピンの中央部にあるヴィサヤ諸島のカラナイ遺跡と南部のパラワン島のタボン洞窟遺跡のものと同じタイプの土器が出土した。このレアンブイダーネ洞窟遺跡からは土器以外に75個の遺物が発見されているが、この中にはイモガイと思われる貝の殻頂部を穿孔した長球形円盤、瓶の蓋か耳栓と思われる珊瑚製円盤、穿孔された魚の脊椎骨（たぶんビーズとして使われた）、同定されていない哺乳動物の穿孔された歯、土製の準環状耳飾りなども含まれている（Bellwood 1976）。本題と関係のある遺物としては、その他の石製ビーズ（玉、瑪瑙、石英）、食刻（エッチング）された瑪瑙製ビーズ、それに紅玉髄製ビーズがある。紅玉髄製ビーズには2種類がある。小面（切子面）のあるものと、球状のものである。多分、これらの大部分、あるいは全部がインドで製作されたものと思われる。しかし西マレーシアのペラクのクアラセリンシンではここの作業場で製作された時の破片と思われる紅玉髄品が発見されていることから、ベルウッドはインドからもたらされた紅玉髄はマレーのどこかの地域で加工された可能性があるとみなしている。そして彼は別の証拠が出るまでは、レアンブイダーネ洞窟発見の紅玉髄製ビーズも月並みな見解であるが、インド起源説を支持したいと述べている（Bellwood 1976）。他の東南アジアの遺跡で切子面をもつ紅玉髄製ビーズを出土した紀元後500年前後の遺跡はオケオをはじめ各地に見られる。フィリピンではセブ市の宋代前の埋葬遺跡、宋代から宋代後半のスルー島の埋葬遺跡、それにサマール島だけでなく、初期の金属期時代としてはパラワン島のいくつかの遺跡やジャワ島、そして紀元900年〜

1100 年のサラワクのジャオン（Jaong）遺跡からも報告されている。

なお、東南アジアにおける石製装身具の交易について、ベリーナ（Bellina）はこれらは威信財の互恵的交換の枠組みの中で多分与えられたものであったろうと想定し、これはいわば"ビッグ・マン"が顧客との関係を維持するために行うタイプの関係を表しているのであろうと述べている（Bellina 2007）。

また、チベットではGZiと呼ばれるガラス質のビーズが好まれるが、これはチベット全土だけでなく近隣のラダクやブータンでも同じである。ボン教では9という数は最も重要なもので、ガラス質のビーズに描き出されている9個の目はこれと関係がある。これと似たビーズはハラッパ遺跡で発掘されている。考古学調査で明らかになるまでなにも詳しいことは言えないのであるが、チベットの伝説はこれがイランから渡ってきたと伝えている（Nebesky-Wojkowitz 1952）。

シュムサイは、東南アジアへはヒンドゥー教の伝来に伴ってか、あるいはバラモン教徒の手を経由してソデボラ科（スイジガイ科）の貝が宗教上のシンボリスムとしてもたらされたとする見解に対して、ヒンドゥー教が登場する以前には、別の海の貝（つまり多分それは後に貨幣として使用されることになるタカラガイであるが）が、特別な価値をもって広範囲に使用されていたと述べている。そしてタカラガイは古代のシャムの遺跡からも発掘されているという（Jumsai 1988）。

なお、またインドでもタカラガイは通貨として盛んに使用されていた。特にマルヴィル諸島で採取されていたが、東アジアにもこの貝は棲息しているので、南アジアや東南アジアで発掘されるタカラガイの原産地を確定することは難しい。紀元前2千年紀にはハラッパ時代の諸遺跡から発掘されており、また中央ガンガ谷の紀元前600年から200年にかけての壺の中には3000個のタカラガイが貯蔵されていた。またパキスタン南西部およびイラン南東部地方にあるパルチスタンのメールガール（Mehrgarh）遺跡では内陸部と海岸部との間の変化しつつある相互作用の様子を示す証拠も検出されている。すなわち、この遺跡では紀元前7000年から6500年にかけての文化層から南方に500キロも離れたアラビア海原産の貝が発見されているのである（Ray 2003）。

民俗学の赤田光男氏は鬼瓦などに描かれる波兎のデザインの起源をウミウ

サギに求め、柳田国男氏の「海上の道」で語られる宝貝と同一視しているが（赤田 1997）、柳田氏が注目したのは2種類の「シプレア・モネタ」（学名 Cypraea-moneta キイロダカラ）であり、ウミウサギ（海兎貝）はタカラガイとは近縁関係にあるが、ウミウサギガイ科に分類される貝である（白井 1997）。柳田氏は日本人の起源の解明について宝貝に手がかりを求めたが、その背景については拙稿を参照されたい（高山 1997）。

パキスタンのガンダーラで1世紀に製作された金製耳栓に見られる雁の雄の図柄についても触れておきたい。古代インドでは雁は超越性のシンボルとして使用されていたが、その理由は雁がもつ異常ともいえるような渡り鳥のもつ能力（この鳥は夏にはヒマラヤを越えて飛翔するし、冬にはインドに帰巣する）が再生信仰と結びついていたのである（Lerner and Kossak 1991）。

第13節　古代インド亜大陸の耳栓

バルフト出土の紀元前2世紀のヤクシニー像をはじめ（杉山 1984）、インドの女神たちは縄文人に劣らず穿孔した耳朶に大きな耳栓を付けている（たとえば、立川 1990）。そこで、古代インドの耳栓についてポステール（Postel 1989）の研究を中心に紹介しておきたい。

ヒンドゥー文明の揺籃の地と目されているパキスタンの Mehrgrarh 遺跡では、紀元前6000年のアジアで最古の四角形をした薄い真珠製耳飾が男性人骨に伴って発見されているとポステールは述べている。しかし東北アジアでは今から7000～8000年前の興隆窪遺跡から玦状耳飾りが発見されているので（大貫 1998）、この見解は訂正が必要である。

その後、インドでは古代都市ハラッパーやモエンジョ・ダロから耳栓や耳飾りを付けた母なる母神像が発掘されている。そしてポステールは5つか6つの主要なタイプの耳飾りはマウリヤ朝（紀元前321年頃～185年頃にインド亜大陸の大半を支配したインド最初の統一王朝）およびグプタ朝（320年頃～6世紀中頃に北インドを統一支配した王朝）の時代から中世まで一貫して使用されていたばかりでなく、僻地では現在も残存していると述べている（Cutsem 2001）。古代インド亜大陸の土製耳栓は、縄文人とは別の奇抜なアイ

ディアから生まれたさまざまな形態や洗練された文様によって製作され、さらに美しく加工された貴重な石が用いられている。従来、インド考古学では発掘された石製円盤は中央に孔が穿たれていないため耳栓でないと考えられてきたが、中にはポステールによって耳栓と鑑定されるようなものも出てきた。縄文人は石製の耳栓は製作しなかったし、またインドで見られる栓形耳栓は縄文にはない。一方、縄文に見られる透かし彫りの耳栓はインドでは考案されなかった。また縄文耳栓の文様は前方だけであるが、インドでは前後に別々の文様を描くこともあっただけでなく、前面と後面を四角にした奇抜な形状の耳栓もある。またバイラヴァ（シヴァ神の別名）像の片側の耳栓の文様は「片手」で、もう一方の側の耳栓の文様は「蛇」になっている。あるいまた、ヒンドゥー教の三大神の一つであるシヴァ神像には、耳朶に穿孔された孔から耳栓としてコブラが首を出している恐ろしげなものもあるが、このようなものは縄文の文様にはない。

なお、古代中国の奇書『山海径』には蛇の耳飾りのことを散見されるが（高山 1967a）、これとインドのコブラの耳飾りとの歴史的な系統的関係の有無については不明である。インドの耳栓の文様で代表的なものは「太陽光線」であるが、縄文耳栓にはこれはない。また文様の中心部にある窪みは「井戸」を表すと解釈されているが、おそらく縄文時代には井戸はなかったので該当するものはないようである。インドの耳栓の文様には片足を上げた象を描くものがあるが、縄文耳栓にはいわば「動物文」は見当たらない。古代インドの女神の彫刻に見られる美しい耳栓の文様は、太陽のシンボルや同心円で装飾された環状の金輪や太陽光線を表すモティーフ、それに花などで構成されている。その他、円筒形耳栓やキノコ状耳飾りや三日月形耳飾りなどもある。インドではまた貝製耳栓は償いの目的に役立つ。なぜならこのような耳栓は海洋からきたものであるし、またこの貝の内部にある螺旋形は人間の耳の内部を想起させるからである。インド人は長い間、音に対してきわめてシンボリックな重要性を感じていた。なぜかといえば、海から現れた *conch*（ソデボラ科の貝）は音に生命を与えてくれるし、またそれによって耳のうつろは音を感知できるからだと信じられている。耳は言葉の呪術と深く結びついているので、耳は邪悪な力を防ぐことを要求し、装飾具はそれをかなえてくれると考えられている

(Cutsem 2001)。

　耳栓の大きさはインドでは最大は直径6～7cmで、縄文のほうがこれより大きなものがある。しかしインドの耳栓の厚さは5～6mmで、これほど薄い縄文耳栓を私は知らない。先マウリヤ朝（マウリヤ朝とはインド亜大陸の大半を支配したインド最初の統一国家）には金属を2回より合わせて両端を正方形に仕上げた異形のバールフット（Bharhut）タイプの耳栓もあるが、他地域に類例はないようである。

　インドでは材質としては土製品の外に碧玉・水晶・紅玉髄・貝、それにガラスなどが好まれた。また、ポステールは、古代インドの耳栓はアジア全体に影響を与えただけでなく、エジプト、ギリシア、エメリア（イタリア中西部にあった古国）にも伝播したが、ヨーロッパの考古学者たちは耳栓の鑑定ができなかったと驚きの声をあげている（Postel 1989）。しかし少なくともインドのガラス製耳栓は中国のガラス製耳璫とは無関係のように思えるし、日本を含む東アジアには、西アジアと違ってインドからの耳栓の影響はなかったと言えよう。日本の仏像の中には中国の耳璫と思われるものを装着した例はある。ポステールは同著で古墳時代の埴輪が環状耳飾りを付けていることに注目している。

　考古学者が金環（通常は銅環を金薄板でつつんだもの）と呼称する古墳時代の耳飾りには、まだいくつかの未解の問題が残されている。金環は割れ目が作られていて、玦状耳飾りと同じ形状をしている。しかし玦状耳飾りと同じような方法で着装されたとは考えられないのは、金環を耳朶から垂下している埴輪では割れ目が見当たらないからである。したがって、金環は耳朶に挟んで使用されたと考える専門家もいる。しかし、金属製品なのでたとえ多少の伸び縮めはできたとしても、耳環を耳朶に挟みつけて固定することはかなり難しかっただろうと推測される。町田章氏は銅管の合わせ目に残した隙間を耳朶の孔に挿入したと述べている（町田1997）。また稲村繁氏によれば、人物埴輪の耳朶に穿たれた孔の形には2つの主要なタイプがあるという（稲村1999）。しかし、これは古墳時代の人びとの耳朶に穿孔されていた孔の形を示すのではなく、埴輪の製作者が耳朶が穿孔されていることを便宜的に示すものか、あるいは金環の断面形を表しているものと考えられる。私の印象ではこの程度の孔では金環を玦状耳飾りのように挿入するにはやや小さい気がするが、インドでは穿孔さ

れた耳朶を片手で長く引っ張って伸ばしてその中に金環を挿入しているので（Postel 1989）、必ずしも無理とは言えないかもしれない。あるいは古墳人は紐のようなものを使って穿孔された耳朶の孔から金環を垂下した可能性も考えてみる必要があろう。いずれにせよ、不思議なのは既述のように埴輪の耳部に表されている金環には切れ目が下端にあることを示すものがないことである。故意に切れ目は表現しなかったのか、あるいは切れ目の間隔の幅はごくわずかなので、この部分を下になるようにしなくても耳朶の孔の中にから落下することはなかったのであろうか。

　さらにもう一つの疑問は、金環といえども垂下した耳朶はかなり伸長されるはずであるが、埴輪にはそのようなことを示す事例はないと思われることである。江戸時代に書かれた『塩尻』（40巻）には「耳環は婦人（が）耳にとおす環也。（中略）一名耳塞」とある（斎藤 1998）。著者の天野信景は耳朶に穿孔する耳飾りの使用法を知らなくて、耳環とは耳の孔に挿入するものと誤解していたように思える。

　朝鮮の華美な垂下飾りを付けた金製耳飾りが日本に伝来したことは確実であるが、ただ日本式の金環・銀環は朝鮮にはほとんどないと言われている（小林 1959）。小林行雄氏はまた、金細工の技法は5、6世紀の日本にはまだ伝わらず、垂下飾りを付けた耳飾りは外国からの輸入品であって、もしこの技法が伝えられたとするならば、それは中空の金環や銀環であったと言う（小林 1959）。朝鮮の金製耳飾りがスキタイ起源と目されているので、日本の金環・銀環は究極的にはポステールの想定しているように古代インドの耳飾りと多少の脈絡があったと考えても大過ないかもしれない。

　なお、ポステールのこの書物の中に民族誌時代のナガ族の耳飾りが掲載されている。その中にはガラス製玦状耳飾り2個（円形と正方形）などがあるが、その他の耳飾りで興味を惹かれるのは2個に割れた象牙製環状耳栓の側面に2箇所、紐で補修した場所が見られることである。縄文時代の漆塗り木製耳栓などの優品が破損したときはこのような補修がなされたものと思われる。

第3章　民族学から見た各地の耳飾り

第1節　アッサムのナガ諸族の耳飾り

　フィリピンのルソン島のボントック・イゴロット族などと同じように、中国とビルマとインドに隣接するアッサムに住むナガ族の女性は現在でも玦状耳飾りを付けている。玦状耳飾りの形には円形と四角形がある。材質は無色の水晶で、これらがビルマやアッサムから入ってきていたことが18世紀初期の記録に見える。

　装着方法は穿孔された耳朶の孔が引き伸ばされて、その中に耳飾りの溝（切れ目）を通しながら挿入する。やがて玦状耳飾りの溝が下に向かって反転するので、孔の中におさまって耳朶は玦状耳飾りを支えることが可能になる。玦状耳飾りの厚さは約6〜10mmである。ここの玦状耳飾りはアオ・ナガ族と東マニプールなどに住むタンクール族の女性の間で生まれたものであるという（Stirn and van Ham 2003）。しかし、これらの玦状耳飾りの形態は、横倉雅章氏が紹介しているヴェトナムのサーフィン文化の玦状耳飾り中の一部のものと形が同一であって（横倉1987）、両者が系統的に無関係とは思えない。たぶん、サーフィン文化の玦状耳飾りが残存しているものと見なして間違いないだろう。ただしこの間を時代的に繋ぐ考古学的証拠は未発見である。このような文化の存続の状況は、フィリピンの山地民が先史時代においては玉製玦状耳飾りを使用していたが現在ではそれを金や銀や銅製品に代えている、というのとは対照的である。

　ナガ族の耳飾り習俗を検証すると、縄文時代の耳飾りに付随するさまざまなことを考えるのに参考になる。

　第1に、写真で判断する限りでは、円形の玦状耳飾りの上端部を紐で縛り、それを耳介の裏側をまわして、その先端部をどこかに結わえているように見え

る。多分、玦状耳飾りの落下を防ぐためであろうと推測される（なお、同じような装置はフィリピンのカリンガ族の女性（Maramba 1998）、イゴロットの女性（Worcester 1913）にも見られる。しかし四角形の玦状耳飾りを付けたナガ族の女性の方にはこのような装置はないようである（図25の下段）。

第2に、ナガ族の女性の耳飾りには中空の耳栓を挿入して、その中を5個の大きな金属製耳輪を通過させて付けていることである（Stirn and van Ham 2003）。縄文時代のラッパ状をした内部が空洞の耳栓なども、時にはこの孔になにか（たとえば花）を挿入した可能性も考えられる。

第3は男性はステイタス・シンボルとしてヒマラヤ山羊（厳密にいえば、レイヨウ、山羊に似て短い角がある）の角を穿孔された耳朶の孔に挿入している。これはこの動物が危険な生き物ではなく、単に入手が困難のために価値が認められるのである（Stirn and van Ham 2003:82）。

ナガ諸族やその周辺の人々の耳飾りに関しては、上記の文献を補足するような貴重な歴史民族学的報告書が数多くある。

玦状耳飾りについては、上記の18世紀初頭の記録に続き、1874～75年になされたウッドソープ（Woodthorpe）の報告がある。それによれば、彼はロタ・ナガ族のところを後にしたのち、3つの部族（このうちの2つはアオ・ナガ族と確認されている）と出会っている。女性は耳朶には平野から手に入れた厚くて大きな長円形ないし長方形をした水晶製耳飾りを吊していた（Elwin 1969）。

また1916年にハットン（Hutton）の助手として初めてナガ族の民族学調査に参加したミルズがアオ・ナガ族の耳飾りについて次のように報告しているが（Mills 1973）、これは玦状耳飾りのことと思われる。

アオ・ナガ族のほとんどの女性が付ける耳飾りはトンバン *tongbang* と呼ばれる。古いものは水晶を切って磨いたもので、マイボン・ナル *maibong naru* と言われる。多分、これは起源地と想定されている場所の名前である。古くて上等のものは一組90～100ルーペもするので、多くはアンガミ・ナガ族からは入ってくるガラス製品で代用される。*tongbang* の大きさは約2インチ×1インチ半で、厚さは半インチ、四角形の隅をもっている。中心部には円形の孔があり、そこから外側に切れ目があって、穿孔された耳朶にこの部分を挿入

して垂下する。耳朶は幼児期に穿孔され、植物の綿毛や木製耳栓を徐々に挿入して拡大する。その孔の大きさは tongbang の半分の幅以上になるまで拡大される。しかし tongbang の重さで耳朶の端がちぎれることがある。このような時には、すぐさま卵の黄味を接着剤にして両端を紐で縛りつけると、完全にもとに戻ると言われている。tongbang は通常夜でも外すことはない。寝る時にはマッチ箱のようなものが、木製枕と頸の間に一晩中置かれる。これは不快ではないかという気がするが、彼女らは慣れているので全く気にしない。しかしそのために特別の仕掛けをすることがある。それは髪の毛の長い房を耳の回りに付けることである。この房は敵対している村の女性の頭から手に入れてきたもので、この首を取った男が姉妹たちに贈ったのである。ミルズは耳にこのような房を上げることはセマ・ナガ族でもなされるが、これを受け取るのは兄弟であると注記しいる。セマ・ナガ族では首を取って、征途から帰村すると凱旋の歌を歌うが、その歌詞の中で少女を殺しその頭を持ち帰ったと叫ぶ部分がある。しかしこうした光景を目撃した人類学者のハットンは、実際には女の首を持ち帰ることはなくすべて男の首であると言い（Hutton 1969）、女の首はなかなか奪い難いので、この歌は単に彼らの願望を表しているにすぎないと報告している。

　ハットンもアオ・ナガ族の女性は大きな四角形や円形をした水晶製耳飾りを耳から吊していると言い（Hutton 1921）、さらにこれと全く同じものをソムラ（Somra）地域のタンクール族の女性たちも使用しているが、これらはビルマの平野から手に入れるという彼らの話を報告している。

　ミルズは上記の本が刊行されてから後、同書の再販に際して補遺と文献目録を執筆したが、そこではロングサ（Longsa）では円形の玦状耳飾りが付けられていると記している（Mills 1973）。また水晶製の四角形をした玦状耳飾りは、サンタム族の一部やタンクール族では多くの人に使用されていると言う。そして彼らはガラスの模造品をビルマから入手していると報告している。さらにハットンは同じような形をしたものはイゴロット族の最も単純な形をした金属製のものに多少似ているとして、ジェンクス（Jenks）が著したフィリピンの民族誌 "Bontoc Igorots" を引用している。なお、アッサムのナガ諸族と太平洋諸島民との間には民族学的に共通する点がいくつもあるように見える。

これに注目してハットンが比較研究を行ったのであるが（Hutton 1924)、残念ながら私には、ほとんどが偶然の一致のように思われる。

　アオ・ナガ族の男子は耳朶の3カ所を穿孔するが、誕生の儀式の時にその一部がなされ、その他の2カ所は少年が若者小屋で自分の位置を確保した時になされる。縄文・弥生時代の土偶の耳には3個の小さな孔を開けたものがあるが、このような習俗との関係は、今後、検討されるべき点であろう。

　アオ・ナガ族では穿孔は男性の親戚か友人が行うが、1本の赤く焼けた針金でなされる。焼けた針金が挿入される耳朶の反対側にはブッシュ・ナイフの刃の部分があてがわれる。こうすると（火傷による）損傷が頭にまで及ぶのを防げられからだと言う。開いた孔には生綿の小さな栓を挿入して、癒着しない状態を保つ。その後は生綿の塊が入るだけの大きさになるように孔を徐々に大きくするが、この塊はほとんど常に着装されている。アオ・ナガ族の男性はセマ・ナガ族やロタ・ナガ族の一部の村で見られるような巨大な団扇形をした塊を耳に挿入することは決してない。しかしダンスの時は、彼らは大きな四角形をした塊を着装する。きわめて稀に、真鍮製の大きな耳輪が耳朶の縁の端の近くに穿孔された孔から吊り下げられることもある。このような耳飾りを付ける権利を獲得するのは容易ではない。これは首狩を行った勇者だけに許されるものだからである（Mills 1973)。そして種族ごとに知られているすべての一連の手柄の饗宴を催さねばならない。

　この最後の資格証明は絶対に不可欠のものと見なされている。通常、耳朶の孔は装飾品の「物置場」であるが、この時に使用される耳飾りには装飾品の中でも制限付きで行動が束縛されているものがある。それは最も貴重なものだからである。その耳飾りとは長さが約5インチで両端がかすかに広がってトランペット形になった薄い真鍮製の棒状耳栓である。これにはしばしば薄い真鍮製の鎖と小さな鈴が付けられる。ポンゲン（Pongen）氏族のチョングリ（Chongli）グループの男たちはこのタイプの耳栓を使う世襲的権利をもっている。また水牛を供犠した男は鎖を追加できるかもしれないのである。ルンガム（Lungkam）氏族ないし チャミ（Chami）氏族では誰もが首狩と水牛の供犠を果たすまではこのタイプの耳栓を佩用することは許されない。しかしモンセン（Mongsen）グループではムリル（Mulir）の血縁の男性は富と武勇を

誇示することなしでこのような耳栓を付ける特権がある。ここではもしある人が自分の部下を殺したり水牛を供犠したりすると鎖だけの追加ができる。その他のいかなるモンセンの成員にとってもこの耳栓（khiru）はどのような場合でも使用は不可能である。同様に、チャンキ（Changki）グループではこの耳栓の使用は厳重にルンゲハリ（Lungehari）一門とその血縁関係（UngtsiriとMetamsangba）に限定されている。彼らのもつ諸特権はモンセングループのムリル（Mulir）一門の諸特権と同じものである。

　なお耳朶の孔を通過させて飼い慣らされた去勢しない雄豚の牙を佩用する習俗はヤチャム族（アオ・ナガ族と結びつくグループ）を除いてほとんど消失した。アオ・ナガ語辞典はこのタイプの耳栓は「円筒のような長く尖った牙」と記している。このタイプの耳栓は廃れてしまって見ることは難しいが、調査の結果、昔はブタの上顎の歯を抜いて下の牙が自由に伸びるようにしたものであることが判った。この方法はメラネシアにもあるが（Quiggin 1979）、メラネシアにおける豚の価値はアフリカの牛に匹敵する。アオ・ナガ族によって現在、使用されているものは、簡単な小さな長く尖った牙で製作した耳栓で、それを穿孔された耳朶の孔に挿入するだけである。これは戦士の印しである。昔は大きな去勢しない雄豚を殺した者は誰でもその長く尖った牙を義理の息子に贈った。ダンスの時にはオウチュウ鳥の尾の羽と深紅のサンショウクイの羽で作った長い羽飾りが首を狩った男性の耳朶の孔に飾られる。またこの耳飾りは水牛を供犠した男の娘たちも付けることができる。時折、老人たちは真鍮線から作った螺旋形耳飾りを付けることがあるが、これは耳朶の孔にフックでひっかけるように付ける。

　子供の耳飾りの様子はどうであろうか。すべてのチョングリの子供たちと貧しいモンセンの親たちは耳朶に穿孔された孔が治癒すると、直ちに赤い犬の毛とマレーの輪をつけた（Malayan Wreathed）サイチョウ鳥（Rhytidoceros undulatus）のうなじから取った小さな黒色の羽で作った一対の小さな装身具を佩用する。少年が付ける耳飾りは犬の毛6本と6本の上記の鳥の羽をつなぎ合わせたものであるが、少女のものはそれぞれが5本から製作されている。この鳥が選ばれるのは身体が真っ黒で、尾羽がすべて白色であるからである。この装身具は少年が6日間（少女の場合は5日間）付けてから捨てられる。

約3ヶ月経つと、すべてのチョングリの少年たち、および富裕なモンセンの息子たちは赤い山羊の毛の房を、彼らが未婚男子小屋のメンバーとして加入できるようになるまで付ける (Mills 1973)。

なお、ロータ・ナガ族の戦士の正装時のようすはセマ・ナガやアオ・ナガとよく似ているが、戦士は耳から大きな生綿の当て物を吊り下げるだけでなく、もし彼らが畑で働いている敵を襲ってその所有物を奪うことができたならば、さらにテラと呼ばれるアッサム人（あるいは稀ではあるが、トータ・ナガ族）が製作した小さな真鍮製の鎖を耳の上に輪にして垂らすこともできる（Mills 1922）。

最後にナガ諸族の歴史について簡単に触れておきたい（Hutton 1921）。

ナガ諸族は、アッサムの丘陵に住んでいるモンゴロイド人種である。言語学的には、アンガミ・ナガ語の場合、大きくはチベット・シナ語族に入るが、細かく言えばこれは次にチベット・ビルマ亜語族に分類され、さらにアッサム・ビルマ諸語に分類されてから、ナガ諸語グループを経てアンガミ・ナガ語にいたる。

ナガ諸族のアンガミ・ナガ族は、丘陵人 (hillsman) の割には背が高く通常は5フィート9インチであり、6フィートを超える者もめずらしくない。体力的にも際立っており、60ポンド以上もある重荷を額の上から紐で吊して16マイルも運ぶ。女性も重い物を運ぶが、男性ほどではない。アンガミ・ナガ族は丘陵や木に登ることには卓越した才能の持ち主であるが、泳ぐことは例外をのぞいてほとんどできない。彼らのふくらはぎや胸、肩は発達しており、丘陵を登ったり、段々畑での鍬の使用に適している。足指はしばしば広がっており、親指は他の足指と大きく離れている。彼らの平らな鼻とかすかに不等辺形の眼はモンゴロイドの特徴を示している。彼らは清潔好きでどんなに寒い気候のときでも水で身体を洗う。水は小川から竹筒で運んできたものである。石鹸にあたるものとしては、匍匐植物の繊維性の茎を叩いて手に入れたものを使用する。

なお、このような生活環境に住むナガ諸族と日本の内陸部の高地山岳地帯に住む縄文人とは、文化も違っており、簡単に比較することはできない。特に歴史も同じではない。ただ、ナガ諸族の人口が1921年の調査時には30,599人

であることは縄文人とあまり差はなく、ナガ諸族の民族誌をもって縄文人の生活を復元することは魅力的ではある。

　ナガ諸族が最初にヨーロッパ人と接触したのは1839年のことであって、この年、イギリスのグレインジ中尉は平原のモウン・デホーア（Mohung Dehooa）でいくつかの村々から来ていた数人のナガ族の男性に出会った。その後1870年頃、バトラー大尉は西レングマ族を友好的に訪れている。1874年にはブラウン博士が広範な調査旅行を行ったが、この時、イギリス軍隊とレングマ・ナガ族がささいなことから最初の衝突を起こしている。

　ナガ諸族の起源については次のような伝承がある。レングマ・ナガ族はアンガミ・ナガ族、セマ・ナガ族、ロタ・ナガ族ともとは同一種族であったが、ある時、米をその上にのせて乾かすと増えると伝えられる不思議な力をもつ石をめぐって所有権争いが起こり、それ以降、今日のような諸種族に分裂したという（Mills 1937）。

　ところで、人類学者フューラー＝ハイメンドルフによれば、第二次世界大戦で日本軍がビルマに侵攻した頃、インド政府は東ヒマラヤ地方の重要性を認識した（Fürer-Haimedorf 1955）。イギリスの支配下になって以来、アッサムとチベットの間は外界から遮断されていた。特に当時、チベットのツァーリ（Tsari）地帯の南東側に横たわるスブンシリ（Subnsiri）川地域ではヒマラヤの主要な山脈はインド側からは到達しえず、たまにやって来るチベット人は北方ルートを通ってやってくると信じられていた。彼らは「野蛮で独立して生きている」種族が住んでいるといわれる熱帯雨林を敢えて通過することはめったになかった。これらの種族はチベットではダフラ族とミリ族と呼ばれていた。しかしフューラー＝ハイメンドルフはここの民族学的調査に入った。彼が撮影したアパ・タニ族の男子の写真は耳朶の孔に耳栓を挿入しただけでなく、その耳栓の中には螺旋状の金属製の耳輪を入れている（Fürer-Haimedorf 1955）。これをながめると縄文時代の耳栓で中心部が中空になっているものは、ここに、たとえば花のようなものを挿入したか、あるいは紐に通したビーズのようなものを垂下したかもしれない、などと想像される。

第 2 節　ナガ諸族の耳飾りと縄文人の耳栓の比較

　日本の縄文時代の後期・晩期では大小さまざまの、有文・無文の耳栓が発見されている。このような遺物について春成秀爾氏は次のような仮説を提示した（春成 1983）。

　小さな耳栓は穿孔して耳朶を大きく引き伸ばすために使われた。無文はその過程で使用される仮の装具であるかもしれないが、しかし無文の中に丹塗りのものがある。これは仮の装具とは考え難く、このことから無文のものも実用品という結論になる。もしそうであるならば、穿孔用の装具は木製品であったと考えなければならない、と論じている。

　縄文時代には木製耳栓が使用されることも少なくなかっただろうという推測は、1929 年に八幡一郎氏によって発表されており（八幡 1979）、この推定は木製耳栓の出土例もあることから、正しいものと思われる。木製の耳栓は青森県是川遺跡、埼玉県真福寺遺跡、大宮市寿能遺跡など晩期の遺跡で発見されていて、江坂輝弥・渡辺誠両氏は今後は中期や後期の出土例が期待されると述べている（江坂・渡辺 1988）。

　考古学の学問としての特徴（もしくは宿命）のひとつは推測を余儀なくされる部分が多いということである。したがって提出されるいかなる仮説についても、完全な肯定も否定もできないのである。すなわち、多くの見解には常に主観が付きまとっているのであり、そうした事情を踏まえたうえで、私は次のような見解を述べたいと思う。

　ここで問題にしている耳飾りに関して民族学的見地から述べると、縄文時代にも地域によって幼児期に穿孔された耳朶の孔には、最初は糸のようなものか、あるいは小枝を楊枝のようにした棒状のものが挿入され、それは 1 本から始まって徐々に増やされていったと思われる。耳朶の孔がどの程度の大きさになるまでかは定かでないが、佩用したいと希望していた土製耳栓が最後に挿入できる程度の大きさになるまで増やしていった可能性がある。ただ最終的な耳栓の大きさが常に 5cm 以上も大きなものであったのか、あるは発掘で数多く出てきているようなこれよりずっと小型の耳栓でもよかった場合もあったの

かは分からない。またこれが男女によって違う可能性もないわけではない。また小型耳栓は大型耳栓をつけるために耳朶伸張器として利用された可能性もあるが、不明である。さらに縄文時代ではどこの地域でも一律に同じことをしていたとは思えない。多少の地域差はあったであろう。また土偶の耳飾りから判断すると、少なくとも女性が大きな耳栓をしていたことだけは間違いないが、しかし問題は男性もそうであったとする決定的な証拠がないことである。つまり、耳栓を付けた明らかに男性と見なせる土偶が発見されるまでは、男性が女性と同様に耳栓を付けていたとは明言できない。しかし民族学資料から見ると、男性は女性とは違った腐朽しやすいタイプの耳飾りをしていた可能性が考えられる。

　ところで、現在の人間は多くがハレの日には普段より高価で美しいものを身に付けることが習慣となっている。しかし未開人を見ていると、たしかに特別の日には通常と違った装身具を使用するが、そうでない普通の日常生活でも耳飾りを付けていることが多い。縄文人についてもこれと同じような状況を想定することが自然であろう。

　春成秀爾氏は「無文は日常用、有文は儀礼用の解釈もありうる。しかし、土製耳飾りに関しては、埋葬遺体の着装例が僅少である一方、住居址や包含層からの出土が大部分を占めるという状況からすると、日常的には着用せず、儀礼の折りにのみ着装していた可能性はつよいように思われる」と論述している（春成 1983）。民族学的事例からはこの想定を肯定することも否定することもできないが、ただ私は無文にせよ有文にせよほとんどのタイプの耳栓が日常生活でも使用されていたのではないかと推考したい。なぜかと言えば、こうしておかないと、祭りの時だけ大きく重い耳栓を挿入しようとしても耳朶の孔がこれに合うほど伸張していないからである。なお、先述のナガ族の民族例から類推可能なことは、寝る時は耳栓は外したと思っている。ナガ諸族の場合は割れない水晶製玦状耳飾りなので佩用したまま寝ているが、縄文時代の土製耳栓は付けたまま寝ると壊れる可能性が高いと考えられるからである。

　アンガミ・ナガ族が祭の日に着装する耳飾りについてもう少し見ておきたい。ここの戦士たちは儀式の時、両耳を径約1インチ半の一種の花飾りで飾る。この花飾りの中心には固い磨かれた野生のジュズダマの白い実で輪が作ら

れて、その中にエメラル色のゴキブリの翼の形が作られる。若い男たちは小さな団扇形の羽毛の装飾品を耳に飾る。これは通常青いカサケ鳥の羽毛で作られる（Hutton 1921）。

　話は戻る。縄文時代の小型耳栓は大型耳栓を挿入するための耳朶伸張器であったことを否定することはできないが、もしその子供が最終的に大きな耳栓を付けるとしたら、それにはかなりの年数がかかる。縄文人の子供が何歳から耳朶の穿孔を開始したのか、正確には判らないが、私は多くの土偶にヒントがあると思っている。つまり土偶の形の基本的体形は乳幼児の姿にあるのではないかと思うのである。たとえば、土偶の脚が時には太っていていわゆる「大根足」で短足、それにO脚で表されているのは、乳幼児の脚の特徴を脳裏に入れて主として成人女性像を製作していることを示しているのではなかろうか。また土偶の足首に足輪がついているのは、現在でも行われている、魂が身体から抜け出さないように紐で手首や足首を縛りつけておく風習を表していると思われる。また土偶のあどけない顔の口が開いているのは、乳幼児のあくびをしている姿を彷彿とさせる。そしてこのように赤ん坊のような子供を根底において表現している思われる土偶でさえも大きな耳栓が表されているということは、早く成人してこのような立派な耳栓を付けさせたいと思う母親の願望が二重写しになって投影されているように思われる。我田引水の誹りを感じるが、もしそうであるならばこのことは、縄文時代の子供は生後1年以内に耳朶の穿孔がなされたという想定を導いてくれるのではないかと考えている。このほうが最終的に大型耳栓を使用するのには、長い期間がかけられると推定されるからである。

　ところで、このような長い期間に順番で使う大きさの違う耳栓を保管することは、縄文時代のようにタンスなどない狭い貧弱な家の中ではかなり困難であったろうと、私は太平洋諸島における文化人類学的調査の体験から考える。もちろん、土器の中に貝輪などを入れたものが発掘されているので、この解釈が全く正しいとする保証はない。なお遊牧民であるモンゴル人の女性の間で頭飾り、胸飾り、腋飾りなどが親から子へと世代を超えて継承されているという報告も（阿拉担宝力格 2007）、私のこの想定に検討の余地があることを示唆しているように思う。

もっとも縄文時代における一遺跡から多くの大小の耳栓が出土する理由としては、一度に多くの人によって佩用されていたことが分かれば問題はない。たとえば、春成秀爾氏は、特定の建物の中に村人全員、あるいは他の村から儀礼の時にやってくる人の分まで保管しておき、儀礼のときにだけ付けて、終わると返すことを繰り返すような習慣のあったことを想定している（春成 1997）。縄文では１つの遺跡から膨大な量の耳栓が発見されることがあるので、このような解釈をしないと説明がつかないかもしれない。しかしこのような民族例は皆無である。また小型耳栓を多く出土する遺跡の場合は、当時の縄文村には多くの子供たちが生活していたことが証明されなければならない。あるいは小型の耳栓が交易品として製作されていたとか、小型耳栓は身分の高い子供用のものだったといった考え方も可能であろう。これらの推定は今後の発掘によって検証される可能性もある。

第３節　東南アジア

ビルマ

　前にも述べたように、ビルマ（現ミャンマー）の女性が一生のうちで最初に経験する大事件は耳朶が穿孔されることであるが、この儀式は少女が 12 〜 13 歳になった時に行われる。儀式には知己親族が集まり、専門の鎖孔師が純金製の針で穿孔する。施術後はこの金の針を円く曲げて孔の中に残すが、貧しい者は紐で代用する。

　傷が癒えるまで毎日この針金を回転させたり、前後に引っ張ったりする。それから長さ１寸、直径５分〜７分５厘ほどの管が挿入できるように、孔の拡大に努力がなされる。このために金や厚く鋳金した金属片を円く巻いてこの孔に通す者もいるが、普通はケイン草の茎を入れ、この茎の数を徐々に増やしていって孔を大きくする。ケイン草を利用できない場合はセツケキョウーンの小さな軸木を利用するが、これは貧しい家の屋根を葺くものである。これが終わると奇妙な形の塞子を耳に入れる。これは両端が太く中程が小さいものであるが、中程で両方の部分を螺旋式に捻じつけてある。この塞子はしだいに大きなものと代えていき、最後は耳の孔は正式な耳飾りの筒を挿入できるくらいの大

きさになる。

　王族は男女を問わず耳飾りを金で作り、宝石で美しく飾った。前の部分には角型に仕上げた1個の大きな金剛石か緑柱玉の輪を縁取った金剛石で飾り、後の部分は紅玉を鈴なりに飾った。このタイプの耳飾りは身分によって違った。身分の低い者は琥珀の塞子で我慢したが、さらに貧しい階級の者になると種々に彩色した草の中空の管で間に合わせた。男は、高位の者は例外として一般には特殊な祭日以外は耳飾りを付けることはないが、女性は外出する時には普通にこれを付ける（シュウェイヨー 1943）。

　パラウン族の女性が穿孔された耳朶に挿入する耳栓は長めのもので、いわば棒状耳栓に属するタイプのものである。この体部の3分の1ほどの位置に佩用中の耳栓の滑り止めの輪が巻かれている。また後方は前方より重いため、耳栓の前方は顔面の前に向かずに上方を向いていて、ほとんど垂直になっているのである（Khaing 1996）。

タイ

　タイのシャン族は生後、2〜3週間経つと赤ん坊の耳朶に穿孔する。儀式はなく、普通は母親が孔を開ける。その孔の中には糸を通しておく。この糸の数は順次増やしていく。女の子の場合、乳児の時に耳朶の穿孔がなされ、その後、孔は大きな耳飾りが通せるように引き伸ばされる。耳飾りは環はあまりなく、多くは硬玉か色ガラスの円筒で、稀に金製のものもあり、端にはルビーをはめて金の薔薇形の飾りがつけられている。若い男女が好んで用いる耳飾りは深紅の布を巻いたものである（ミルン 1944）。ミルンが見た感じでは、シャン族が耳朶から耳飾りを外した姿は醜いと言い、仏像にも耳に大きな孔が開いているものが多くあると述べている。一説によれば、仏像の耳は悟りを開いた仏陀が耳飾りをつけてはならないので、外した状態を表しているのだと言う。

海南島

　海南島のレイ族では女性が耳輪をつけるが、これにはさまざまな形がある。ハ族の中でもナンロウリはブリキ作った西洋梨形のものを耳から下げる。また槌のような形をした長さ5cmほどの簡単なものもある（スチューベル 1943）。

なお1937年に撮影された女性の巨大な真鍮製の耳輪は、何本も束ねられていて、その重さは2kgを超えていた。通常はこれは輪の形にして、帽子のようにかぶるという（クラーク2007）。

第4節　東南アジア島嶼部

台　湾

　高砂族の民族誌時代の耳飾りは通常耳栓であって、確実に玦状耳飾りと見なせるものはないようである。たとえば、陳奇祿（Chen Chi-lu）氏はアタヤル族の男性の耳栓を3個図示しているが、2個は貝の板から、他の1個は石から作られている。石製品は先史時代の遺跡から発掘されたものであると言うが、これはラッパ状をしている（Chen 1968）。また甲野勇氏は烏山頭遺跡で石器時代の耳栓らしきものを発見している（甲野1939）。

　例外として、鹿野忠雄氏はアミ族の司祭者が腰帯から吊している、通称英語でclapper bell（鳴子の鈴）と呼ばれる青銅製品がその原型が犬の2本の犬歯を繋ぎ合わせたものであるらしいことを、フィリピンのイフガオ族が同一タイプの耳飾りを佩用していることから類推した。しかし同氏はアミ族も本来イフガオ族のものと同じような犬の犬歯製耳飾りを持っていて、これから独自にclapper bellを製作したかどうかは不明であると慎重な立場をとっている（鹿野1952）。

　台湾の山地に住む高砂族の耳飾りについては『臨時台湾旧慣調査会報告』に各種族ごとの詳しい記述があるのでそれに譲ることとして、ここでは縄文人の耳飾りを解釈するうえで多少とも参考になる点を、別の文献を使って見ておきたい。

　鈴木作太郎氏の報告によれば（鈴木1932）、かつては北方の種族では男子だけが穿耳していたが、近年はある種族では男子は止めている。また南部のアミ族やピューマ族では婦女のみ穿孔した。タイヤル族では穿耳の習慣は死後、祖霊にあった時の章標となるためであると言われている。しかし一般には特別の意義や条件はないようである。穿孔は男女共になされ、早い所では生後一週間ないし5～6カ月後になされるが、普通は3～4歳ないし10歳くらいに

なってなされる。一定の施術者はいなくて、父母や兄弟などが行う。穿孔の方法は耳朶に蕃薯を1片当てて、表面から柑橘の刺や竹の針などで突いて開けた。耳孔の大きさは耳飾りの形態によって違ってくる。耳孔の大きなものは耳飾りとして耳管を挿入する場合で、小さいものは耳朶の孔から吊したり、または耳朶に付着させたりする耳飾りの場合である。アミ族は大きな孔をあけていたので「大耳孔」と呼ばれた（本書の図12上段には竹管製耳栓を付けたアタイヤル族の写真を掲載しておいた）。

　宮内悦蔵氏は、台湾では穿孔される部位は耳朶に限られていると述べ、さらに大きく伸ばされた孔は裂けてしまうことがあって、そのときは以前の孔の側面や上部に穿孔すると報告している（宮内1940）。また穿孔する季節はアタイヤル族の場合、冬の寒い日にするが、この時期なら化膿しないからである。また局部に氷をつけるのは神経を麻痺させるためである。最初は孔には麻か木綿の糸を残しておくが、暫時その数を増やす。通常5～6本ほどで止める。アタイヤル族のスコレック系統の角板山社では男女共独身の間は耳飾りをつけるが、男子は結婚後は通常飾らないで儀式のときにだけ付ける。しかし女子は日常も耳飾りを付けるのが慣例である。またこの系統のガオガン方面では、穿孔の理由は耳飾りが部族の章標であるためである。それゆえに彼らは死亡した者には必ず生前に使用した耳飾りを副葬品として埋葬する。なお、ツオレェ系統では施術をする季節は極寒期とは限らない。

　台湾の高砂族の民族誌時代の耳飾りを通観して意外であるのは、先史時代の玦状耳飾りは完全に姿を消して、耳栓に置き換えられていることである。日本でも縄文時代の中期になると玦状耳飾りが耳栓に変わる。しかし先史時代から民族誌時代まで一貫して玦状耳飾りを使用しているフィリピンの高地民（それにたぶんアッサムのナガ諸族）などとの違いがなぜ生じたのかは謎である。しかし台湾でも、径8mm長さ4.5cmの砂岩製耳栓が平林遺跡で発掘されており（鹿野1952）、今後の考古学調査でこの謎は解明されることだろう。

フィリピン

　1968年、私はフィリピン国立博物館館長のフォックス氏の家で、小さなガラスケースに金製の玦状耳飾りが並べられているのを見た。これは現在はルソ

ン島北部に住むボントック族の玦状耳飾りである。既述のように、このタイプの玦状耳飾りを考古学者はリンリンオー（ling ling-o）と呼ぶが、この言葉は（Jocano 1975）、（Fox 1977b）、（Villegas 1983）などの文献に使われている（Maramba 1988）。1958年に香港の近くで玦状耳飾りを発掘したフィンは、報告書で「溝のある輪（slotted ring）」とか「耳飾り形（ear-ring shape）」の石輪として記述していたのである（Finn 1958）。

　フィリピンではこれは紀元前500年頃から出現しており、その材質は玉、石、貝、粘土などである。出土地はバタンガンスとパラワン島であるが、同じ形態をしたリンリンオーは山系コルディレラ（Cordillera）グループの諸族の耳飾りにも認められる（Jocano 1975）。この石製玦状耳飾りが現在イフガオ族が使用している金属製玦状耳飾りと結びつくことを最初に気づいたのは、フィリピン考古学の開拓者であるバイヤーであるし（Beyer 1948）、リンリンオーと呼ぶ言葉を最初に使用したのも彼である。また同じ遺物がインドシナのサーフィンやホンコンの遺跡で発見されていたため、バイヤーとフォックスはこのような共通の遺物がこれらの地域で発見されるのは、これらの金属器を携えた人びとが、南シナ海の縁にあるインドシナと南中国からの最初の移住者としてフィリピンに持ち込んだためであり、そしてそれが後に地方化されたのだろうと述べた。

　ヴィーレイガスは耳朶に穿孔された孔を引き伸ばして大きな耳飾りを付ける習俗は西アジアからフィリピンまで流行が広がっていて、紀元後10世紀かそれ以後の彫刻や絵画に見ることができると言う。そしてこのような美観を損なう習俗は装身具がいかに大きく重い金の装身具から製作されているかを誇示するためのステイタス・シンボルであると述べている（Maramba 1998）。またリンリンオーの、特に装飾文様のないC字形タイプ（plain "C" type）は *dinumog* とか *bitog* と呼ばれる。これはコルディレラでは最も典型的な耳飾りである。イフガオ族、カリガン族、サガダ族はすべて金、銀、青銅製のものを使用している。これら耳飾りは開口部がほとんど閉じた形をしたC字形である。金製品が価値としては最も高いランクづけをされている。このタイプの耳飾りには多くの変種があり、装飾文様のないC字形タイプには縁に翼をもつものや鹿か他の角のある動物を模した一対の横顔がつけられている（Maramba

1998)。

　リンリンオーは常に耳飾りとして使用されているわけではない。単独で首飾りとして使われることもあるし、数本まとめて首にぴったりとした首飾り（choker）として使用されることもある。三吉朋十氏はイフガオ族のこのタイプのものを報告している（三吉1939）。

　この耳飾りは男女共使用するが、女性が使うことが多い。ボントック族とカリンガ族はマオヤオス・イフガオ族と同様に、これらをほとんど耳飾りとして使用するのに対して、他のイフガオ族グループなどはこれを首から下げるペンダントとしても使用する（Maramba 1998）。なお、多くのリンリンオーを連結して製作したネックレスをボンントック族は uway と呼ぶ（Cawed 1972）。これらのネックレスは一組のカップルが uya-uy ないし hagabi と呼ばれる祝宴を開催する時に使われる。これは結婚後、3年から10年の間になされる多額の費用を要する祝宴で、これによってそのカップルの家族がいかに豊かに暮らしているかを証明するのである。またリンリンオーは家族の家宝ともなっている。特に金製のものは最も切望されているが、それが入手できない場合は銅製品（稀に銀製品）で代用した。大事なのは材料だけでなく、それらが大きく、また量的にいかに多く所有しているかであって、そのことによって使用する人の富と地位を示すのである（Maramba 1998）。

　玦状耳飾りを垂下する理由の一は、耳朶に吊り下げたとき前後に揺れる美しさにある。またボントック・イゴロット族の男女の場合、耳飾りの重さで伸張された耳朶の長さは肩に達するほどだという（Cawed 1972）。

　フィリピンのルソン島の民族誌時代の原住民の衣服や装飾品全体についてはヴァンデルスリーンの研究がある。彼の報告で興味深いのは、イフガオ族の嫁入り道具一式の中に耳飾りが、腰巻き、腰帯、ネックレス、珠飾り、頭飾りと並んで含まれていることである。そして面白いことには、ここでは男性が使用する耳飾りとネックレスは女性によっても使用されることが記されている。装身具の男女の兼用は銅製腕輪においてもなされる（Vandersleen 1929）。

　ルソン島の山地民カリンガ族は彼ら自身によって北部カリンガ、南部カリンガ、東カリンガの分けられている。カリンガ族は独特にして壮観な衣服や装身具を好むことで知られている。特に儀礼の時の衣装には非常に凝るため、

「フィリピンのクジャク（peacocks of the Philippines）」と呼ばれている。ただし北部カリンガ族の衣服や装身具は隣接するガダン族やティンギャン族や南部カリンガ族のものと似ている。北部カリンガ族の女性は pawisak と呼ばれる真珠貝製耳飾りも金属製玦状耳飾りもつけることはほとんどなく、水牛の角製の耳栓を使用している。男性は黒い水牛の角から製作した耳栓を使用するが、この耳栓の中央はさまざまな色で飾られている。この耳栓の装着法には特徴があって、大きな耳栓は穿孔されている耳朶が直接前方に向くように挿入される（Maramba 1998）。

　カリンガ族と同じように、ミンダナオ島のダヴァオ地区に住むバゴボ族は耳栓を着装する。子供がごく幼いうちに小さな孔が1つ耳朶にあけられる。この孔には耳栓が挿入可能な大きさになるまで、バナナかアサの葉をより合わせて円筒状に巻いたものを挿入する。このような葉はバネのようになっているので、孔を大きくしてくれる。もう一つの方法は小さな円く削られた棒を入れることである。この棒の本数は一定の大きさになるまで徐々に増加される。女性が使用する耳栓は木製で、その前面が芸術的な紋様で装飾された銀か真鍮で象眼される。次にこの耳栓がビーズを糸に通したものと結びつけられる。このビーズは顎の下を通過するようにして着装される。大きな木製耳栓は男性も使用するが、ここでは大きな象牙製耳栓が木製品よりずっと貴重視される。これは大きなカラーボタンのような形をしているが、このタイプの耳栓はきわめてめずらしいものとなっている。これを製作するための材料となる象牙はボルネオ島から運ばれてくるため、到着するまでに多くの貿易商人の手を経由するからである。したがって、富裕な者しか入手できない。また女性は耳輪（耳朶の縁）にもいくつもの孔をあけ、これに紐を通して垂下するが、この紐にはビーズが付けられている。

　なお、ミンダナオ島ダヴァオに住むマンダヤ族の女性は銀製の板をはめ込んだ木製耳栓を佩用するが、これにはそれぞれ別個にビーズを挿入した長いチェーンが吊り下げられ、その先端に鈴がついている（Cole 1913）。

　また、バゴボ族は、縄文晩期の東海地方で行われていた叉状研歯と同じような習俗をもつ民族としても知られている。彼らの叉状研歯はこれに続いて行われるお歯黒と結びついており、子供が成人になった印としてなされる試練であ

る。この時にはこの新参者には飲食物のタブーだけでなく葬式には出席してならないなどの拘束がかせられる（Gloria 1987）。

　フィリピンのイフガオ族のエリート階層の男性は、美しく磨かれた長さ8.5cm、幅2cmの細長いオウムガイ製耳飾りを付けている。これは穿孔された耳朶の孔に銅製リングを入れ、それから吊り下げる（Maramba 1998）。

　フィリピンの耳飾りに関する民族学的報告には、縄文時代の耳栓の起源を推定するで大いに参考になるものがある。1908年にジェンクスが行ったボントック・イゴロット族の報告によれば、彼らは穿孔された耳朶の孔に最初は竹を裂いた短い棒を2本入れるという。この竹は普通、真っ直ぐな切れ目を入れて装飾されるが、こうした栓はすべてが装飾として考えられているわけではない。あるものは植物の髄を束ねたものであるし、あるものはサトウキビの葉を数枚丸めて塊にしたものである。また、あるものは木製の栓で、その形はビンの通常の大きなコークの栓によく似ている。この耳栓は外側にしばしば直線の刻み目模様か、ワックスが付着した赤い種子か、あるいは安物のガラス鏡の小さな破片を雑に象眼したものをつけている。長い耳朶の孔の切れ目をつくることは最終的な目的ではない。もし耳飾りの所有者が耳飾りを使うことを止める気になったら、耳孔を引き伸ばすものや耳栓も結局は取り去られてしまい、耳孔の切れ目の長さは1インチ半から1インチの4分の1にまで縮小する（Jenks 1905）。なお同書はボントック族ではリンリン（ling ling）ではなくシンシン（sing sing）と呼ぶと報告している。

　なお、カリンガ族の女性が付けている玦状耳飾りの写真は興味深い。彼女は両端に突起の出ているタイプの玦状耳飾りを穿孔された耳朶の孔に通しているのだが、玦状耳飾りの内側の脚の段に真珠貝製の円盤を2個並行に連結して取り付けて肩の上に下げている。そしてこの耳飾りには落下を防ぐためと思われる紐が耳の上端にひっかけてある。なおこの2個の円盤を連結させた耳飾りは、フィリピンのイスネック族では何個も束ねて胸飾りになっている。また、この独特な形状は、インドネシアの北スマトラ島のバタク族が使っている銀製で両端に渦巻きがくるようにした逆T字形の耳飾りと何らかの関係があったと想像される（Rodgers 1988）。

インドネシア

(1) ボルネオ

　ボルネオの原住民が多くの大きな真鍮製の耳輪をしている絵や写真は、民族誌の文献には必ずといっていいほど掲載されているが、縄文人の耳栓を考えるうえで参考になる点もある。この島ではたがいに近くに住みながら一方の民族は耳輪を使用し、他方の民族は耳栓を使用しているからである。しかし玦状耳飾りに形態的に近い耳輪と耳栓を併用する民族はないようである。

　ボックの著書の中には彼らの木製の耳栓が掲載されており、さらにそれを着装した様子を描いた絵がある（Bock 1985）。また時には引き伸ばされた耳朶の輪の一部に別の小さな孔をあけて耳飾りをつけることもある。ここでは去勢されない雄ブタの牙やオオヤマネコの歯が耳介部に挿入されるが、それが入手できない時には角か骨で模造品が製作される（Roth 1968）。このことは縄文時代の土偶で耳朶以外の箇所に小さな孔のあるものを連想させる。たとえば、内川目小学校敷地遺跡出土の耳形土製品の耳朶のすぐ上になされているものは、きわめて細い棒状のものを挿入することは可能であることを示している（江坂 1960）。それは特別の日における花のような一時的飾りであったかもしれない。また大竹憲治氏が「有尾尖頭器」と呼称して掲載している遺物の中で福島県三貫地貝塚出土のものは耳栓として使用された可能性もあるように思われる（大竹 1989）。

　ダイヤク族の男性は耳朶から重い耳飾りを吊すので、孔の大きさは彼の手が入るくらい大きくなる。このような耳飾りを付けたまま寝るには、背中を下にして常に身体を仰向けの状態にしておかないと耳飾りが身体にあたって痛い（Roth 1968）。ケニヤ族の女性は日常の仕事をする時にも、このような多くの耳輪を吊している（Hose and Mcdougall 1966）。

　なお、インドネシアの現在の玦状耳飾りについては Rodgers（1988）の報告が詳しい。同書には東スンバ島、西スンバ島、中央フロレス諸島、Lembata、南部モルッカ諸島だけでなく、フィリピンのルソン島のイゴロット族およびカリンガ族の耳飾りなどが取り上げられている。インドネシアの東スンバ島の女性が使用する金製耳飾りは明らかに玦状耳飾りの伝統を引き継ぐものである。

　ニア人が佩用する宝石にはさまざまな種類がある。ここでは金は貴族社会の

象徴であるが、両義性によって薄らぐことになっている。つまり金には愛と恐怖とがつきまとっているというのである。恐怖とは神聖な金製装身具が「打ち消される」かもしれないほどの大きな危険のことで、それを防ぐには奴隷の供犠が必要である。そして供犠された奴隷の頭は装身具の儀式の間中、吊り下げられる杭の基底に埋められる。ニア人には赤は死の色であり、金は生きる者の色である。また黒っぽい色は蛇および死者の国と結びつき、明るい色は鳥や生命力と連結している（Rodgers 1988）（図13の下段2個）。

なお、ニュートンは、東スンムバ族の金製玦状耳飾り形ペンダントの周縁に彫刻されている「頭骨の木（andang）」と呼ばれる図案のモティーフは、ニア人の信仰に近いものと考えている（Newton 1999）。これは人物像が彫刻されている場合、それは死者のお供や奴隷たちを表しており、彼らの霊魂は死後あの世まで同行すると信じられている。また男子の像は葬列で死者の馬を導いたり、それに乗ったりするとされ、女性の像は家の中で死体を守護し葬送歌で哀悼するとされている。また死者の運び手たちを描いた人物像は懇願の姿勢か、死に復讐するために戦いに出かける支度をしている図案を表しているとも考えられている（Hoskin 1988）。

バタク人の親族体系は、父系氏族や地域化された血統や階層制のランクづけされた「与える人」と「受け取る人」という不均斉の結婚同盟にもとづいている。彼らにとって女性は「最大の贈り物」である。すなわち、焦点となる血統は妻を与える側のグループと妻を受け取る側とにあるということである。また、各グループ自体にも妻を与える側と妻を受け取る側とがあり、これらの一団は互いに交換的な贈り物をすることによって依存し合っている。嫁を与える側の人たち（bride-givers）は嫁を受け取る側の人たち（bride-takers）に多産な嫁と肥沃自体と幸運、「祝福されつつある積み荷がいっぱい入った儀礼」、それに調理済みおよび未調理の食べ物を与える。一方、嫁を受け取る側の人たちは結婚の同盟仲間に結納として家畜や金をお返しする。バタク人の嫁を与える側とそれを受け取る側との宝石の交換は簡単なものではなかった。北部サモシア（Samosir）の妻を与える血統では、過去においては時折自分たちの娘に特別の耳飾りを授けた。娘は生まれた家を去って、新郎の住む村に嫁がなければならなかったからである（Rodgers 1988）。縄文人の社会でこのような事態が

第 3 章 民族学から見た各地の耳飾り　157

生じたかどうかは、現在のところ全く分かっていない。

　ボルネオの耳飾りを調べていて不思議に思えるのは、アッサムの西部に住むガロ族の女性も同じように多くの耳輪を垂下していることである（**図 16**）。ただガロ族が重い耳輪を多く下げるのは、死後、悪魔が彼女の霊魂をむさぼり食おうとするので、悪魔がそれらの耳輪を食べようと懸命になっている間に、そこから脱出できるから、というのである（Hammerton n.d.）。しかしボルネオに同様の信仰があったかどうか、寡聞にして私は知らない。この話は『古事記』にある、イザナギが黄泉国から脱出するとき追ってきた鬼に桃の実を投げ

図 16　上段は真鍮製耳輪を付けた海南島の女性（ジェンキンズ編 2007 より）。下段の左側はアッサムのガロ族の女性（Hammerton, nd. より）。右側はボルネオ島サラワクのカヤン族の女性（Arnold 1959 より）。

つけると、それを見た鬼共は逃げてイザナギはこの世に返ることができたという話との類似性がうかがわれる（倉野1963）。ただし植物学者の前川文夫氏は、日本ではこの説話ができた頃にはまだ桃は中国から渡来していなかったので、日本人は桃のおいしさを知らず鬼に桃を食わせることはしなかったのだろうと解釈している（前川1973）。日本における桃の信仰が中国伝来であることは贅言を要しないが（守屋1950）、現在の考古学研究は当時すでに日本に桃が中国から伝えられていたことを明らかにしている。このことは『古事記』の説話は本来付随していた、鬼が桃を食べてる間にイザナギが脱出できたとすべき話の筋書きが改変されたのではないか、と私は考えている。というのも、このような筋書きの説話は、南アジアでは別のタイプの説話中の話としてよく見られるものだからである。

(2) ボルネオ以外のインドネシアの島々

インドネシアでは耳飾りは原則として婦人のみが飾る。そして耳朶の穿孔は多くは少女時代になされるが、この時にはなんらかの祝いの儀式が催される。ジャワ人の場合はそのお祝いはさほど意味をもたないが、アチェ人にとっては大切な行事で、少女が6歳になるとその式が挙げられる。場所は神聖な墓場付近と定められていて、村内から招待された多数の男女が整列して笛や太鼓の楽奏と共に式場に赴く。そこで宗教的饗宴が行われ、耳朶に孔を開ける役目の女はあらかじめ悪霊の祟りを防ぐ祭祀を行う。次に刺か金の針で耳朶に孔を開ける。貫通した孔は数日間そのままにしておき、次に草の茎に代える。その後、茎の数を増やし、25本まで挿入される。その後、耳朶の孔をさらに大きくするために錫か鉛をはめ込んだ木製の飾りか、時には美しい金細工の飾りを下げる。アチェ人にとっては、耳朶は低く垂下するほど美しく見えるという。この儀式は主として籾の収穫後4カ月間の適当な時期になされるが、この期間は田甫が「広々」とした休耕状態にあるからである。田に稲があって「狭められ」ているときには、耳朶の孔が充分に広くならないと言われている（齋藤1940）。

ジャワ島では女の子は生後1カ月くらい経つと耳朶を縫い針で穿孔され、稲穂の軸を差し込んでおく。傷が癒えると軸の数を増やし孔を広げ、幼女時代には小さくて軽い耳輪を下げるが、12～13歳になると大人用のものを下げる

（岡野 1942）。

　各民族を通じて、耳朶に穿孔された孔に耳飾りを付けることが装身具の中で首位を占めるのに、耳朶の穿孔に際して一定の儀式が伴わない種族もある。たとえば、ボルネオのカヤン・ダイヤク族は子供が産まれて産湯を使わせた直後に、男の子の場合でも耳朶を穿孔する。その時、耳朶に孔を通すのは年長の婦人で、鋭く尖った竹の針を用いる。傷口には小さい亜棒を差し込む。傷が癒えると、棒を抜いて錫製の輪と取り替える。その輪は第2、第3と追加して、ついには厚い銅環もはめ込む。径が2寸ほどの環を数個ぶら下げ、耳朶を長く垂れ下げたカヤン・ダイヤク族はめずらしくない（齋藤 1940）。

　バーリー島はインドネシアでは例外的にヒンズー教徒が住む島であるが、ここではかつて男女共に耳環を付けていたことが、往時の人物像がボルネオのダイヤク族のように耳朶を肩まで垂れている姿を表していることから判る。現在では少女のみに耳朶を穿孔し、平常はロンターの葉の大きな巻物を入れるが、祭の日に金製のその写し（スパン）をはめられるほどの大きさになるまで、乾葉の巻物か肉豆冠の種でその孔を拡大する。スパンは長さ3インチ、直径1インチで、一端がつぼまった金箔の空洞の円錐形で、シュロの葉のスパンを真似たものである。少女だけがこれを用い、結婚後は身分の高い女性は祭のときにこれをつけてもよいが、そうでない者がそれをすると好ましくない媚態と見なされる。なお、この島では王族の少女が初潮に達すると寝部屋に隔離され、その期間が終わると成熟した女性としてのこの世での再出発を祝う大がかりな祭が催される（カヴァラビアス 1943）。

第5節　オセアニアの文化

　インドネシアの東端にあるニューギニアから南米の西側に浮かぶ孤島のイースタ島までをオセアニアと呼ぶ。

　オセアニアでは赤道より西南側には皮膚の黒い人種が住んでいるのでメラネシア（メラは黒い、ネシアは島々の意味）と呼び、ニューギニアからフィジーまでの間の地域を指す。また赤道より北側には多くの小さな島が存在するのでミクロネシア（ミクロは小さいの意味）と呼び、これらの島々よりさらに東側

はポリネシア（ポリは多数の意味）と呼ぶ。一般にポリネシアにはかなり同一な文化があり、メラネシアには多種多様の文化が複雑に混在している。ミクロネシアにはポリネシアほどではないが、かなり同一の文化が存在している。

かつて日本の考古学者の中には、小笠原諸島経由でオセアニアの先史文化が日本に伝来したと考える研究者もあった（樋口 1971）。これとは反対に外国の考古学者によって、日本の縄文土器の製作方法（巻き上げと輪積み）が東南アジアやメラネシアに伝播したと想定されたこともあった（Solheim 1964）。また、オセアニア各地の発掘資料を纏めたオセアニア考古学のパイオニア的研究書ともいえるシャトラー夫妻の本の中には（Shutler,R.Jr. and M.E.Shutler 1975)、マリアナ諸島ロタ島の発掘報告に私たちが書いた「釣り針、投弾、埋葬様式やその他の特徴がマリアナ諸島と日本との間で類似しているので、先史時代に日本の漁民がマリアナ諸島を訪れていたこと示している」（Takayama and Egami 1971）という一文が引用されている。しかしその後のミクロネシア各地での私たちの考古学調査によって、この考えは誤りであったことが明らかになった。そのことについては場所をあらためて論じたい。

メラネシア

メラネシアはさまざまな人種から成り立っている。これまでメラネシアを研究した人類学者たちは、この地域の文化を一般化する試みは徒労とあきらめ、膨大な量の多様性を強調することに終始してきた。それでも、身体的相違をもとに「パプア人」と「メラネシア人」の2大人種に区分しようと試みられたこともあった。パプア人はメラネシア人よりも骨太で、しばしばユダヤ人に多く見られる鉤鼻（いわゆる pseudo-Semitic）が見られる。しかし身長、皮膚の色、頭髪の形といったその他の身体的特徴では不一致を示しており、「パプア人」（パプアの語源はマレー語の縮毛）という言葉でひとつに纏めることには無理がある。一方、メラネシア人のほうはどうかといえば、セリグマンが彼らはパプア人より皮膚の色が白く縮毛の程度が著しくないと見なしたのに対し（Seligmann 1910)、フートンはこれとはまさに反対の立場をとっている (Hooton 1946)。メラネシア人を2、3の人種に分類することはその膨大な多様性からとても無理なことなのである。そこで形質人類学のクーンのようにメ

ラネシア人をオーストラロイドと同一タイプの人種とする意見も提出されている（Coon 1962）。

　オーストラロイドは一般に骨太の人びとで、ニューカレドニアからニューブリテン島の北側にある海岸とニューギニアまで点々と分布している。ただし南東ニューギニアとマッシム地区の人びとは華奢な骨格をしている。皮膚の色は北部ソロモン諸島の一部に住む人びとは黒色であるが、他の地域では褐色をしている。ニューギニアの南部海岸と高地の一部の人びとの皮膚の色はインドネシア人やポリネシア人の範囲に入るくらい明るい。またメラネシアで特徴的に見られる赤色と明るい褐色の頭髪は東部メラネシアの島々（ダントゥルカスト、ソロモンズ、ニューヘブリディーズなど）だけでなく、ニューブリテン島のガゼール半島やニューギニアでは高地を含む各地の人びとにも見られる現象である。

　しかしこれらの人びとはこれ以外の面、たとえば体格や身長や顔面の特徴においては似ていない。一部の人類学者たちはこのような変異の差違が、これらにしろ他のものにしろ、移民の影響によって生じた結果と考え、トロブリアン島民やモツ族をポリネシアン人と見なしたが、それは軽率な理解といえよう。彼ら伝播主義者たちは、特定地域に住む赤毛と明るい皮膚の色をした人びとの存在を説明するために、多大な労力を傾注した。たしかに人間の移動がメラネシア人の形質的多様性になんらかの影響を与えたことは確かだが、それよりも適応と遺伝的変化を含む地域的進化のもつ意味のほうが大きいと推測される。彼らはメラネシアに長いこと居住してきたので、分化（特殊化）が起きる可能性は高いのである。

　このことを言語学的に見ると、形質的容貌と言語は一致しないことが指摘できる。メラネシアの中で最も白い皮膚の人びとはオーストロネシア語系の言語を話す。しかし最も黒い皮膚をした人びとの一部も同系統の言語を話す。またニューギニアの北部と南部の海岸の数カ所に住む人びとは同じような容貌をしているが、互いに全く無関係の言語を話す。またニューブリテン諸島ではオーストロネシア語系の言語を話しながら顕著な形質的差違のあるグループの人びともいる。メラネシアの北部と東部の数カ所には間違いなくポリネシア人とミクロネシア人が混合したことを示す形質的証拠を示す人びとがいる。また

他の地域には文化的同一性を示していても、形質的には不一致が認められる人びともいる。ニューギニアの内陸部には明るい皮膚をした人びとがいるが、これが外部の人びととの混合によって生じたと仮定することは無意味である (Chowning 1973)。

以上のような膨大な多様性を考慮すると、煩雑ではあるが次節に述べるように、各島々の耳飾りを個別に取り上げて論じるほうが読者には理解しやすいかもしれない。

第6節　縄文の耳飾りとメラネシアの耳飾りについて

かつて甲野勇氏は民族誌時代の玦状耳飾りとそっくりなものがニューギニアにあることを紹介した（図17の上段の2個）。このうちの1個は鼈甲製、他の1個はイモガイ製であるが、これらは普通の環状耳飾りのように穿孔された耳朶に挿入されたものであると言う（甲野 1924）。しかし、これについて日本の考古学者の間ではほとんど無視されてきた。例外的に、最近になって、藤田富士夫氏がニューギニアにも玦状耳飾りがあると述べているくらいである（同書には引用文献が明記されていないので推測の域を出ないが、たぶんこの甲野氏の報告を引用したものと思われる）。

実は、甲野氏は論考中でこの玦状耳飾りに関する引用文献として British Museum（大英博物館）としか記していないが、エッジ・パーティントンの文献にこれと同じ図が掲載されており、これらの耳飾りは British Museum 蔵と明記されている（Edge-Partington 1969）。また、この文献では前者の採集場所はルイジァード諸島で鼈甲製耳飾り、後者はブルマー（Brumer）島からのものとなっており、後者の図にはイモガイの殻頂部製耳飾りという説明文がついているが、玦状耳飾りという記述はない。なお、同書はこの耳飾りの着装方法には触れていない。

しかし（Reichard 1969）にはソロモン諸島のセント・マサイアスで採集された鼈甲製の玦状耳飾りが掲載されている（図17の中段の左側）。これは切れ目を穿孔された耳朶の孔に挿入して使用されると記述されており、明らかに玦状耳飾りである。フィリピンではこのような細い切れ目を玦状耳飾りはネック

レスとして使用されている。しかしこのことは切れ目がかなり細くても穿孔された耳朶を伸長すれば挿入が可能であることを示している。さらに付言しておくならば、同じく**図17**の下段の右側は東部ソロモン諸島のウラワ島で発掘されたイモガイの殻頂部で、発掘者ウォードはここの島民の民族誌と照合して、耳介に挿入されたものと想定している（Ward 1976）（**図17**の下段の左側）。このことは玦状耳飾りは必ずしも穿孔された耳朶に挿入されるとは決まっていないことを教えてくれている。

なお、エッジ・パーティントンはこれらと別のガラス製耳飾りを掲載しているが、これは三角形をしたもので、その両端は切れている。これでは耳朶に穿たれた孔から直接垂下するものであろう。またソロモン諸島マライタ島とウラワ島の鼈甲製耳飾りを掲載しているが、これらも切れ目の大きさから判断すると、同じような装着方法がとられていた可能性がないわけではい。しかし彼は前者に似たものをソロモン諸島からの採集品として別に掲載しており、この先端には人間の歯が取り付けられたビーズの垂飾が結びつけてある。これは耳朶に穿孔された孔に紐で縛ってから垂下した可能性がある。彼がこれとは別に採集した耳飾りは同一のものであるが、私が紐を使ったのでは

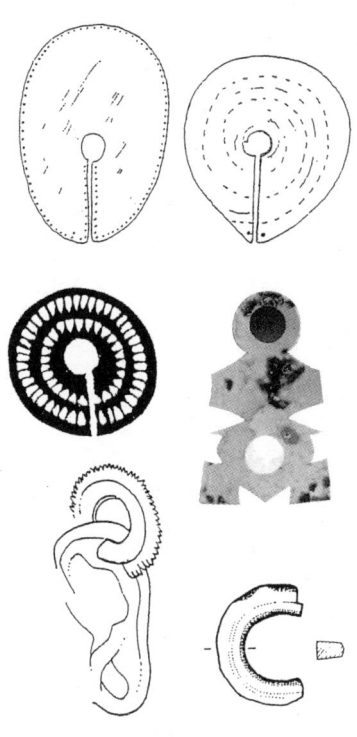

図17 上段の2個は甲野勇氏が紹介したニューギニアの玦状耳飾り（甲野 1924 より）。中段の左側はソロモン諸島の玦状耳飾り（Reichard 1969 より）。その右端はメラネシアのポリネシアン・アウトライアーであるオントング・ジャヴァ島民の使用する鼈甲製耳飾り兼鼻飾り（Hurst 1996）。下段の右側は東ソロモン諸島 Ulawa 島で発掘されたイモガイの殻頂部から製作された貝輪のような破片（Ward 1976 より）。左側はそれを耳飾りとして使用した時の想定図（Ward 1976 より）。

ないかと想像している部分に鯨の骨製輪が使われているので、このほうが本来の着装法であったかもしれない。

いすれにせよ、ニューギニア近辺におけるこのような玦状耳飾りに似たタイプの耳飾りがいつから使用されていたのか、考古学的遺物が未発見のため不明である。そしてまた上記のリンリンオーとの歴史的系統関係も不明であるが、しかしそれを完全に否定することはできない状況にある。というのはリンリンオーと結びつくドンソン文化がニューギニアまで拡散していた可能性があるからである。たとえば、ドンソン文化の代表的遺物である銅太鼓のヘーゲル・タイプはイリヤン・ジャワまで伝播しているからである（Higham 1996）。しかし、だからと言って現在までのところ、それ以外のドンソン文化の影響がニューギニアまであったことを示す確実な証拠はない。

第7節　ニューギニア

旧英国領のキワイ・パプア人は子供の産毛を切った時、同時に、耳朶の穿孔と鼻の隔中壁の穿孔を行う。その時に出た血はヤシの殻の破片に入れて後に投げ捨てる。さらに耳朶の孔を広げるために最初はサゴヤシの刺が入れられ、次にパンダーヌスの葉を巻いたものに替えられ、最後に大きくしかも重い木製の「耳飾りの錘（ear-weight）」が挿入される。かくして耳朶の孔はかなり大きくなり、中心に大きな孔をもつ細長い輪のような形になる。そしてその輪は耳に接した部分で切り離されると、それは皮の薄い一片の紐のようになって耳からぶら下がる。この肉片と耳のすべの外縁には多くの孔が穿がたれ、それらの孔にはきらびやかな紐の破片や小さな貝などが挿入される。なお、孔は徐々に大きくされていくため、子供たちはあまり痛がらないし、かえってこの装飾品をいつ見られてもよいように自慢しているようである（Landman 1927）。

同じく旧英国領にコイタ族では耳朶の穿孔は子供が1歳頃になると施される。孔に挿入さる耳飾りは玦状耳飾りのようなものうで、サメの脊椎骨やカニの脚を狭く磨いたもので製作する。耳朶は引き伸ばされて、玦状耳飾りの切れ目が開かれて孔の中に滑りこませる。その孔が決まった形になったと思われると、玦状耳飾りを取り外して、一片の木製品を挿入して、孔がふさがらない

ように保つ（Seligmann 1910）。

　南部マッシム地区のツベツベ族の子供は離乳前に母親によって耳朶に穿孔がなされ、鼈甲製の数個の耳飾りがそこから吊り下げられる。5～6日後にかさぶたが穿孔された孔の上にでき、孔の形が形成される。耳飾りは孔が大きくなるまでずっと孔の中に入れたままにされる。その間は局部は常に洗って清潔にしておかねばならない（Seligmann 1910）。

　旧英領ニューギニアの山地民マフル族では男女共穿孔された耳朶の孔に耳飾りを付けている。耳飾りをつける時期は一般に7歳か12歳になってからで、耳朶の上部と下部が穿孔される。穿孔はどちらか片方だけのこともあるし両方のこともあるが、下方の孔はより一般的になされる。穿孔は彼ら自身で行うことができるが、他の者に頼んでしてもらうこともある。いずれにせよ、これには儀式は伴わない。耳朶穿孔は木の刺でなされ、その後小さな木片（複数）を入れて孔を徐々に大きくする。ただ彼らは大きな孔にはしないし、また後に大きく引き伸ばすこともしない。なぜなら孔は単にペンダントを垂下するためのものだからである。穿孔された者は穿孔後は傷口が癒えるまでサツマイモ以外の食べ物は差し控える。しかし、サツマイモの調理方法やそれをする人に関する制限はない。また酋長の子供と他の子供との間に耳朶の穿孔方法についての差違はない。また、ここの人びとが使う耳飾りは大体一様である。直径は2インチから3インチでクスクス（有袋動物）の尾の毛を取り除いて、染めたものの先端を結びつけたものから製作される。このような耳輪はさまざまな装着方法で飾られるが、それは付ける人の思いつきや、人によってはこれを数多くもっているので違ってくる。男女共使用する（Williamson 1912）。

　パプア・ニューギニアの高地に住むウォラ族は、編んだ耳飾り、組み紐で製作した耳飾り、貝製耳飾り、髪飾りのピンのような耳飾り（耳栓）などを付けている。この中で貝製耳飾りの報告は興味深い。ウォラ族の男の中には クツブ（Kutubu）湖のフォーイ族が使用している既製品を手に入れ、仲間に見せびらかすためにフォーイ族のファッションを真似て耳に飾る者がある。彼はこれを高価なものと考えているわけではなく、ただ珍しいものとして身につけるだけなのである。この耳飾りは偶然に燃えてしまったりしなければかなり長持ちするが、流行が廃れたりすると、すぐに見向きもされなくなるという

(Sillitoe 1988)。日本の縄文時代にも玦状耳飾りが耳栓に変化したときには、このようなことが起こったのかもしれない。

　旧英国領のパプアン湾に住む2つの部族であるイーピ族と ナマウ族の耳飾りについての報告も興味深い（Holmes 1924）。ここのパプア人たちは耳飾りと鼻飾りを使用しない者はいない。このような慣行は虚栄心から始まったものであろうが、その有用性がそれを正当化するほどにまで進んだとものと考えられる。子供の鼻中隔と耳朶の穿孔は同時になされる。通常は2回目の誕生日になされるが、これは家族にとって大切な行事である。施術は部族の中の一人の男によってなされる。彼は世襲的な専門的知識をもった人物である。もし施術者がイーピ族に属す者ならばマングローブの根から取った木片をカキの殻を使って目打ちのように作るが、施術者がナマウ族に属す者であるとサゴヤシから取った長い先端が尖った刺を使用する。

　施術の準備には子供の親族が集まり、まず火が焚かれる。子供の母親は子供を膝の上にのせ、施術者は自分が子供に気に入られるように、やさしく子供の両耳をなでたり、鼻をつまんだりする。時折、施術者は火で人差し指と親指を暖めてから耳朶が長く伸びるように努力する。そして好機至ると見るや、耳朶と鼻中隔をすばやく切開して穿孔する。この後、施術者がなさねばならないことは、泣いている子供の涙を受け取ることであるが、これを施術者は次のように行う。自分の両手の掌を子供の顔に接しておく。次にその両方の手の掌をゆっくりと子供の目と額の上で上方に動かす。そして両親と親族に向かって、こうすると鼻と耳朶に開けられた孔が潰瘍化しないで治癒すると言って安心させる。施術者は子供の顔を上方になでることで子供をなだめた後、子供の頭の上で息をしてから、子供の髪の毛の房を取ってそれを親指と他の4指で引っ張り上げる。そして両親にこのようなことをするのは子供の身体の良好な発達を保証するのに必要であるからだと説明する。

　施術者への報酬は植物性の食物である。ただし、その量は作物が豊作な年には多いし、不作の時は少なくなる。また両親が裕福かそうでないかによっても量が左右される。この施術が終わると、この後、子供が手がかからなくてもよい年になるまで、耳朶と鼻中隔の穿孔部が治癒するように注意するのは母親の役目となる。このため母親がすることは、小さな細枝やその他でもって穿孔さ

れた孔が癒着しないようにすることである。

　日本の縄文時代にあっては、誰が施術者だったのかは分からないが、母親たちはこれと同じように子供の耳朶を穿孔した後、絶えず化膿したり癒着しないように注意を払っていたことだろう。

　パプア・ニューギニアのスハウテン諸島中のウェゲオ島に住むウェゲオ族では、すべての子供は耳朶に穿孔されなければならないが、これに伴う儀式は他の諸儀礼ほど重要視されていない。人類学者ホウグビンが滞在中に出くわした耳朶穿孔の情景は次のようであった。

　この儀式はマルク（Maluk）でなされることになった。首長のムワヌバ（Mwanubwa）の息子は少し前に乳離れをしていたし、言葉もかなり話すことができた。父親はブワマグ（Bwamag）の酋長のそばに近づいていった。彼らは密接な縁続きの関係にあった。ブワマグは子供にとっては反対の半族（社会が外婚単位である2つの集団からなるの時のそれぞれの集団のこと）に属していた。ブワマグの酋長はこの儀式を行うことに同意してから施術日を決めた。このニュースは直ちに広がった。そして他の同族の酋長たちには贈り物を持ってくるよう告げられた。他の2人のマルクの酋長はこれに自分たちの子供を加えてくれと願い出た。当日、各地から4、5名の男性（酋長を含む）がやってきたが、彼らは客をもてなす主人の名誉を祝して一組の笛を持ってきた。また多くの女性たちは、主人からの贈り物である食べ物を籠に入れて持ってきた。翌日の朝食には村人たちは配給する食べ物を集めた。首長のムワヌバは2匹の豚を提供し、そして彼らの兄弟は1匹、他のマルクの酋長も1匹、他の少年の父親たちは1匹ずつを用意した。その後、儀礼的戦闘などさまざまなことがなされるが、ここでは省略する。耳朶と穿孔はコウモリの骨から作った細長い裂片によってなされる（Hogbin 1970）。

　なお、ニューギニアのシュラーダ山脈のカイロンク（Kaironk）渓谷地域上流に住むカラム（Karam）人たちは、多くの高地民と違って、自分の領地に生息する哺乳動物の毛皮を装身具に使うことはないが、例外的に有袋動物であるユミムスビの小さな毛皮をかつらの装飾や耳飾りとして利用する（Bulmer and Menzies 1972）。

　なおついでに述べるならば、旧イギリス領ニューギニアでは胸飾りをモ

ティーフにした真珠貝製耳飾りが用いられるが、この形は下端が拍車型をしている (Haddon 1894)。この胸飾りは釣り針をモティーフとして製作されたもののように思われる。偶然の一致ではあるが、これに似た釣り針が縄文時代の遺跡から出土しており、これは錨形釣り針と名づけられている (渡辺 1983)。縄文人がこのタイプの釣り針を時にはペンダントとして佩用していたことは充分に考えられる。

第8節　ニューギニア以外のメラネシア諸島

トーレス海峡諸島

　トーレス海峡諸島では子供は8～10歳頃に耳朶に穿孔される。しかしこの諸島の中のメール島では生後6日目に、固い木製の先端が尖った針のようなもので穿孔される。その後は耳朶の引き伸ばし器 (ear-weight) を使って徐々に長く伸ばしていき、それは成人になるまでなされ、最後は円錐形をした木製耳飾りが挿入される (Haddon 1971)。ここでは耳朶の穿孔より後に耳介も穿孔される。また他の報告によれば大きな木製の錘が耳朶の穿孔部から垂下され、これはしばしば最終的に孔が切れるまでなされる。そしてもし切れない時には通常は切断する (Cranstone 1961)。

アドミラルティー諸島

　スパイザーは19世紀のアドミラルティー諸島の民族誌記録を残しているが (Speiser 1990)、それによればここの耳飾りには形態的に一見、玦状耳飾りとよく似たものが認められる。しかしこれは東南アジアで見られる玦状耳飾りとは使用法が違うし、材質も異なる。同書の (以下同じ) Figs.40～43では環形のものから周縁部に奇妙な鋸歯状な加工をもつものへの移行のようすがうかがえる。このタイプの耳飾りには豚の尾の先がつけられることもある (Fig.43)。このタイプの耳飾りは基本的には環形と鏃形の2つのタイプに分類できるが、上記のものは環形に相当する。後者のものはFig.33としたものである。周縁部の鋸歯状になされる加工を除けば、実物の鏃を連想するくらい似ている。このタイプのものとしてFigs.35,37, 38 と、それに Fig. 38 がある

が、前の3個には多くの小さい孔が開けられており、最後のものは切れ目が入れられている。これらは耳朶ではなく耳介の上部に穿孔された孔から垂下される。たぶんこれは既述のように、考古学者ウォードがソロモン諸島ウラワで発掘した遺物と同じものと思われる（Ward 1976）。

　なおオーネマスはアルフリッド・ビューラー（Alfred Buhler）のコレクションを報告しているが（Ohnemus 1998）、その中で耳飾りは形態と材質によって、①輪状のもの、②ペンダント型、③耳飾り型ペンダント、④巻きつけるもの、⑤耳栓、⑥耳を覆うもの、の6種類に分けて記述している。この記述の中で興味深いのは、ペンダント型耳飾りは耳朶の孔に直接挿入しないで紐のようなものに連結させて使用されることである。また耳覆いとは耳朶に開けられた孔が、その後、順調に治癒するように患部を覆うものである。同様の用途のものはヤップでも見られる。

ビスマーク諸島

　ビスマーク諸島中のセント・マサイアスに住む人びとの耳飾りは鼈甲製である。その形はまさに玦状耳飾りである。しかし報告書はこの切れ目は耳朶の上に挿入されると記す（Reichard 1969）。この意味は正確には把握できないが、先述のウォードが東部ソロモン諸島中ウラワ島で発掘したイモガイ製環状遺物を民族誌的資料から類推して耳介の孔に挿入されたものとして描いた想像図（Ward 1976）と、おそらく同じ用法と思われる。

ニューアイルランド島および付近の島々

　ニューアイルランドやハノーヴァー諸島では穿孔された鼻中隔孔と耳朶の孔は大きくされる。前者にはシャコガイを棒状に磨いて作った長さ6〜8cmのものが挿入される。後者にはヤシの葉を丸めて筒状にしたものが挿入され、孔が徐々に拡大されていく。このようにしたヤシの葉には、わずかではあるが大きくなるような弾力があるからだと言われている。耳飾りは男女共使用する（Parkinson 1999）。

　なお、ニューアイルランドやニューハノーヴァー諸島では高瀬貝製腕輪が人気のある装飾品となっている。

西部ニューブリテンおよびフレンチ諸島

　ここでは耳飾りはいたる所で使用されているが、そのタイプはじつに多様である。一般的なものは鼈甲製で直径が3～6cmの環状になった円盤で、この円盤の端には小さなアクギガイが縁を一周するように沢山取り付けられている。このような耳飾りは単独で一個だけ使用されることもあるが、拡大された耳部の場合には6～10個も重ねて吊り下げられる。メリテ（ウネア）島の耳飾りはカニエ（Kaniet）とウウロ（Wuwulo）におけるものと著しい類似を示しているが、メリテでは男性のみ、カニエとウウロでは女性のみが使用する。穿孔された耳朶の先端は肩に達する。これらの耳飾りの直径は1.5cmで、一度に使われる量は50～100個以上もある。耳飾りの下端の上には編まれた紐（幅約4cm、長さ約12cm）があるが、これには装飾としてアクギガイの円盤が4～6個、列をなすようにして付けられている。耳飾りの重さは0.5kgを下ることはない。またアラワ諸島ではアクギガイで飾られたこの組み紐だけを使用する。さらにこの端から1個か数個の海産の巻き貝を吊すこともある（Parkinson 1999）。なお、私にはここで多くの環状耳飾りを吊すことはミクロネシアのチュークのものに似ているように思われる。ただチュークでは鼈甲ではなくヤシの実の殻や貝を材料としている点が異なる。

　ミクロネシアとメラネシアとの間に親縁関係があることについてはライカートがすでに指摘している（Reichard 1969）。彼はセント・マサイアスで採集された透かし細工の施された鼈甲製耳飾りは、量的には少ないが、ニューアイルランドとミクロネシアとの間に図案上で親縁関係があったことを示しているだけでなく、これらはアドミラルティ諸島やそれよりずっと東方の島々とも密接な関係があることがわかると言う。

　ブーゲンビル島では男性は鼻中隔を穿孔して長さ10～13cmのシャコガイ製で両端を尖らせた棒を挿入する。しかし耳飾りは一般に使用されることはなく、あっても男性が使用する（Parkinson 1999）。

　ヌクマヌ島では魚のような形に製作された、鼈甲製ないし海産の貝製の円盤状耳飾りがしばしば使用されるが、呪術者ないし神官たちは鼻の両翼に穿孔して独特の鼈甲製鼻飾りを付ける。この鼈甲製鼻飾りの両端からは口に達するほど大きな円盤が吊り下がっている。神官は決してこれを取り外すこ

とはしない。老人たちはこれを毎年、繰り返し催される祭の時にだけ付ける（Parkinson 1999）。

ソロモン諸島

（Neich and Pereira 2004）はソロモン諸島のシャコガイ製耳栓を紹介しているが、これは男女共使うもので、耳栓の中央には綺麗な彫刻が施されており、直径は5cmである。

ソロモン諸島では耳栓だけでなくさまざまな装飾品（木の実、貝の象眼されたもの、人間の歯、貿易品であるビーズなど）をつけた耳飾りもある（Force and Force 1971）。またフェルプスはここの耳飾りには穿孔された耳朶に挿入される幅の広い耳栓と棒状耳飾りがあると述べている（Phelps 1976）。

なおソロモン諸島のガダルダナル島などの土産店で、観光客は真珠貝を象眼して作られた奇妙な顔した置物のようなものを目にするが、この人物像の特徴は大きな耳栓を装着していることである。これはソロモン諸島のニュージョージアで製作されるもので、カヌーの船首の喫水線の真上に取り付けられる。これによってカヌーの精霊を守るのである（Poignant 1967）。

棒状耳飾りの棒には彩色された「草細工」と木の実や歯が結ばれている。かつて人類学者コリンソンが出会ったボートの乗組員たちは他のメラネシア人よりも縮れた頭髪で皮膚の色は黒く、そのため入れ墨をせずに白い粉でもって身体を装飾していたが、彼らはチョイスル島民であった（Collinson 1926）。彼らは耳朶に穿孔された孔をより大きな木の破片を挿入して徐々に大きくしていた。そして長く伸びた耳朶の孔には直径が5インチの藤（高山註：caneとあるので藤と訳しておくが、この語は藤以外に竹やシュロやサトウキビの茎を意味する）製輪が挿入されていた。伸張した耳朶は両肩に達することもあった。また彼は目覚まし時計を耳飾りとして吊り下げている少年を目撃しているが、これほど効果的な目覚まし時計は他にないだろうし、時刻を見るのにも好都合だとジョークを記している。彼らは時には耳朶の孔に過度の重さなの耳飾りを挿入したため耳朶が切れてしまうこともあるといい、このようにして垂れ下がった耳朶の姿は恐ろしいとも述べている。また稀には片方の耳朶の孔に粘土製のパイプと2、3本のタバコを入れ、他方の孔にはマッチの箱を入れた男

もいた。あるいはまた、コリンソンが持っていたフィルムのケースを進呈すると、それを加工して耳飾りした男もいたという。なお彼が目撃したオントン・ジャヴァ島の人びとの鼈甲製の鼻飾りはその形状が玦状耳飾りに似ているというが、ホグビンが報告している（Hogbin 1941）オントン・ジャヴァ島民の男性のベッコウ製鼻飾りも同じ形である。

サンタアナ島の人は直径1インチ半から2インチの白い木製の耳栓を挿入する。彼らは時には木を螺旋形になるように削って丸め、それを孔に挿入して孔の形を保つが、しかし時には孔は空っぽにしている。ある時、孔に重い貝貨を束ねて吊り下げた酋長がいたが、それは妻が死んだのでその哀悼の意を表すためであった。またここでは切れてしまった耳朶の孔はそのちぎれた表面を斜めに切ってから、結びつけることもあった（Guppy 1887）。しかし北西ソロモン諸島のブカ海峡に面した島々では耳朶が切れると、治すことができないため別の孔がその上に開けられるが、ここでは葉を巻いたものやタバコや鉄砲の空の薬莢など、どんなものでも穿孔された孔に入れられた（Blackwood 1950）。

ブレンチリー（Blenchley）のコレクションに含まれているガダルカナル島およびその南東の島々から採集された耳飾りについては、ウェイテが報告している（Waite 1987）。それによれば、耳飾りは木製や貝製のビーズと輪、骨、サメの歯などで製作されている。そしてサッア・ウラワ地域の原住民が使用する円筒形の木製耳栓は目方の軽い木で製作され黒色に塗られる。このタイプの耳栓はガダルカナル島より南方で使用されている。サンクリストバル島ではこのような耳栓は毎日使用されるものであるが、特別の場合、白い貝製耳栓に取り替えられる。これは男女共使う。同じ習慣は伝統的にサンクリストバル島に広く分布している（Fox 1925）。またこのコレクションの中にはイモガイの殻頂部で作った耳飾りがあるというが、その形状は明記されていない（Waite 1987）。またバンクス諸島とソロモン・グループで採集された耳飾りの中には小さなサメの歯、人の歯、鼈甲、ふでがい科の貝などで作られたものがあると記述されているが、正確な形態は不明である（Waite 1987）。

また南東ソロモン諸島では、耳朶はごく早い段階で穿孔され、その孔には鼈甲の加工されたものが挿入される。これは耳朶を徐々に「食べてくれる」ので苦痛はないが、しかし鰹用釣り針で穿孔する時には痛みがある。孔には一片の

棒か葉を巻いたものが入れられる。それは木製の耳栓が入る大きさになるまで続けられる。耳栓の通常の大きさは直径が2インチである。これらの孔とは別に孔が2個開けられる。一つは以前からある耳朶の大きな孔の少し上、他の一つはさらにその上端である。ここには棒か小さな貝を半分にしたものが挿入される（Ivens 1972）。

　バンクス諸島からニューヘブリディーズ諸島まで耳飾りに刻み込まれた紋様の様式にはそれぞれ特徴があって、彼らはそれを見るどこの島のものか、あるいは隣のどこのものかを確実に識別できた（Codrington 1969）。またニューヘブリディーズ諸島の中で二番目に大きな島マラクラでは少年は7〜8歳になると耳朶に穿孔される。カメの骨から製作された輪の形をした耳飾りが孔から吊り下げられる。2、3日後にはこの輪を前後に動かして耳朶の孔を大きく引き伸ばす。適当な大きさの孔に達すると、傷口を治癒するために特定の葉が挿入される（Deacon 1970）。

　南部ニューヘブリディーズ諸島のエロマンガ島では男性は金の耳輪を吊り下げているが、時には貝製ペンダントがこれにつけられる。しかしこれは最近の習俗であって、本来は2、3個の尖った先をもつ鼈甲製の耳飾りを使用していた。しかし今ではこれは完全に消滅してしまったという（Humphreys 1926）。

　ロッセル島ではベッコウ製の耳輪が挿入されるが、時にはこれにビーズが加えられることもある（Armstrong 1928）。

　ロイアルティ・グループのウヴェア島の人びとは、穿孔された耳朶の孔に小さな珊瑚製の耳飾りを挿入する。ここでは耳朶の孔が男性にとっては唯一の「ポケット」であって、どのような宝物でもここが貯蔵庫となる。そして孔は徐々に大きくなっていく。しかしひとたび耳朶の孔が切れしまうと、2個の小さな房として垂下する（Hadfield 1920）。

　なお、ジョンストンがその著『太平洋の島民たち』（Johnston 1921）で掲載しているタンナ島民の男性の耳朶の孔は大きくて、そこから垂下されている耳飾りは不釣り合いの印象を受ける。これは本来なら多くの耳輪を付けていたのかもしれないが、そうした説明はない。

　なお、ソロモン諸島には石で作られた装身具はないのかといえば、必ずしもそうではない。タンナ島ではニューカレドニアの蛇紋岩（serpentine）製ペン

ダントが使用されている (Dubois 1996)。しかしメラネシア人はこのような石の装身具にはあまり関心がなかったように見える。その理由は不明であるが、ここには大きなシャコガイが生息しているので、これから真っ白な玉と似た原材料が得られることとも関係があったかもしれない。なお、シャコガイは特に珊瑚島民にとっては大切な手斧を製作するための材料となっていた（高山 2001a、2001b）。

　ミードは東南ソロモン諸島のスターハーバー地域ではシャコガイ製耳栓はアイフォ aifo と呼ばれ、それは貝貨とコウモリの歯で飾られると述べた (Mead 1973)。これはかつてアイヴェンズが報告したウラワで使用されている耳栓 eho と同じものである (Ivens 1972)。

オントン・ジャヴァ環礁島

　オントング・ジャヴァ環礁島は 1643 年にタスマンによって発見されて命名された島であるが、後にロード・ハウとも呼ばれた。原住民であるポリネシア人はラウンギウア (Laungiua) と呼んでいる。ここでは身分の高い家柄の男の子は耳と鼻を飾るが（本書、図 16 の中段右側）、10～11 歳の間に鼻中隔と鼻翼を sama 儀礼に結びつけて穿孔され、これには 5 日以上かかる。しかし女の子の場合は耳朶が穿孔されるだけである。美しい鼈甲製の鼻飾りと耳飾りは同じ形態をしているだけでなく語彙も同じである。つまりこれは両者が転用されることのあることを示している。耳飾りの大きさは 4.5cm ～ 8cm であるが、鼻飾りはこれより大きく 9 ～ 11cm の長さがある。このような長い鼻飾りは時には顎の先にまで達する (Hurst 1996)。

フィジー諸島

　ポリネシアに隣接するフィジー諸島では、耳栓はマッコウクジラの歯から製作される。ここでは死者への哀悼の意を表すために大きな耳栓が入るだけの大きな孔を耳朶に開けるので、開けられた孔は時にはまるく握った手が入るくらいの大きさになる。男女共、死ぬとあの世に旅立つが、そのとき kaloula が途中に待ち伏せして、死者が割礼や入れ墨や耳朶の穿孔を決まった通りにしていたかどうかを検査する。もし死霊の耳朶が穿孔されていないことが判る

と、その死霊は下痢になるような糞で味付けされた汚い痰の食事を食べさせられるか、棍棒で酷く殴られる、という悪い運命が待っているという（Clunie 1986）。

またエッジ＝パーディングトンもフィジー諸島の耳栓を報告しているが（Edge-Partington 1969）、これは胴部がかなりくびれており、縄文時代晩期に属す福島県寺脇遺跡出土の魚の骨製の耳栓（江坂 1960）とよく似ている。エッジ＝パーディングトンはソロモン諸島のサン・クリストヴァル島と思われる場所で採集した木製耳栓についても3例を報告している。その中には彫刻のある白い真珠貝が象眼されているものがあり、これは縄文時代の中期の千葉県月之木遺跡の耳栓の製作方法を想起させる。既述のように、この土製耳栓の中心孔には円形に加工されたアワビが象眼されていただけでなく、赤色顔料も塗布されていた（武田 1951）。これは土製であったため現在まで残ったのだが、縄文時代にもソロモン諸島のように貝を象眼した木製の耳栓もあったことを類推させる。

第9節　ポリネシア

ポリネシアの耳飾りに関する文献を手にとったとき、きまって目に入るのがマルケーサス諸島の耳栓である（*cf.* Edge-Partington 1969）。メラネシアでポリネシアン・アウトライアーが住むレンネル島で調査を行ったビーアケット・スミトはポリネシアの耳飾りは多種多様で簡単に論じられないと述べた後、カメの甲羅やヤシの実の殻製輪形耳飾りはタスマン、トケラウ諸島、プカプカ環礁、それにミクロネシアのヤップを含む多くのカロリン諸島で使用されていると述べている（Birket-Smith 1956）。

イースター島

かつて甲野勇氏は、ポリネシアのイースター島では鶏魚またはサメの脊椎骨製耳栓が使用されていると記した（甲野 1932）。同氏が引用しているブラウンの著書を見ると、イースター島民は鯨の骨（外洋用カヌーがなく漁ができないので海岸に打ち上げられた鯨の死体から入手する）かサメの脊椎骨（これも稀

れにしか入手できなかった)から製作した耳栓か、あるいは貝製耳飾りを使用するとあり、さらにフォースター (Forster) の記録には貝製耳飾りがあるとも述べている (Brown 1996)。イースター島の耳飾りについてはヘイエルダールも言及しているが、それによれば、イースター島の島民の起源伝説は長い耳族がいたことを伝えていると言い、このような大きな耳栓を装着する習俗が南米のペルーにあったことから、イースター島の祖先はかの地から渡来したと想定している (Heyerdahl 1952)。たしかにイースター島のモアイ像が長い耳朶をしていることは有名なことである。彼が掲載しているペルー人の耳栓は、その重量が不明であることを別としても、単純に大きさだけを見ると、日本列島でも縄文時代に大きな耳栓の使用が可能だったことを裏づけるような大きさである。

このようにヨーロッパ人がイースター島を訪れた当初は、ここの島民は石像 (モアイ) に見られるように耳朶を長く引き伸ばしていたようである。キャプテン・クックに同行した画家が描いた絵には、イースター島民の長く引き伸ばされた耳朶が描かれている。イースター島の伝説によれば、耳朶を長くした先住民がいたが、後から渡ってきた耳朶の短い民族がこれらを滅ぼしたという。また一説によれば、両人種は近接して住んでいたという。またロウトリッジが採集した伝説では、長耳族と短耳族のどちらが先住民であったかという伝承はないにもかかわらず、これを当時、一般に説かれていたポリネシア人の移住説伝承と勝手に結びつけて、長耳族は黒人族で、後から耳短族が渡来してきたとする作業仮説を打ち出した。つまり彼女によれば、黒人族はメラネシア人で、彼らは耳朶を伸ばす習慣があるというのである。そして黒人族を滅ぼしたポリネシア人の祖先たちは、この耳朶穿孔風習を採用したと考えたのである (Routledge 1919)。蛇足になるが、イースター島の最初の女性考古学者ロウトリッジについて感動的な伝記が出版されている (Tilburg 2003)。彼女のこの報告に対して、P.H.バックは長い耳をもった集団はマルケサス諸島から、そして短い耳をもった民族はマンガレヴァ諸島から渡ってきたのではないかと想定している (バック 1966) (マンガレヴァで採集された耳栓は図18の下段の右側)。

イースター島の考古学について意外に思われることは、耳飾りの報告が少な

いことである。手元にある資料をあたった限りでは、ヘイエルダールの探検隊の発掘で出土した2個の貝製耳栓だけである（Smith 1961）。これはイースター島の海岸に打ち上げられる貝の中では最大でしかも最も重いキクザルガイ科の貝から製作されたもので、共にアフ・テピトテクラ（Afu Te-pito-te-kura）（E-18）の埋葬遺跡から出土している（図18の上段、右側はその断面図）。

文献を丹念に渉猟したわけではないが、民族学的資料もあまり多くはないようである。たとえば1例として、前述の19世紀に採集された魚の脊椎骨製品（Edge-Partington 1869）がある（図18の下段の左側）。また他の例としては、イースター島の民族誌を著したメトローがポリネシアで耳朶を長く伸張したのはイースター島民に限定されていると言い、さらに地理的に最も近くにあって類似の習俗をもつのはマルケサス諸島民であると述べる。さらに、ここでは男女共耳栓を使っているが、イースター島民ほど耳朶を大きくはしないと言い、またツアモツ諸島民は耳朶を穿孔するが、それが変形するほど長くすることはないと言う（Metraux 1971）。

ニュージランドのマオリ人については、この島を訪れた初期のヨーロッパ人は彼らが大きな耳朶をしていたと報告しているが、異常なほど長くしていたという報告はないという（Routledge 1919）。ロウトリッジはこの点について、イースター島民の長い耳朶とメラネシア人の大きな耳朶穿孔とは互いに歴史的親縁関係はなく、イースター島民のこの習俗はこの島で発達したものであろうと推測している。そしてイースター島民の故地と目されるマルケサス諸島民も大きな耳栓を使っているが、これは耳朶を穿孔する風習と、耳朶を大きく引き伸ばしてその中に大きな耳栓を挿入する習俗の中間形態を示していると説明している。

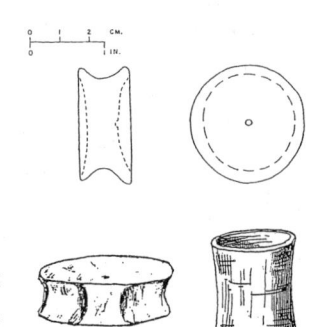

図18 上段はイースター島で発掘されたキクザルガイ科の貝製の耳栓（Smith 1961より）。下段の左側はイースター島で採集された魚の脊椎骨製耳栓（Edge-Partington 1869より）。その右側はマンガイア島で採集された木製耳栓（Edge-Partington 1869より）。

閑談　イースター島のネックレス──

　1934～5年にイースター島で民族学的調査を行ったメトローに島民は、昔は普通の貝殻と鮫の脊椎をネックレスにしていたと話している (Metraux 1971)。もっとも1722年に訪れたロッヘフェーン (Roggeveen) は大きな真珠のネックレスが使用されていたことを報告しているし、その52年後にジェームズ・クックの探検に画家として参加したホッジ (Hodge) はシロガネタカラガイのネックレスをつけた女性の絵を残している。この貝は現在では南西太平洋にしか生息していない。幾人かの貝類学者は貝の拡散は変化しつつある気候上の条件と関係があるので、当時は生息していたのであろうと推定している (Seaver 1986)。

マルケサス諸島

　リントンは、骨や貝や鯨の歯などで製作されたマルケサス諸島の典型的な耳飾りは太平洋には他に類例がないので、この地域で発達したものであろうと述べ、さらに唯一かすかに類似していると考えられものは、ファーネス (Furness 1910) が報告しているミクロネシアのヤップ諸島からの事例ぐらいだと述べている (Linton 1923)。

　リントンと同じく、マルケサス諸島の民族学的調査を行ったハンディは、酋長の娘の耳朶が穿孔される時には大規模な祝宴が催され、最も価値のある耳飾りは家族の家宝となると言い、耳飾りは時には本物を真似た木製品があると報告している。さらに、耳栓は男女共使うが、特に女性が使うものは先祖の脚か腕の骨から製作され、これは女性の家系が相続することになっていると報告している (Handy 1923)。また、1858～1912年にマルケサス諸島で布教に従事していた宣教師は男性もこれを使うと述べている。なお、マルケサス諸島のいわば宝石類の中では最高の美しさをもつこのタイプの耳栓は、古く白人が持ち込んだ金属製道具によって製作された可能性が指摘されている (Kjellgren and Ivory 2005)。

　マルケサス諸島では子供は男女共、6～10歳の間に耳朶が穿孔される。少年の場合は割礼と同時になされる。施術される場所はダンスを行う神聖な場所の一角で、この儀式では少女の耳朶穿孔も一緒に行われる。神聖な場所が選ばれるのは、血が神聖なものと考えられているからである。酋長の息子や娘の時には部族の祝宴会場でなされるが、他の子供の場合は公的な儀式もなく単にあ

る程度の神聖さのあるところでよかった。しかしこの場合でも穿孔が終わると祝宴が催された。有力な酋長の子供の時は男女を問わず耳朶が穿孔される時には人身供犠が必要であった。このような公的な穿孔が終了すると、「耳朶穿孔祝宴（ko'ina oka puina [ear piercing feast]）が挙行されたが、これにはダンスや歌が付随していた。穿孔施術後、施術者の手は5～6日はタブーとなるので、その期間は雇い主が生活費を負担した。穿孔施術はこれに熟練した神官が行ったが、彼は祖先の骨かカメの甲羅から作った穿孔器（piercer）を使用した。なお穿孔器の針先でない反対側の端には彫刻がされていることがある（Handy 1923）。

　このことは、縄文時代のいわゆる骨製髪針や細型小針、そして刺突具として図示されているものの中に、このような用途に使用されたものがあった可能性を示唆している（金子・忍澤 1986a,b）。

ニュージーランド・トンガ・タヒチ

　ニュージーランドのマオリ人は壮麗な入れ墨で有名であるが、耳飾りにはあまり凝らなかった。キャプテン・クックが訪れた当時は、棒状のペンダントのような形をした耳飾りを穿孔された耳朶から吊すことが一般的だったようである（Barrow 1986）。その他、緑色の玉製のサメの歯形をしたものもある（Oldman 2004）。またヨーロパ人の渡来後に描かれた「戦闘的な首長」と呼ばれた男性は耳に *huia* の頭と乾燥させた毛皮と玉製の耳飾りを佩用していた（Barrow 1986）。またマオリは釣り針形をした耳飾りを使用することもある。このことは縄文人も釣り針を同じように耳飾りにしていた可能性のあったことを示唆している。ただし、縄文時代の釣り針にはこれほど円形なものはない。従って、縄文時代の「の」字状遺物が釣り針の形状をヒントにして誕生した可能性はないと思われる。

　また、マオリ人は玉で神聖な儀式用の斧兼手斧や装身具を作ったりしていたが（Mackenzie 1930）、ポリネシア人は一般に玉を重要視しないので、これは例外的なことである。

　トンガではタケノコガイ科の貝で製作された先史時代の耳栓が発掘されている（Spennemann 1986）。なお、キャプテン・クックはタヒチ人の使用してい

た耳飾りを採集している (Kaeppler 1978:133)。

なお、ポリネシアでは以上述べたように耳飾りの形は島によって異なるが、これに反してネックレスは同一の形をしたものが広範囲に分布している。その代表的なものが「糸車形お守り (reel-shaped amulet)」と考古学者が名づけた石製品で、ニュージーランド、マルケサス、フィジー、トンガ、ティコピアなどから報告されている (Skinner 1994)。日本にはこの類似品は全くない。

第10節　ミクロネシア（主要諸島）

マーシャル諸島

マーシャル島民は男女共大きな耳栓を使用していて初期のヨーロッパ人の関心を集めた。耳朶はサメの歯で穿孔され、次に何枚もの葉をその孔に挿入して伸ばされる。人によっては頬の一部を切り取って、穿孔された耳朶が下顎まで達するようにしたと言われている。大きく伸びた耳朶は頭上にまで伸ばすことができた。また穿孔された孔には、ヨーロッパ人が持ち込んだ粘土製パイプや葉巻や鉛筆などが挿入されたりもした (Spennemann 1992)。

長く引き伸ばされた耳朶は通常、耳朶の上端にひっかけてあるが、祭りのときにはユリの花のようなタイワンハモオモト (Crinum asiaticum) や芳香性のパンダーヌスの花などが挿入される (Erdland 1961)。また往昔は身分の高い人は、木の葉を螺旋形にした耳飾りではなく鼈甲を巻いた耳飾りをしていた (Kramer and Nevermann 1961)。

トラック（チューク）諸島

かつてトラック諸島の耳飾りを調べた長谷部言人氏によれば、ここでは男女共、耳輪と耳垂（耳朶のこと）に穿孔するが、18歳の男子は彼の会う前の月に自分でグルグル（澄の類の植物）と呼ばれる刺で耳垂を穿孔したという（長谷部1940）。通常ここでは穿孔する道具は貝で、これで切創することもあったらしい。穿孔されて拡大した耳垂の長さは20cmにもなったという（**図19**の上段右側）。また、キリスト教の布教により伸張された耳朶の孔を恥じるようになった人は、皮膚の過剰分をナイフで切除してから両切断端をパンの木の実

第 3 章　民族学から見た各地の耳飾り　181

の汁で癒合させたという。しかし、パンの木の実の汁はカヌーなどの接着剤に使われることはあるが、これで皮膚を接合するのは無理のように思われる。

　男性はヤシの殻と貝から製作したされた耳輪を多く吊り下げるが（**図 19** の上段の左側）、片方の重さだけでも 230g もある（Matsumura 1918）。古く、トラック島民のこの耳飾りについて報告した佐藤伝蔵氏によれば、マツと称する学名不明の貝でも耳飾りを製作するが、これは貝貨でもあるという（佐藤 1896）。これはキリバスなどで貝貨として使用されたウミギクガイ科の貝かもしれない（Quiggin 1979）。

図 19　上段の左側はチューク人（旧トラック島民）の男性の典型的な耳飾り（Ratzel 1896 より）。その右側が耳飾りを外して伸長された耳朶（Matsumura 1918 より）。下段の左側は伸長した耳朶を耳介の上部にはめ込んでおく（Matsumura 1918 より）。下段の右側は穿孔された耳朶の孔が傷つかぬようにヤシの殻をかぶせるヤップの女性（Furness 1910 より）。

ルバーによれば、かつてトラック諸島では男女共に12歳になると耳朶の2カ所に穿孔されたといい、上部の孔は小さいままにしておかれるが、下のほうは老いるまで引き伸ばされ、そのため先端が肩に接したという（LeBar 1964）。穿孔はヤシの殻の小さな丸くなった環を押しつけることによってなされ、その結果、耳朶の孔が開くので人びとはこれを「環喰い」、つまりこの環が肉を食べたため孔が開いたと表現している。上の孔はこの環を入れたままにして孔が塞がらないようにし、下の大きな孔にはいくつもの環を束ねて一個にしてから吊した。次にパンダーヌスの葉を何枚も丸めて作ったより大きな栓を作り、これを挿入して孔を徐々に拡大した。この栓は希望の大きさになるまで2週間かそれ以上もかかった。その期間中は数日おきに新しいものと交換した。

なお、長谷部氏はトラック人はドイツ時代以降、耳朶穿孔の習俗は衰退したと論じているが、1970年に私たちがトラック諸島のトール島で考古学調査をしていたところ、ある日、いつも私たちの面倒をみてくれているトラック人のタテオ氏が見せたいものがあるといって、彼の家の裏にある小屋に案内してくれた。そこには耳朶を大きく伸張している彼の父親が待っていた。彼はすでに目が見えないほど病弱で、太陽にあたらないためか皮膚が白くなっていたが、彼の耳の上端には伸張された長い耳朶が巻かれていて、最初見たときは耳が大きく腫れているのではないかと見間違えたほどであった。このようすは松村瞭氏が撮影した写真と同じであった（Matsumura 1918）（図19の下段の左側）。

ベラウ諸島（パラオ）・ヤップ（ウアップ）

トラック人が耳朶の孔を極端に大きくして多くの耳輪を挿入するのに対して、西隣のベラウとヤップ諸島民はどうしたわけか耳朶に大きな耳飾りをつけることはなかった。そして奇妙なことには、ベラウとヤップには鼻飾りがあるのに対して、トラック諸島民にはこの習俗はなかったので、これと関係があるのかどうかは今後の課題である。

1783年にベラウに漂着したイギリス人らの報告によれば、ここでは男は左側の耳朶のみ穿孔したが、女は両方の耳朶を穿孔していた。男はビーズの飾りをつけていたが、女はなにかの葉かあるいは鼈甲が象嵌された耳飾りをつけていたという（Keate 1788）。先述のようにベラウ人とヤップ人は鼻中隔を穿孔

し、この孔に小枝や草木の花を挿入する。ヤップでは生前穿孔しなかったものは死んだ時、穿孔されてセンネンボクの茎を入れるが、ベラウでは鼻中隔の穿孔は来世における部族の標徴とみなされていた（長谷部 1940）。長谷部氏はベラウとヤップの鼻中隔の穿孔風習はパプア系文化に属するものではなく、マレー半島のセノイ族、セレベス（現在スラウェシ）島のトアラ族、セイロン（スリランカ）島のヴェダ族と同一系統の文化につながると見ている。しかし3度にわたる私たちのベラウにおける考古学的調査では、長谷部説を否定する見解に達した。ただ、言語学者の崎山理氏はベラウ語には先住民族、つまりパプア系言語の存在が考えられると論じているので（崎山 1997）、今後の考古学的成果を見守りたい。

　ヤップ諸島では男女共、耳飾りを付ける（Matsumura 1918）。耳朶の穿孔は低年齢時になされる。穿孔直後は傷口を守るために輪切りにしたヤシの殻を装着する（図19の下段右側）。男子の場合はビーズの束ねたものを吊り下げ、これに貝か鼈甲で製作されたペンダントが取り付けられる。この貝はピンク色をした三角形のものだが、きわめて貴重なものであるため、裕福な者しかこれを購入できないと言われていた。この貝はヤップの海にはごく稀にしか生息していないからである。私にはこの貝はウミギク貝のように思える。ヤップの女性は花や葉を耳朶に穿孔された孔に入れることを好む。男性も同じである。これはベラウでも見られる光景である（Matsumura 1918）。なお、ニューギニアのモツ族でも香のよい花や光沢のある葉が同じように挿入される（Turner 1878）。このようなことは縄文人の、特に男性になされていたかもしれない。

　なお、なお、ヤップの離島ラモトレク環礁島から貝輪（大部分はシャコガイ製）が出土しているが、その中に耳飾りがあるとの報告がある（Fujimura and Alkire 1984）。

第11節　極北アジアの古アジア族とサハリン・アムールのニヴフ族

　樋口清之氏は、日本の玦状耳飾りと同系統のものはエスキモーに見られると述べているが（樋口 1933b）、その後この方面の玦状耳飾りについてあまり関

心が払われることがなかったので、参考までに極北アジアの古アジア族の耳飾りを一瞥しておきたい。

コリャク族は真鍮製耳飾りや骨製の短い棒状の耳飾りを佩用しており（Jochelson 1908）、前者はアイヌの耳輪をかすかであるが連想させるものである。チュクチ族はガラスの耳飾りを象牙のようなもので精巧に模倣していた（Boas 1909）。

エスキモーがいつどこで独自の民族集団を形成したのか、確実なことは不明である。5万前の氷河時代にアジアのモンゴイド系人種がアジアと北アメリカの間にできた陸橋を渡ってアジアから移住した。その後も氷河時代になって海面が下降して陸橋が形成される時代がくると、このような移住が再開された。エスキモーはアジアから切り離された後もアジアの人びとと数千年間、遺伝交換をしていたし、文化的影響も受けていた。そのためいわゆるアメリカ・インディンに比べてモンゴロイド的身体的特徴が強い（バーチ 1991）。

エスキモーの社会はアッサムのナガ諸族の社会と同じように時には縄文文化に共通した面をもつこともあって、縄文研究文化の復元にはかなり役立つヒントを提供してくれるように思うが、自然環境がかなり違うためか、参考にならない点も多々ある。ここでは、耳飾りについてのみ見ておきたい。

ベーリング海峡の周囲に住むエスキモー人はコ字状の耳飾りを穿孔された耳朶の孔から垂下するので、着装法は玦状耳飾りと似ている。しかし上端の片側で、顔の前方を向く部分が大きくなっている。これは考えようによっては、耳栓の影響を受けてその一部を取り入れた形態のようにも見えるが、このように前方だけ大きく耳栓状に見せる耳飾りは現代人の付けるものにもあるので、そう結論づけるのは危険かもしれない。民族誌時代のこのタイプの耳飾りの文様に同心円があるが、これは鮫の脊椎骨の文様を連想させる。またアラスカのプリンス・ウィリアム・サウンドの発掘で魚の脊椎骨が装飾品として発掘されていることは（Laguna 1956）、縄文人の装身具と似ているといえる。さらにアラスカの耳栓状の耳飾りの模様の中に人間の顔を表したものがあるが、縄文時代の耳栓の文様にも人間の顔を取り入れたと思われるものがある。

先述の拙論の中で私は、山梨県坂井遺跡出土の耳栓の片面は人の顔を表すようにくぼみで仕上げられていると述べた（高山 1966）。その後、茨城県田柄貝

塚の骨角製人面に加えて宮城県二月田貝塚からも人面を描いた「骨角偶」が発掘されている（大竹1989）。二月田貝塚からは弓筈を飾る人面が、また宮城県西ノ浜貝塚からは後期の人面を表した鹿角製簪が出土している（藤沼1997）。さらに群馬県からは小型耳栓と見間違うような土偶の顔が出土している（土肥1997）。

　付言すると、鳥取県青谷上寺地遺跡から弥生時代の奇妙な形をした軽石製品が発掘されているが、これは両端に人面が掘り出された用途不明品である（中森祥氏からのご教示）。形状は耳栓のように見えるが、断面が楕円形のような印象を受けるので、耳栓と断定することはできない。

　なお、ソロモン諸島には人面を貝殻などで象嵌して表した耳栓がある（Force and Force 1971）。またポリネシアのマルケーサス諸島の耳栓の端には神様（tiki）が彫刻されていることもある（Steinen 1969）。そしてまたパキスタンでは紀元後1世紀頃の青銅製耳栓の中心部にも人の顔が描かれている（Lerner and Kossak 1991）。

　ところで、設楽博己氏は縄文時代の土製耳栓の中にはレイブレット（口唇部装飾）としての機能をもつものがあることの可能性を否定できないと述べているが（設楽1983）、民族例からすると土製耳栓は形態的に口唇飾りとしては使用し難いことは明らかである（高山1969a; cf. Ames and Maschner 1999）。それに加えて、土製品だと口の中に入れた場合、溶ける可能性もある。しかしアラスカで石炭製のレイブレットが発掘されているので（Dumond 1977）、土製品だからといって全く否定はできないかもしれない。古アジア族が使用していたことで知られるレイブレットは南米やアフリカにもあるので、極北アジアでも独自に誕生したものだと思われる。しかし極北アジア人のレイブレットの形態が耳栓とそっくりなことは、耳栓をヒントにして考案された可能性があるようにも思えるが、確信はない。

　サハリ・アムールのニヴフ族の現代の女性は耳輪を付けるが、かつては男性の中に片方の耳にだけ耳輪を付けている者がいたと報告されている（クレイノヴィチ1993）。縄文の耳栓には同一文様のものがほとんどないことは、片方の耳しか飾らなかったのではないかとも思えるが、土偶にはこのような表現はないので何とも言えない。

第12節　アイヌ

　アイヌは男女共、ニンカリと呼ばれる耳輪を穿孔された耳朶から垂下する。古い記録では女の耳輪は男のものより大きく、また身分が高くて裕福なアイヌは大きなものをつけていたという。材料は本来、銀製や真鍮製であるが、代用品として絹を裂いたシャランペや葡萄の蔓も用いられた。大きさは最も小さいものは直径2.8cm、最も大きいものは直径10～12cmであり、重さは軽いもので4.3g、重いもので49g、10gくらいのものが普通であった。これらの耳輪は大陸起源で、樺太を経由して伝播してきたと思われるが、大陸では大きな耳輪は中国福建省福州の漢人の女性に見られるという（児玉1970a）。

　耳朶の穿孔方法は、生後2～3カ月の頃、穿孔する箇所を指で揉んで感覚をなくしてから裁縫用の木綿針に糸を付けて孔を通し、その中に糸を残しておく。次に傷口がふさがるとその糸の両端を持って動かし、その小孔が塞がらないようにする。その後は、耳輪を孔に挿入しないと孔が癒着して塞がることがあるため、常に耳輪かこれに代わるものを挿入しておく。代用品として用いる葡萄の蔓の耳輪をプンカラニンカリと呼ぶのは、葡萄をハップ、葡萄蔓をハップンカラと呼ぶことに由来する（満岡1932）。

　アイヌの耳飾りは縄文時代の耳栓の研究には直接関係ないようにも思えるが、穿孔された耳朶の孔が塞がらないように蔓や糸を挿入していたことは、縄文人も同様のことをしていたのではないかという類推を生む。

第13節　The Ghysels Collection の耳飾りから

　ここでは特に1節をもうけて、Anne van Cutsem の *A world of earrings: Africa, Asia, America from the Ghysels collection*（Cutsem 2001）の中に見られる本稿に関連した耳飾りについて触れておきたい。以下の内容は、同書からの引用である。

　アッサムのコニャク・ナガ族において、首狩りに成功した勇者が付ける耳飾りには貝、Xancus（高山註：多分これは Xanthicus の誤植であろう。しかしこ

のイモガイ科のソウマトウナシカシはカリフォルニア湾の深海に生息する貝である)、竹、ガラス製がある。特に貝の耳栓には擬人化した図案をモティーフにしたものと、勇者の証である胸にされるＶ字形の入れ墨とが描かれる。アッサムは海岸から遠く離れているため、これらの貝はカルカッタの市場で購入された。往昔はビーズはマニプールで購入されるか、行商人から買い取った。コニャク・ナガ族の女性が佩用するガラスや水晶製の玦状耳飾りの中には木綿の糸で垂下されるものもある。

　チベットのラマ教徒の司祭だけが佩用する耳飾りは、小さな貝の輪で、紐で吊して使用するものがあるが、これは知識の表象と考えられている。またこの貝の螺旋形は力の形成を示唆しているとも言われている（私見ではこの螺旋形は巻き貝の内部の渦巻きと思われる）。

　ビルマのパダウン族の女性は、金製や金箔を被せた耳栓を佩用する。

　タイのバンチャン遺跡とヴェトナムのチャンパ遺跡から発掘された耳飾りには玦状耳飾りと耳栓とがあるが、材質は貝と石とそれに粘土の素焼きである。考古学者はいくつもの石製と貝製の装身具を古墓の中から発掘している。これらの材質には堅さと耐久性があるため、死者の魂をあの世においても象徴的に守護してくれると信じられている。また玦状耳飾りの中心に孔があるのは、女性の生命を与えくれる力のメタファー（隠喩）と考えられている。このタイプの耳飾りは南アジアや東南アジアでは12世紀まで存続していた（付言するならば、同書は貝製玦状耳飾りの材料には言及していないが、この中には表面に残されている貝殻の文様からイモガイと思われるものがあり、これはインド洋に普通に見られるキリンイモガイと推定される。インドシナ半島にはインドからさまざまな文物が運ばれているので、インド洋の貝と見なしても驚くことではないだろう）。

　かつて阿片栽培のために黄金の三日月地帯と呼ばれる地域に住むビルマのカレン族では、漏斗状をした銀製や銅製の耳栓やこれらの板を巻いて筒形にしたものが佩用される。後者の筒形耳栓は穿孔された耳朶の孔を伸張するために使われる。この場合、巻く板の数を徐々に増やすのである。現在でもいく人かのチン・ライトー族の女性は、糸巻き形をした耳栓を使用している。またパーオス族の若い男性は長く巻かれた筒形耳栓を使うが、女性はこれより薄い円盤形

のものを佩用する。また上記のカレン族の男女は一端のみが広がった棒状耳栓をつけることもあった。

　ビルマのフカク族の女性は先を尖らせたような琥珀製耳栓をつけている。赤い琥珀はかつてはビルマの北方で採掘されたものであるが、長さは11cmもある。ちなみに、このような長い棒状の耳栓は台湾の高砂族も使っている。高砂族のものは竹製で胴部には綺麗な彫刻が施されており、直径は1cm、長さは12.7cmである (*cf.* 胡・崔1998)。

　ラオスとカンボジアでは耳栓は滑り落ちないように一端が他端に比べてやや細くなっている。またカンボジアでは小さな耳栓は軟膏を入れておく容器として使用されることもある。ラオス、カンボジア、ヴェトナムの少数民族の間では、象牙耳栓は威信を与えるだけでなく、富のしるしと見なされている。

　ラオスとカンボジアでは長さ6cmの漏斗状をした象牙製耳栓が使われているが、象牙は乾燥した葉で磨かれる。この中にはかつて江坂輝弥氏が南ラオスのカー・ロペン族から購入したものとしてしばしば紹介しているものと同一タイプのものがある (江坂・渡辺1988)。ラオスとヴェトナムではこれは富の象徴を表している。

　フィリピンのミンダナオ島のバボゴ族の身分の高い男子は直径が9.5cmもある象牙製耳栓を使う。

　インドネシアのカリマン島のダイヤク族は金属製や木製の耳栓を佩用する。木製耳栓の曲線をなす文様のモティーフは多分、中国の周代の陶器からきているように思える。そして中国の陶器はスキタイの影響を受けているようである。

　またダイヤク族の木製耳栓は中心に鉛と銀が象嵌されており、直径は5cmである。この糸巻き形の耳栓はきわめて古いタイプで、Postelによって古代インドのものが記録されている。

　バーリー島で見られる銀製の耳栓の中心に描かれた渦巻き文様は、インド起源と目されている。

　同じモンゴロイドと言っても、形質学的には細部において日本人とかなり違うので、耳朶の形にも多少の違いはあるかもしれない。また気候も温帯の日本と違って太平洋諸島の場合は多くが熱帯地帯に入っているので生態系が違う。

また文化もその歴史的背景も違う。ただ人間という点では同じであるし、そこには共通の原始的心性が横たわっている。したがって、縄文人の生活を復元するうえでヒントになる点がかなりあり、これは耳飾りのような身体装飾品にも当てはまることである。それだからと言って、これらの地域でこうだから縄文の場合もこうであると言う論法は通じないだろう。しかし、これらの地域には縄文時代の耳飾りと形態的にかなり似たものも存在していて、遠くかけ離れた地域でも偶然に同じものが考え出されることに驚かされる。

特に耳栓と玦状耳飾りの間には、厳格な系統的差違を見出すことが不可能なことがしばしばあった。なぜなら玦状耳飾りの装着の時でも、穿孔された耳朶を伸張する時には錘として葉を巻いたものの数を増やしたり、あるいは細い棒の数を増やしながら大きくしていくことが普通である。このような錘は時にはかなり耳栓と同じような形状をしていて、これを竹の筒のようなもので代用することがあれば、必然的に耳栓が誕生することになる。

つまり、玦状耳飾りと耳栓とは共に装飾品として本来もっている用途は同じであったが、その着装方法が異質か、あるいは異系統の耳飾りのように外見上は映る。しかしそれは単なる「好み」によって生じた、一種の「流行の産物」でしかなかったように思われる。縄文時代の玦状耳飾りから耳栓への変化は、まさにこれに当てはまるだけのことであったというのが、私の結論である。なお、この結論は耳飾りが金のような材質上の附加価値をもたない場合に限って言えることである。

閑談 **未開人といえども流行に敏感**――――――――――――

未開社会でも流行が存在することはアオ・ナガ族の事例からも知られる。ミルズは、彼らが水牛を殺した時に男性が付けるネックレスは、数年前にモコケチュン (Mokokechung) にいたアンガミ・ナガ族の女性が佩用していたネックレスを模造したものであり、これはナガ丘陵で流行が広がるようすを示す好例である述べている (Mills 1973)。またハットンは、アンガミ・ナガ族の男性は子安貝の装飾品を愛用すると言い、さらにアッサムでイモガイの軸柱からできているビーズと完全に同じ様式のものは南インドの先史時代の墳墓から発見されていると補足している (Hutton 1921)。

第4章　ふたたび縄文人の玦状耳飾りと耳栓の起源について

第1節　日本の玦状耳飾りは中国起源か

再び中国起源説への疑問

　かつて芹沢長介氏は、日本の玦状耳飾りは時間的に指貫形→金環形→玦形と変化するが、中国の青蓮岡文化の玦状耳飾りは扁平であるので日本の前期末から中期のものに近く、両国の玦状耳飾りは系統的に無関係であると論じた（芹沢 1965）。

　その後、渡辺誠氏は、日本の玦状耳飾りは西日本では前期中頃からで、その出現は東日本より遅いことから、中国起源説を否定した（渡辺 1973）。また、朝鮮考古学が専門の中山清隆氏も、玦状耳飾り以外に中国伝来と言える確実な遺物がないことなどから中国起源説を成立し難いものと述べた（中山 1992）。

　中国の玦状耳飾りは今より約6千年前に出現し4千年前にその姿を消すという（藤田 1992）。この年代は縄文時代の早期末から中期初まで見られる玦状耳飾りの起源を中国に求める研究者には重要な拠り所となっている。藤田氏は次のように言う。

　「日本海をはさんで向かい合う日本・中国両地域に、アジアでも最初の玦状耳飾りが現れている。これは日本海をはさんで一つの玦状耳飾りの文化圏が形成されていたと言い換えてもよい。そして中国で江南の周辺である中原地域である中原地区や南海地区、東北地区に玦状耳飾りが波及するのに伴って、江南では消滅する。そして日本の玦状耳飾りも江南地区とその衰退の動向を同じくする。

　江南地区では河姆渡遺跡で紀元前5000年にもなる玦状耳飾りが出土して、日本の玦状耳飾りよりも早く出現している。現状では中国の江南に日本の玦状耳飾り起源地があって、日本列島に影響を与えたと考えることができる。江南

の玦状耳飾りは細かく見れば、平面が円形で古いものほど断面が丸く、新しくなると扁平になる。この特徴は日本の玦状耳飾りと共通する。このことは、楊建芳氏が観察した玉璜の断面形変化と合致する。

また、柱状玦と呼ばれる腰高の特殊な玦が江南の扞墩遺跡などで出土している。これと似たものが大分県の川原田洞穴にある。鹿角製の指貫形玦状耳飾りで縄文早期末葉土器に伴ったとされる。さらに滑石製の柱状の玦状耳飾りが富山県の極楽寺遺跡（縄文早期末葉から前期初頭）などで発見されている。

日本の玦状耳飾り文化では最初の頃に柱状品が伴っている。これも日本の玦状耳飾りが中国江南の玦文化の影響を受けて発生したことの根拠としたい。中国江南の玦と同じ種類の玦状耳飾りが日本の縄文前期初頭の遺跡から出土しているのである」（藤田 1992）。

しかしインドやフィリピンの石製ビーズの歴史を見ると、柱（管）状石製ビーズは先史時代から製作されている。そしてこのビーズの中心孔を穿孔する場合、時には孔が裂けてしまうこともあったはずで（Beyer 1948: Fig.6,7,28）、これを破棄しないで磨いてビーズとして再生させたようである。さらにフィリピンでは壊れた玉製玦状耳飾りを加工し直して耳栓の象眼品にしている（Fox 1970）。

日本の縄文時代にはこのようなことは起きなかったであろうか。あるいは縄文の滑石製柱状耳飾りは初めから耳飾りとして製作されていたのであろうか。もしそうであるならば、滑石製柱状耳飾りなるものは、機能的に玦状耳飾りと耳栓とではどちらのタイプの耳飾りのほうを重視して製作されていたのであろうか。柱状耳飾りと呼ばれるものは、棒状なので耳朶に穿孔された孔に挿入して耳栓として使うほうが、玦状耳飾りとして使うより使いやすかったのではないかと思われる。卑見では藤田氏が重視している柱状玦状耳飾りは、もしこの用途が耳栓であったならば、中心孔を穿孔中に割れてしまった管状ビーズから転用されたものであった可能性も考慮しなければならないだろう。このような現象は世界各地で偶発的に生まれる可能性があろう。

日本の玦状耳飾りの中国江南地方起源説に反対の立場をとる中村慎一氏は、中国では河姆渡文化以来玦状耳飾りは常に璜とセットになっているので、日本で璜が発見されていないことは両地域の親縁関係を否定する論拠となりうると

論じた(中村 1987)。これに対して藤田氏は、町田章氏が青森県平貝塚で発掘されたこれらと類似した猪牙製品を首飾りとしていることについて、これも中国の玉璜と瓜二つであると見なした。なぜなら、璜は人骨の頸部から出土していて頸飾りとされるが、少なくと北宿西遺跡の遺物は頸飾りとして使われていたからである。

さらに藤田氏は、縄文時代の後半に見られる鹿角製などの類似品を上野修一氏は埼玉県北宿西遺跡出土の滑石製半月形品を腕飾りとしているが、石製ではないので玉璜とは一線を画す必要があるとしたうえで、しかしこれは石製のもののヴァリエーションとして生じた可能性があると述べている。そして「かつては石製玉璜の文化が伝播したが、列島の習俗に定着しなかった」と考えた。すなわち藤田氏は、中国の玦状耳飾りと玉璜はセットになって縄文早期後葉に渡来したが、日本では骨角製などに材質が変えられて腕飾りや頸飾りとして残存したと結論づけたのである(藤田 2002)。

たしかに中国の璜は古くは首飾りとして使用されていたようであるが、『周礼』によれば半円形で死体の北、つまり足の側におかれたとされる(マイケル・サリバン 1973)。また璜は腰飾りの一部として使用された時代もあった(Laufer 1974)。

以下国外の様相を一瞥しておきたい。

フィリピンのボントック族は2個のブタの牙を繋いで腕輪にしており(Maramba 1998)、ガダン族は他の動物の歯と一緒にして儀式用の首飾りにしている(Maramba 1998)。ただここで注意しなければならないことは、このような民族例をもって縄文時代のイノシシの牙を首飾りとは即断できないことである。なぜならアッサムのナガ諸族の中には頭上に2個のこのような牙を左右に振り分けるような形にして飾る人びともあるからである(*cf.* Stirn and van Ham 2003, Lewis 1929)。

ポリネシア先史学では最古のラピータ文化から現れる独特の胸飾りがある。たとえば、トンガでは四辺形をした貝製品の両端に孔を開けて紐で首から吊していた遺物が発掘されている(Poulsen 1971)。これなど形態的には中国の璜に似ていると言われる埼玉県北宿西遺跡の滑石製ペンダントに近い形態をしているが(藤田 1992)、いうまでもなくポリネシアのものは中国や日本のも

のとは無関係であり、「他人の空似」である。その他、ポリネシア各地で人気のあった首飾りには人の歯やサメの歯を束ねたものがあるが（Skinner 1994）、このような発想は縄文人にもあって不思議ではない。また、ハワイではブタの犬歯で脚飾りなどを製作している。なお、ニュージーランドのマオリ人の戦士のネックレスについては（Kaeppler 1978）に詳しい。

　一般に首飾りは、現存する未開人も先史時代人も好んで製作した代表的な装身具のひとつで男女共これを祭の時に付けるが、ニューギニアの原住民やフィジー人の愛用する半月形の胸飾りは台湾の紅頭嶼のヤミ族が佩用している胸飾りと形態的に酷似する。国分直一氏はこれについて、種子島や日本の南西諸島で発掘されている三日月形貝製品と台湾先史時代のコンマ形の石英片岩製装飾品などとの結びつきだけでなく、上記のヤミ族の胸飾りとの間にも親縁関係のある可能性を指摘しているが（国分 1972）、私はこの見解には賛成できない。

　すなわち、縄文遺跡の胸飾りが中国の璜に由来することを証明するためには、着装法が同じ装身具が出土しても、胸飾りなどは世界どこでも考案される装身具なので、中国の玉で製作されたものであることを証明するには岩石的研究の裏づけが必要ということになる。

　近年、玦状耳飾りの研究を精力的に行っている川崎保氏は、いわゆる「他人の空似」説を打破するために、縄文時代早期に出現する篦状垂飾と同じものが中国遼寧省阜新倉県査海遺跡から出土していることから、これをもって突破口を開こうとしている（川崎 1998）。しかし、このような形状の遺物はどこでも生まれる可能性があるように私には思われる。たとえばイモガイを縦に輪切りにすれば断面が外側に反り返った形状のペンダントとなるが、これが篦状の首飾りの原型となったのではないか（私の単なる思いつきで確証はないが）。オセアニアの民族例では犬の犬歯や鯨の歯が首飾りとして好まれることが知られており、むしろ「他人の空似」の候補は今後はさらに増えるものと予想される。

　日本の玦状耳飾りの中国起源に関して川崎氏は、これが証明されるために必要な6つの条件を列挙した後、玉斧（篦状垂飾）などの飾玉や装身具類がセットと見なせることが可能になれば、その意義、また起源や系譜が解明できると期待している（川崎 2002）。

文化の比較には文化を構成するさまざなの要素を取り上げることは大切である。玦状耳飾りもこのような視点からの研究が不可欠である。しかしそのために注目されはじめた「璜」や玉斧は、まだ決定的証拠にはなりえないと私は思っている。

　ここで文化の伝播の確実な考古学的事例として耳璫を場合を挙げておこう。

　平野裕子氏が論文中に掲載しているヴェトナム北部で発掘された中国のガラス製耳璫の図を見て私の脳裏を横切ったのは（平野 2005）、かつて私が大学院生だった時、非常勤講師として来校されていた中国考古学の関野雄氏にお願いして見せていただいた、東京大学所蔵の北朝鮮の楽浪古墳出土の中国製のガラス製耳璫であった（高山 1967a,b）。ヴェトナムのものはこれと全く同じ形をしており、40年前ぶりで旧友と再会したような気分にさせられた。このように材質も色彩も全く同一のものならば、その起源を特定することは容易である。しかしこれが時には断定が困難になることもある。ペンシルヴァニア大学博物館のボルネオの木製品のコレクション中に、その形状が中国のガラス製耳璫ときわめて類似したものがある（Anonymous 1988b）。これは「他人の空似」にしてはあまりにそっくりである。また縄文時代後・晩期に出現するいわゆるカフスボタン形土製耳栓（*cf.* 高山 1969a：第8図）も北朝鮮の楽浪古墳から出土した漢代のガラス製耳璫とよく似ている。ボルネオの木製品や縄文のカフスボタン形耳栓が中国の耳璫の影響を受けて誕生した可能性を指摘しておきたい。

　また先述のように、インド原産の紅玉髄製品ならば、その故郷を探し出すことも容易である。しかし古今東西どこでも人間なら考案する可能性のある玦状耳飾りの起源を中国に求めることは、主観的見解になりやすい危険性がある。もし玦状耳飾りが有角玦状耳飾りや双頭獣型玦状耳飾りなどのような突起物を周縁につけているならば、偶然の一致が起きる可能性はきわめて少なくなる。しかし残念ながら、縄文の玦状耳飾りにはそのような手がかりは存在しない。また太平洋考古学に携わってきた私には、むしろどうして琉球列島にこれらが伝わってこなかったということのほうが不思議である。

　この点に関して、日本だけでなく台湾考古学に関しても造詣が深かった国分直一氏は著書の中で、玦状耳飾りについて自生説と大陸起源説とがあるがその

決定はまだ困難であると述べ（国分 1969）、傍観者の立場をとっている。

しかし大賀健氏は「環日本海の玉文化の始源と展開」と題した2003年のシンポジウムで、大陸起源説に大勢は傾いているように思えると感想を述べているし（大賀 2004）、それに今や日本の玦状耳飾りの中国起源説は中国の民俗学者でさえ中日交流の証拠として取り上げている（馬 1998）。だが、はたしてそうであろうか。

中国起源説への幾多の反論

藤田氏の中国起源説が成立しないことを指摘する声も多くある。たとえば縄文研究者の土肥孝氏は以下のように藤田説への反対論を述べる。すなわち玦状耳飾りを含む玉類は、細石器段階のものを除き、鳥管骨・牙など日本列島に棲息する動物の部分形を祖形として素材を選択して造形するという理解が充分可能な文化遺物であり、「日本自生」で理解可能と考えられると言う（土肥 2004）。同氏はこの論考より少し前に発表した論文でも、藤田氏の主張する中国起源説に対して、「他人の空似」「あばたもえくぼ」的見解は排除すべきであると厳しい批判をしている（土肥 1997）。

先に若干触れたが、中国考古学の中村慎一氏は、耳飾りの形態は着装法に限定を与えることから説き始め、異なる地域の耳飾りに同様の形態があるからといって、そこから何らかの文化的関係を再構築しようとする試みは、いわゆる「可能性限界の法則」に抵触するおそれが充分にあると批判した（中村 1987）。そして「有角式のもののように形態が複雑で、偶然の一致の可能性が小さい場合か、あるいは他の文化要素とセットと成して相似する場合を除けば玦状耳飾りのみの比較からの安易な推論は危険である」と言い、さらに中国では河姆渡文化以来、常に玦状耳飾りは首飾りと考えられる璜とセットとなっているが、我が国にはそれが認められないことも付言している。

朝鮮考古学の中山清隆氏は、藤田氏は玦状耳飾りの起源地を中国江南に求め日本での初期の製作地を富山湾一帯とみなしたが、その際、祖型と原型、つまりモデルとコピーが示されていないので、搬入品がどれなのかはっきりしないし、前期の段階で中国から直接の渡来を示す遺物が他に知られていないという批判を提出している（中山 1992）。同氏はさらに江南と富山湾は中間距離があ

りすぎであるとも指摘している。その通りであろう。

　この2年後、中山氏は別の視点から再度、藤田氏の中国起源を批判した（中山 1994）。すなわち、中山氏は、藤田氏は富山県極楽寺遺跡の滑石製柱状玦状耳飾りは通常の玦状耳飾りとセットになって渡来したとみなしているが、中国の諸例と比べると、材質を含め、その作りや形態に差がある。藤田氏はまた、他の遺跡の資料も使用しながら素材の違いによる型（形）式としているが、そのように捉えられるかどうか疑問と言わざるをえない。さらに、藤田氏は埼玉県北宿西遺跡で出土した「半環状飾り玉」を中国から玦状耳飾りとセットになってきた璜であると主張しているが、関東周辺における孤立的な1例をもって中国からの璜の渡来を示唆するものと解釈することは早計である、と中山氏は論断したのである。この批判は、私には妥当なものと思われる。実際問題として、この程度の形状をした胸飾りならばどこの未開社会でも独立的に考案されうるものといってよかろう。

　前にも述べたが、藤田氏が柱状玦状耳飾りと呼んでいる遺物について私は以下のように想定した。もしこれが管玉の製作過程で、中心に孔を穿孔中に裂けてしまったものならば、裂けた部分を研磨してビーズに再加工することは想定内の出来事であるが、しかしいかに未開人（この場合は縄文人も含む）であったとしても、これを玦状耳飾りとして（あるいは可能性は低いが耳栓として）使用するには、彼らの美的センスには合わなかったのではないだろうか。また藤田氏は九州の大分県川原田洞窟遺跡の類例を傍証としているが、ここと富山とは距離的に離れすぎていて、氏の展開するヴァリエーション理論は説明がつかないものとなるのではないか。

　そして、藤田説に決定的な批判を展開したのは、東北アジア考古学が専門の大貫静夫氏であった。同氏は2回にわたり批判を加えている。最初は1998年刊行の『東北アジアの考古学』の中で、次のように述べている。

　「最近は興隆窪文化など北方地域からも古い玦状耳飾りが見つかってきたことから状況が変わってきた。北の方が長江流域よりも出現年代が古くなってきたのである。また、沿海州のチェルトヴィ・ヴォロタ遺跡でもやはり古い玦状耳飾りが見つかっている。（中略）北方における古い玦状耳飾りの発見でもう一つ重要なのは、それが長江流域のものと無関係であるとすれば、すべてが

一つの起源地から伝播していったのではないことを明らかにしたことである」（大貫 1998）。

さらに、その後の論考（大貫 2003）では「従来、大陸では長江下流域がその起源地として注目されてきた。それはその地域にしか古い玦状耳飾りが見つかっていなかったからであるが、最近は中国東北地方やロシア沿海州など北方地域から古い玦状耳飾りの出土例が知られてきている。そのため、伝播論の起源地をめぐる議論は従来と別の方向に動きはじめている。（中略）北方と南方の玦状耳飾りがどのような関係にあるのかまだよくわかっていない。両者が関係あると仮定し、現状の年代では北方がやや先行することをふまえれば、北方起源、南下論となるが、年代以外何の証拠もない。（中略）藤田は、その後大陸北方における古い玦状耳飾りの発見から、玦状耳飾りの起源地を中国東北部とその周辺地域として、列島における玦状耳飾りにはその北方から伝わったものと、一度南下して江南地方を経由した南方から伝わったものがあるという、南北二系統論に変化していった。そして北海道の縄文時代早期に石刃鏃石器群とともに現れる玦状耳飾りを介して本州に伝わったという可能性を示唆した麻柄一志（2002）氏の考えに理解を示している（藤田 1998）。この点で、麻柄氏、そして最近の藤田氏は楽観的なようだ。その後、本州に普及する玦状耳飾りとつながるとすれば、縄文時代日本海直接横断交流論の主要な論拠が否定されるという重要な結論に導かれることになるが、藤田にとっては、北方大陸部から伝わったか列島内で独自発生か否かの問題であり、それが日本海横断ルートであろうが、サハリン・北海道の陸路、海峡ルートであるかは大した問題ではなく、それに拘泥していないかのようである」と反論の余地がないほど痛烈な批判を展開している。

一方、藤田氏は中国東北部の興隆窪遺跡や査海遺跡で長江下流域で知られていた玦状耳飾りより古いものが発見されるや、自説を軌道修正し、日本列島には中国大陸から二つの流れ、すなわち一方は中国東北部、もう一方は長江下流地域から伝わったと想定した（藤田 2004）。しかも中国では東北部と長江下流地域では別々の形態的変化を遂げるが、日本列島にもこれらと対応する形のものがそれぞれの地域から伝来してきていると言う。これに対して、大浜良介氏は査海遺跡と共栄Ｂ遺跡の玦状耳飾りを比較すると、断面形をＤ字状をする

ことなど共通点が見受けられるが、このような特徴はその後の日本列島には見られない特徴であると指摘している（大浜 2002）。

　藤田氏と同じく日本海側に拠点をおいて研究を進めている橋本澄夫氏は、藤田氏の見解とは玦状耳飾りの出現地や時期においては多少は異なるとしながらも、玦状耳飾りは鳥浜貝塚で開花した漆工技術と同じコースを経て長江下流域から日本海沿岸に達したと文化事象の一つと考えられるとし、そして玦状の装身具が中国大陸から周辺地域に波及している状況から判断して、これは漆工技術や一部栽培植物と共に日本列島に伝播してきた可能性が高く、その経路としては対馬暖流に乗っての日本海コースもありえると想定している（橋本 1999）。この見解にはいわゆる照葉樹林文化論と一致する部分が出てくる。しかし照葉樹林文化論者たちは対馬海流を考慮に入れていなかったようである。

　上田耕・栞畑光博両氏は、藤田氏の江南起源説が中国北部の査海遺跡からの新資料の発見で検討をせまられていることから、中国大陸北部起源のものが日本海海岸部を南下して九州に到達した可能性を考える余地があるとしている（上田・栞畑 1997）。

　視点を少し変えてみよう。

　縄文人の玦状耳飾りに対する愛着は中国人が玉に対して抱いた異常な憧れには遠く及ばなかったように思われる。そのような縄文人が、日中間の交通手段が発達していなかった時代に、いったいどのような方法で中国から日本へ玦状耳飾りを運んできたのだろうか。あるいは、縄文人が中国の玦状耳飾りの「最新の流行」の情報をどのようにしていち早くキャッチし、それを自分たちの流行に取り入れていたのであろうか。縄文の玦状耳飾りの中国起源論者は、縄文時代における卓越した航海術の存在を前提にして発言しているのであろうか。構造船を用いて航海した奈良・平安期の遣唐使ですら艱難辛苦のすえ大陸と往復したというが、それよりはるか以前、丸木船しか持たず、決して卓越した航海民族とは考えられない縄文人が、中国まで絶えず往来していたとは、私にはとうてい考えられないのである。いうまでもなく中国の側の人びとがしばしば日本列島にやってきたとも思われない。

　もしかすると中国起源論者は、室町時代には日本の商船が南洋方面に乗り出し、安南地方まで航海していたことなどに注目しているかもしれない。その頃

にはすでにポルトガル人から教わった羅針盤を使っていたし（岡田 1943)、ポルトガル人が作成した南方の航海図を日本風に直して利用してもいたのである。すなわちこの時期の日本人の航海術を引き合いに出して、縄文人もまた偉大な航海者であったかもしれないなどとは言うのは全く無理なのである（cf. 高山 2000)。また古代中国人にしてもしかりである。中国人は本来海洋民族ではなかったのである。そのため漢字には魚偏の字が少なく、今日日本語の中に見られる魚偏の漢字には、日本人が作ったものがかなりあるという（金田一 1991)。しかし鄭和の1405年からなされた7回に及ぶ大航海などを考えると（cf. リヴァシーズ 1996)、彼らは日本人より航海術に長けていたことはまちがいない。

閑談　北硫黄島発見の土器の起源

北硫黄島で発見された土器はパリノ・サーヴェイ㈱による胎土の分析からマリアナ諸島起源と言われてきたが（小田 2002b)、正式な発掘報告書を作成中の早川泉氏から鑑定を求められた私にはマリアナ諸島の土器とは思えなかった。そこでオセアニア各地で発掘される土器の粘土の分析を長年にわたって行っているアリゾナ大学地球物理学研究所のW.R.ディキンソン（Dickinson）教授に研究を依頼した。その結果、これらの土器はマリアナ諸島の土器とは無関係で、同島で製作されたものであることが判明した。これらの土器を見て私が驚いたのは、その中に明治大学が八丈島で発掘した縄文土器と似たタイプの超厚手のものが含まれていたことである。もし仮に北硫黄島の土器が縄文土器と関係があったとしても、それは日本の漂流民たちが残したものであって、江戸時代の日本人は「岸辺の民」（石毛 1974）や「海岸民族」（芳賀 1989）であったと揶揄されるように、縄文人もオセアニア人のような勇敢な海洋民族とはほど遠かった。なお、北硫黄島で発見された土器以外の遺物にはマリアナ諸島先史文化との共通性を示すものがあった。オセアニア人の移住史からいえば、北硫黄島にはチャモロ人の航海者が来ていてもおかしくないし、むしろ来なかったと考えることのほうが不自然でさえある。

中国起源説擁護派の見解

しかし大貫氏らの批判を受けても藤田氏は自説を撤回するつもりはないようである。藤田氏は北海道の共栄B遺跡で発掘された玦状耳飾りやオタフク岩遺跡から発掘された環状晶石が共に石刃鏃文化に伴うことから玦状耳飾りは北方系文化に属すると考える（藤田 2002)。私は旧石器時代には門外漢なので石

刃鏃文化に言及する資格はないが、ただ藤田氏のように北海道の資料と九州の大分県の類似資料とを時空を超えて、直ちに結びつけて結論を引き出す論法は牽強付会であるように思われる。なぜなら、共栄B遺跡で発掘された遺物について発掘者の後藤秀彦氏は、この遺物には玦状耳飾りの特徴である？部の切れ込みがシャープでなく判断にまようと述べているだけでなく、この遺物の形状は断面が扁平で縄文前期末から中期のものに近似していて、もしそうであるとするならば、浦幌式土器を含む石刃鏃文化石器群が不当に新しい編年的を与えられることになり矛盾が生まれるため、この遺物の解釈に苦慮しているからである（後藤 1976）。この問題に関連して鈴木克彦氏の「早期北海道の石刃鏃文化が大陸系の石器文化なのでその起源を大陸に求めることはできるかもしれないが、それと本州の主として北陸、中部地方に多い玦状耳飾り等との系譜や関連性は十分に明らかになっていない」（鈴木 2006）という発言は傾聴に値するものである。

　しかし麻柄一志氏はこの藤田氏の仮説に関して「誰もがサハリン経由で大陸からの文化の流入と捉えている石刃鏃文化に伴う石製装飾品のあるものは列島内での発生は考えにくく、やはり大陸に起源が求められる」と述べている（麻柄 2002）。また木下悦夫氏は、福井県桑野遺跡の発掘資料などから玦状耳飾りに開けられた孔の中には補修孔ではない事例があって、従来の解釈に疑義があると提起して、従来の用途に関する「常識」に新風を吹き込む見解を提示しているが、藤田説に異を唱えることはせず、大陸と列島の装身具を比較してみると共通する類例が多々あることから、相当、長期間にわたり波状的な交流が見られるものと推測される、と結論づけている（木下 2002）。

　ここで「補修孔」について触れておきたい。玦状耳飾りの切れ目の反対側、つまり上部に穿たれた孔は補修孔ではなく使用時の落下防止のためのものと想像される。またアッサムのナガ族の玦状耳飾りから類推できるのは、円孔から上端に向かって細い溝を刻むならば、ここに落下防止用の紐を結び付けるのに役立ったのではないかと思われることである。木下氏の論考中の第5図の左側最下段の玦状耳飾りに溝のように見える部分があるが、もしこれが溝であったならば、このような目的から作られたものと考えられる。また藤田富士雄氏は古代中国で切れ目の両端にある孔は紐でとめて落下防止用であったらしく思

えることから、縄文時代の玦状耳飾りに見られる同じような孔はこのような目的を果たしていたかもしれないと推測している。着想は傾聴に値するが、私はこのような民族例のあるのを寡聞にして知らない。

なお、中国起源説への反対論が優勢と思われる状況下で、中国起源説があたかも通説になっているかのような岡田康博氏の記事に接して意外な感に打たれた。岡田氏は「（日本の）玦状耳飾りは（中略）大陸では長江下流域や中国東北部、沿海州に分布し（中略）、日本列島では大陸からの影響で玦状耳飾りが作られるようになりましたが、石製のものが早期後半に全国各地に広まり、その後、形態を変えながら前期、中期に存在して日本列島独自で発展したと考えられます」と述べている（岡田 2006）。しかし中期にも玦状耳飾りは存在し、しかもそれが発展を遂げたことを示す明白な考古学的証拠はほとんどないのではなかろうか。岡田氏は結論として「大陸と日本列島は日本海をはさんで縄文時代においても互いに密接な交流があったことがこれらの遺物からもわかる」と述べ、石刃族と玦状耳飾りを交流の証拠として挙げているのである。

ところで余談になるが、岡田氏に限らず、日本の考古学者が「交流」という言葉をしばしば使用することに私は多少の違和感を抱いている。なぜかといえば、「伝播」と違って「交流」となると思想や文化などの一部にしろ、全部にしろ、それが（あるいはそれらが）相互に往来したことをを意味することになるからである。縄文時代早期の日本からいったいなにが相手の中国に流れたのか、私には具体的な事例を思い浮かべることができない。たとえば、古代のフィリピンから中国に輸出された産物として蜜蝋や樹脂、籐その他の貴重な木で製作された品々などがあったが、これらはジャングルの中で手に入るものであったからである（Solheim 1981）。

余談はさておき、結論の繰り返しになるが、日本の玦状耳飾りと違って、東南アジアで見られる玦状耳飾りは同一系統のものであると思われる。そしてたとえ有角玦状耳飾りや双頭獣型玦状耳飾りではなくても、現在のアッサムのナガ族が使用している四角形や円形の玦状耳飾りはインドシナの金石併用時代に存在していたものが（たとえば、補津 1943）、生き残ったものであることは明らかである。この推論は他の文化要素における共通性と照合しても支持できる。しかしこれに対して、日本の玦状耳飾りは偶然に発生する確率が高い単純

な形状をしている。たしかに縄文時代の玦状耳飾りには円形だけでなく長方形や三角形などをした石製玦状耳飾りがある（桑原 1993：第9図75）、またこれと同じ形状の土製玦状耳飾りも存在する（桑原 1994：第10図52-24～31）。しかしこれらは縄文人が独自に考案したもので、偶然の一致であると私は考えている。

　ここで再度、私の結論を述べるならば、日本の玦状耳飾りは縄文人が動物の牙か巻き貝か釣り針などのようなものを原型として誕生させたものと推定される。しかし現在、その原型を特定することはできていない。いずれにせよ、日本と中国における同じ形態の玦状耳飾りの存在は文化の独立発生説を考えるうえで好例となることは確かであろう。

閑談　左重視思想

　藤田富士夫氏は、中国の玦状耳飾りは左重視の思想の原理から左側の耳から発掘されると述べる。そして中国で発掘された人骨の左中指には指輪が装着されていたし、また現代の結婚式で左手薬指に指輪をはめるのは古代ギリシア人の左手薬指は心臓とつながるとする言い伝えに由来するのであり、左側重視の習慣は洋の東西を問わず、心臓の位置と深く関係があるかもしれないと論じている（藤田 1992）。このギリシア人の事例は武光誠氏の一般読者向けの書物に依拠しているのかもしれない。

　しかしはたしてそうであろうか。ヨーロッパでは結婚指輪の習慣はローマ時代まで遡るが、しかし16世紀末までのイギリスでは右手の薬指にはめることになっていたとも言われている（高橋 1991）。東アジアではウラル・アルタイ民族の語では左は多く悪として卑まれ、右は善として尊ばれたが、トルク種に属す匈奴では左が尊ばれた。漢民族では時と所によって異なるが、上代では右を重んじ、左を軽んじたといい、日本では左尊思想がある反面、右尊左卑の思想もあるという（礫川編 2004）。また『アングロ・サクソン人の家』の著者のスラップ（Thrupp）によれば、9世紀か10世紀まで女性は結婚相手を自由に決められなかった。宴会である結婚式の時には指輪は乙女の右手の上に常に置かれた。そしてその後なされる最後の式のとき、花婿は花嫁の左手の指の一本一本に代わる代わる婚約指輪をはめた（Walsh 1898）。スコットランドの女性は婚約指輪を手にすると、自分と同じような幸いが訪れるようにとそれを友人たちに手渡す。彼女たちはそれを婚約指に入れるが、指の第二関節より奥まで入れてはならない。そして彼女たちは願いごとをしている間、この指輪を自分の心臓に向けて3度回転させるという（Opie and Tatem<eds.> 1989）。

中国の左重視思想についてもう少し触れるならば、中国では西周時代の人骨では両耳から玦状耳飾りが発掘されていた（高山 1967）。中国では殷代では右衽（右前）であり、これは漢代まで同じであった。その後、一時、北の遊牧民の左衽の習俗を採用したが、やがて右衽に戻った（内林 1998）。トルコ族に属す匈奴では左が尊ばれたが、東アジアではウラル・アルタイ民族では左は悪として卑しまれた（礫川編 2004）。中国文化の影響で周辺民族は左衽から右衽に変わったと言われているが（内林 1998）、なぜか古来、中国の強い影響を受けてきた日本は左重視である（寺石 2004）。古墳時代の埴輪の多くは左衽である（金谷 1962）。日本の神話に登場する神々も左目を潰しているが、縄文時代の土偶には故意に右目を傷つけたものがある。また、インドでは左手を尊ぶため仏僧の法衣は左衽である（中山 2004）。日本の左衽はインドの影響によるものであろうか。

第2節　縄文耳栓の起源

縄文の耳栓の民族学

　私の耳栓の起源についての研究と藤田氏のそれとの違いは、スタートラインから始まっていたようである。すなわち、私の研究は縄文中期に登場する最古の土製耳栓を調べていた過程で得られた結論であるのに対して、藤田氏の研究は当時富山県極楽寺遺跡で発見された前期初頭の石製柱状玦状耳飾りなどから引き出された結論であるように思われる（藤田 1975）。

　拙論の発表以降に発見された耳飾りは、量的に飛躍的に増大し、そららは形態的にもすばらしいものばかりであった。当時の私にはまさかこのような日がくるとは予想もできなかった。その結果、わずかの資料から引き出された私の想定には、土製玦状耳飾りから土製耳栓が生まれたとする骨子以外、訂正しなければならない点がいくつもある。たとえば、その形態である。あれほど私がその発見を夢見ていた土製の玦状耳飾り兼耳栓のみならず（西川 1995：第6図 -162）、その石製品までもが発見されていることには驚嘆するほかない。それに加えて、サメの脊椎骨をモティーフにした土製玦状耳飾りまでもが発見されている（西川 1995：第5図 -128；桑原 1993：第8図 -48～51）。これらの遺物から、土製玦状耳飾りが製作されていた頃にはサメの脊椎骨製耳栓も併用されていたことが明らかであるし、現にサメの脊骨製耳栓は土製玦状耳飾り

が出現する前期末以前に使用されていたこともその遺物自体の発見で明白となった。石製玦状耳飾りが使用されていた時代にも穿孔された耳朶を大きくするためか、あるいは他の理由から分からないが、サメの脊椎骨が耳飾りとして使用されていたことは民族例からも類推される。また先にも述べたが、サメの脊椎骨の中心部を穿孔して、そこから周縁部に向かって一個の細い切れ目を入れれば、玦状耳飾りが出来上がる。このタイプの遺物は未発見であるが、前期にはすでにこのような過程を経過して生まれた骨製玦状耳飾りが存在した可能性がある。

次に興味を惹かれるのが、石製にしろ土製にしろ玦状耳飾りの文様と土製耳栓との間の図案の違いである。

土製・石製玦状耳飾りの図案の中にはアンボンクロザメなどイモガイの文様が模写されていたことは明白である。タイのバンチャン遺跡などからはイモガイを輪切りにして玦状耳飾りに仕上げた遺物が発掘されているので、縄文人もイモガイを玦状耳飾りに加工したことがあったと想定される（しかしこのような遺物はまだ発見されていない）。

不思議なことに、これは中期の土製耳栓の製作者にはあまり継承されることはなかったように思われる。その理由として考えられることは、アンボンクロザメなどの殻頂部から耳栓を製作するには縁周の厚みがなくて使用しにくかったので、このような耳栓が製作されることがなかったかもしれないということである。しかしアンボクロザメなどイモガイの殻頂部から小さな円盤を作って、それを土製か木製の耳栓の枠の中心部に象嵌していたことも十分に想定される。また、ヒマラヤのダフラ族の男女は断面の薄い耳栓を使用している（Fürer-Haimendorf 1955:pls.21-22）（本書、図8参照）。この場合、耳栓の落下を防ぐためであろうか、中心孔と耳朶を紐で結びつけている。このことは考古学者が考えられないほど薄い耳栓も装着可能であることを示している。

ともあれ、今後の縄文時代の遺跡の発掘でイモガイの殻頂部で製作された耳栓が発見されることを期待したい。

いずれにせよ、どうして土製・石製玦状耳飾りの文様が中期の土製耳栓にあまり継承されなかったのか、真の理由は不明である。ただ強いていうならば、それは「好み」の変化に起因していたのではないか。そしてさらに、土製・石

製玦状耳飾りと土製耳栓の製作場が変わってしまった可能性も考えられるのである。具体的に言うなら、土製耳栓の本格的な製作場所がアンボンクロザメなどの巻き貝が身近に見られた海岸部から、それらが容易に入手し難い内陸部に移った結果によるものかもしれないと推測される。しかし問題は、アンボンクロザメが土製玦状耳飾りが最も栄えた千葉県をはじめ、東京都・神奈川県などの海には生息していなかったように思われることである。なぜなら、縄文時代の貝塚からはこの貝は出土していないからである。しかし当時は今と違って少なくとも八丈島付近では生息していたことは否定できないのでないかと、我田引水をしたい気持ちである。この想定が無理ならば、次に考えられることは、もし縄文人がアンボンクロザメを入手していたならば、さしあたりそれは沖縄方面から中継交易でもたらされた可能性が高いといえよう。

ところで、もしアンボンクロザメなどイモガイの殻頂部製耳栓が存在していたならば、周縁の厚みが好みの厚さにまで自由に製作可能な土製耳栓の登場によって、このようなイモガイの殻頂部製耳栓は人気がなくなって、オセアニアで人気があるようなペンダントとして愛好されるようになってしまったのかもしれないということである。しかしこのような遺物は貝と同様に未発見である。

耳栓の起源に関する今後の研究課題

ここで、耳栓の起源に関して今後の研究課題となるものを列記しておこう。
(1)
縄文最古の土製玦状耳飾りと石製・土製耳栓を徹底的に集成して比較分析すること。この研究の場合、鹿児島県出土の耳飾りは東日本のものとは系統的に関係がないので除外することになるかもしれない。むしろ鹿児島県の事例は同じような形状の耳飾りが日本という狭い地域で独立発生的に誕生する現象であることを明らかにしてくれた格好の資料として重要であると言えるかもしれない。なお下関市で発見された渦巻きの文様を付けた耳栓は東日本のものと同一系統に属すと考えられる。
(2)
藤田氏が私の土製玦状耳飾りから土製耳栓が派生したとする推定に対する批

判の拠り所として取り上げている「体部凹状管玉状品」は、玦状耳飾りとしても耳栓としても、はたして穿孔された耳朶に耳飾りとしてしっかりと装着できるかどうかいささか疑問である（もし仮にできたとしてもきわめて落下しやすかったはずだが、決して不可能ではなかったかもしれない）。

(3)

　もし「体部凹状管玉状品」のようなものから土製耳栓が生まれたとしたならば、どうして中期に土製耳栓が出現したとき、石製耳栓が土製耳栓より一般的か、あるいは少なくとも同程度の人気で継承されなかったのか。

　石製玦状耳飾りを使用している時期に比べて、中期になると縄文人が石に顕著な愛着も持ち始めたことは、各種石製装身具の登場からうかがえる。縄文人が石製玦状耳飾りを使用していた当時は、石そのものにはそれほど愛着はなかったために、土製品の製作技術が発達すると、それに代えることに躊躇しなかったと考えることが妥当かもしれない。また中期には玦状耳飾りの再利用品や不整形な垂飾品が存在するということは（鈴木 2006）、この時代には玦状耳飾りの魅力はほとんど耳栓に取って代わっていたことを示す証左の一つと解釈されるであろう。

　そうは言っても、山梨県下で発掘された貝形石製品や鮫の歯形石製品（山梨県立博物館 2004）のような優品を見ると、石の製作技術はペンダントに応用されて生き続けていたように思われる。これらの石製品はネックレスとしてだけではなく、時には耳飾りとしても併用されたのかもしれない。

　縄文人が耳朶を穿孔してそこに耳栓を挿入したことは土偶がそのようすを表しているので明らかである。特に、神奈川県横浜市出土の土偶は穿孔さた耳朶が耳栓を挿入した結果長く垂れ下がっているようすをよく表現している（十菱 1988）。これに対して、土偶には玦状耳飾りを表したものがない。このことは大正時代に大野雲外が指摘して以来、現在にいたるまで変わっていないのである（大野 1922）。玦状耳飾りが流行していた前期には写実的な姿をした土偶が存在しないということかもしれないが、一部の学者は玦状耳飾りは中期以後も残存したと主張しているので、もし仮にそうであるならば玦状耳飾りを表した土偶がないのは謎である。

　外国には先史時代においては耳栓と玦状耳飾りが併存していたことは、たと

えばヴェトナムに事例があり、横倉雅章氏によれば、ドンソン文化期の青銅製人物像にはなんからの耳飾りが表されているのであるが、それらは玦状耳飾りか耳栓であるという（横倉1987）。

第3節　土製玦状耳飾りと耳栓は併存したか

再度、土製玦状耳飾りと耳栓について

　小野正文氏は、縄文中期には土製玦状耳飾りと耳栓が同時に併存したと述べている（小野1989）。しかし西川博孝氏は、小野氏が両者の融合形として上の平のⅢ類d1玦状耳飾りは他にも類例があることや、いわゆる滑車形耳飾りとは言い難いと述べている。そして両者が時期的に重なりそうな事例として新道式段階を指摘し、釈迦堂Ｓ－3区ＳＢ95からは両者が共に出土しており、また同じく新道段階では神谷原ＳＢ109から上下非対称の耳栓が出土していると述べ、そしてこの問題については今後の課題としている（西川1995）。玦状耳飾りの研究において私が最も知りたい点は、石製玦状耳飾りと土製玦状耳飾りとの間に形態上どのような類似性と差異が認められるかである。これは石製玦状耳飾りと土製玦状耳飾りが本当に併存していたかどうかを知るうえで重要だからである。

　ここで縄文時代における編年至上主義の研究概念をあえて無視して述べるならば、土偶には玦状耳飾りを表したものが皆無であることについてはさまざまな推定が可能である。

　まず、玦状耳飾りは耳栓とは時代が違うためであるとする考え方である。しかし、縄文中期以降になる玦状耳飾りが減少するが例外的には存在すると言われているから、この解釈は無理な気がする。すなわち、先に触れたが、両タイプの耳飾りが併存することはめずらしいことではないのである。古代インドの人物像、たとえば10世紀頃に製作された砂岩製の「ガンガーの女神」には大きな耳栓をつけたガンガー女神と玦状耳飾りを付けた人物像が一緒に彫刻されているし（朝日新聞社1994）、またこれより古い2世紀の浮き彫りにも同じことが言える（京都国立博物館他編1994）。そして現在売られているカーリー女神が夫シヴァを踏んでいる絵ではカーリーが耳栓を付け、カーリーが手にか

かげている生首には耳輪が描かれている（立川 1990）。さらにまた、耳栓と玦状耳飾りを同時に使用している民族例もある。あるいは、縄文時代の土偶は原則として女性を表しているので、もし男性が玦状耳飾りを佩用していたのならば、土偶は女性なので耳栓しか表現されなかったという推理も成り立つかもしれないが、現段階では肯定も否定もできない。台湾の卑南遺跡における1A式耳輪の人骨の耳部における原位置からの出土（連 2000：図版 4）と同じような発掘例が縄文の遺跡でもあることを期待したい。

またもし将来、縄文時代の遺跡において玦状耳飾りと耳栓が一個の壺から同時に出ることがあっても、それは耳栓を使用していた人が玦状耳飾りを祖先からの家宝として保存していただけのことだとする解釈も可能なので、両者が同時に使用されていたと見なす裏付け資料にはならないかもしれない。あるいはこれについて「デポ」としての視点からの説明はなされることであろう。

ところで、縄文人は耳朶だけを穿孔したのではない。長野県腰越遺跡出土の縄文時代晩期末の容器形土偶は耳介部の穿孔を表している（江坂 1960：第 99 図）。また北海道絵鞆遺跡の土偶の耳部から頭部にかけて付けられている半円状の突帯は耳栓が落下しないように紐で吊したフィリピンなどの民族例の玦状耳飾りを連想させるが、そのようなことの確認は難しい。また青森県亀ケ岡遺跡の土偶には耳飾りの装着していない状態を表すかのように孔だけが表現されているものがある。風韻堂個コレクションの中にも3例あることを鈴木保彦氏が報告している（鈴木 1980）。そしてミミズク土偶にもこれが認められることは（茨城県立歴史館 1994）、縄文人が耳栓を外していることもあったことを示すだけでなく、これらの土偶のこの孔には花のようなようなものが差し込まれたりしていたのか、謎は尽きない。

ここで玦状耳飾りの耳飾り以外の機能についての研究に触れておきたい。それは土肥孝氏の玦状耳飾り「死葬束」説である。それによれば、玦状耳飾りは本来死者の耳を飾る特別な造形であったが、後にそれが一般化したときにも「生者の装身具」とはならなかったという解釈である（土肥 1997）。

日本の民俗には頭陀袋にさまざまなものを入れて死者に持たせるものがあったというが（井之口 1965）、特別に装身具を副葬するような慣行はないようである。玦状耳飾りが「死葬束」として重要なものであったならば、これが副

葬された人骨の事例が普遍的であってもよいのではないかと思われる。言うまでもなく、民俗学・民族誌的事例がないから縄文時代ではそうではなかったという論理は通用しないが、玦状耳飾りが生者の耳飾りでなかったとするならば、前期の人びとはどのような耳飾りをもっていたのだろうか。

もっとも、私は縄文時代の直径が10cm以上もあるような大型耳栓は、死者の副葬品として特別に製作されていた可能性を考慮に入れておく必要があると考えている。老人の老化した耳朶にこのような大きな耳栓を入れるのは無理のように思えるからである。それにヤップ諸島では死人の鼻中隔に穿孔するという民族誌例（真偽のほどは不明であるが）などを見ると、縄文時代にも死者には生前よりはるかに大きな耳栓を副葬品として供えたかもしれないと考えたくなる。

これに関連して私はつぎのような想像をしている。すなわち、縄文人が死者を弔うにあたり用意した遺物に、超大型耳栓の他に子安貝があったかもしれないと思うのである。青森県亀ケ岡遺跡出土の土製仮面の眼の文様は子安貝を象眼したものと考えられる（図20の上段）。縄文人が子安貝を仮面の目に象眼していたことまでは推測が可能であるが、このタイプの仮面が死者の顔を覆うためのものであったかどうかは分からない。ただ子安貝自体が葬制に使われた可能性は十分にあると思っている。図20の下段はニューギニアのセッピク地域で死亡した親戚の人の頭骨や戦闘で獲られた首を生前の姿にするために目に子安貝を象眼し全体は粘土を塗って復元したものである（Firth 1936）。

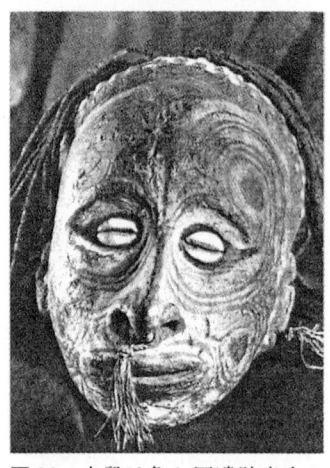

図20 上段は亀ケ岡遺跡出土の土製仮面（江坂1960より）。下段はニューギニアのセッピク地域の装飾された人骨の頭骨（Firth 1979より）。

なお、縄文人が子安貝に強い愛着を抱いていたことは、精巧な土製品の存在からも裏づけられる（高山 1997）。とは言っても柳田国男氏が日本人の起源を解明するうえで関心をもった2種類の子安貝とこれとは脈絡はない。民俗学者の赤田光男氏は鬼瓦などに描かれた波兎のデザインをウミウサギの貝に求め、さらにこの貝を柳田が言及している貝と同一視しているが（赤田 1997）、ウミウサギは子安貝とは別種の貝である（白井 1997）。

　付言すると、考古学からシャーマンの存在を想定することをピアソンが試みているが、その中で民族学的資料によれば多くの伝統的社会ではガラガラや太鼓が儀礼には大切なものであって、音楽的な音はどのシャーマン文化でも神聖な儀礼的機能をもった重要な役割を果たしているようだと述べている。そして特に道具を使わない口笛もまた祖霊を呼び寄せるためだけでなく、離ればなれになった魂の回復にも通常使われる手段であると述べている（Pearson 2002）。また古野清人氏は、アメリカ・インディアンではシャーマンは呪医と呼ばれてきており、彼らが使うものは灰色の熊の爪の冠、踊り用エプロン、丸いガラガラであると述べている（古野 1942）。

　横道にそれるが、インドネシアのボルネオではかつてはシャーマン（sharman）と精霊に奉仕する者（priest）が別々にいたが、ホーウズとマクドゥーガル（Hose and McDougall）のカヤン族の研究ではこれが見落とされてしまった結果今日に至っていると（Winzeler 1993）は批判している。ここでは精霊の媒介をするいわば巫女（priestess）が儀式に使う所有品には耳飾りは含まれていない。鈴を付けた鳴子はある（Appell and Appell 1993a）。東部カリマンタンのブルスー人の精霊を媒介できる人（男女を問わず）はフンドシをズボンに穿きかえるか、腰布（sarong）を着用する。このような精霊の媒介者は籐の一片を、釣り糸にするためはがして、それを床の板の間を通して下にたらす。この場合、これで失われた魂を「釣り上げている」のである。あるいはあたかもボートの中に棒で櫂をつかう仕草をするように座ることもある（Appell and Appell 1993b）。また巫女が病人の体の中の悪霊を取り去るために男性の剣や楯を使うこともある（Appell and Appell 1993a）。このような状況は、日本で狐や狸を人間の体に憑く狐や狸を取り除く習俗と似ている（*cf.* 石塚 1972, 吉田 1972）。どこでも偶然に生まれる信仰であろう。

縄文時代の土面に口をまげた姿のものがあるが、これは口笛を吹いているようすを表しているのであろうか。またこれに関連して想起されるのが、縄文時代の土製の鹿を呼ぶ笛である。これはアイヌの現世品と同じ音色であるという（渡辺 2006）。そこで想像を逞しくすれば、鹿笛としての本来の用途以外に、縄文時代には鹿に扮したシャーマンのような人物が時にはこれを使用していたのではないかいうことである。これに関連する民俗学的資料としては連想されるのが、宮城県から岩手県にかけて害虫予防のためになされる鹿踊りである。ただこれは、人びとが稲の穂に群がる害虫のウンカの被害に苦しんでいたとき、現れた鹿がウンカを食いつくしたことを記念して始まったとする伝承に基づくので（本山 1947）、弥生時代以前の縄文時代まで遡らせることは現時点では不適切かもしれない。

ここで縄文時代における土製玦状耳飾りから土製耳栓への変遷過程を民族学的資料によって想定しておきたい。

図 21 の上段の左側は玦状耳飾りを垂下したときのようすである。その右側の写真は玦状耳飾りを外して、穿孔されていた耳朶の孔の大きさを示したものである。また、同図の下段の左側は玦状耳飾りに替わって耳栓を挿入したときのようすであり（以上は Jenks 1905）、右側は竹製の筒型耳栓を

図 21　上段の左側は金属製玦状耳飾りを付けたボントック・イゴロット族の男性。その左側はそれを外したため耳朶に穿孔された孔が見える（いずれも Jenks, 1905 より）。下段の左側は装飾された耳栓を付けたボントック・イゴロット族の男性（Jenks 1905 より）。その右側は竹製の筒型耳栓を付けたカリンガ族の男性（Worcester 1906 より）。

着装した写真である（Worcester 1906）。さらに、穿孔された耳朶の孔に細い棒の数を増やしておく過程で耳栓と同じような形態の耳飾りが生まれる可能性があることを、図22の上段と中段の写真は示している。これは細い棒を多く束ねて使うボントク族の例で（Jenks 1905）、穿孔された耳朶の孔を大きくするためにはどうしても伸張器（錘）が必要となるが、細い棒を束ねたものは、まさに耳栓と大差ない形状となっているのである。ここまでくると土製耳栓の誕生などは時間の問題であるといえよう。同図の下段は象牙製耳栓を佩用した中央に住むマー族の写真である（Newton ed. 1998）。

ところで、先に図13の上段の左側に縄文中期の円盤形土製耳栓を掲載したが、この程度の大きさの耳栓が使用可能なことは右側のペルー人の民族例からも首肯できよう。ただこれは木製品である。なお、日本の耳栓の研究では、私も含めて、その重量を計ることを失念してきたが、この点は民族誌的資料との比較研究に大きな障害となっている。

問題点の整理

最後に、未解決の事柄についていくつか指摘しておきたい。

大型耳栓を使用していた人が玦状耳飾りを垂下したときにはどのようになるかを推測するために図13の下段右側の写真を掲載し、また図16には多くの耳輪を付けたために耳

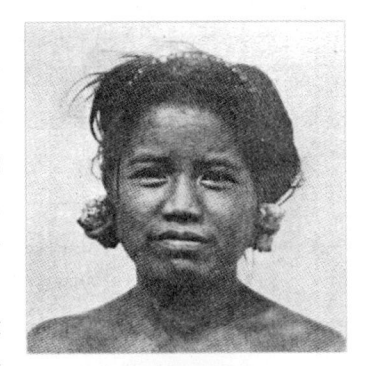

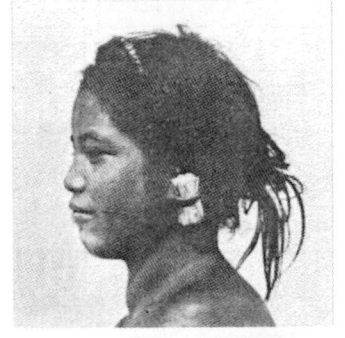

図22 上段は細い棒を束ねた耳栓を挿入したボントク族の若い女性（Jenks 1905より）。中段は側面から見たようす。下段は象牙製耳栓を付けたヴェトナムのマー族（Dournes 1988より）。

朵が伸長する民族例を示した。そこで考えられるのが、はたして縄文時代に多くの玦状耳飾りを付けたために耳朶が長く伸長したようなことは起きたかどうかである。これを裏づける考古学的発掘例も、またこのような民族例も知られていない。しかし、これは単なる私の印象でしかないが、むしろ縄文時代にこのようなことがあった可能性を考えてみておくほうが妥当なような気がする。

ようするに、縄文前期の玦状耳飾りの時代に、これを佩用するために穿孔された耳朶の孔を大きくするのに使用されていた耳栓形のタイプの耳飾りが、縄文中期になると玦状耳飾りに取って代わったのではないかということである。このような変化は民族誌的には少しも不思議ではないし、それは想定外のことではないのである。換言すれば、縄文の耳栓は外国からの渡来したものはなく、日本国内で誕生したと考えるのが妥当ではないかということである。

玦状耳飾りと耳栓とは表裏一体の関係にある耳飾りだったので、縄文中期になって土製品の製作技術の向上に伴い、簡単に土製耳栓に人気が移ってしまったと考えても間違いではないかもしれないのである。この場合、一つの耳飾りが玦状耳飾りと耳栓に兼用可能な形に作られることがあったことは外国にも類例がある。たとえばこうした例をヴェトナム先史時代に見ることができる。この国のドンダウ遺跡とスアンキュウ遺跡出土の多くの玦状耳飾りの中に例外的に玦状耳飾り兼耳栓がある（横倉 1987）。これらの体部には耳栓として必要な窪みもあるし、また狭い切れ目もあって玦状耳飾りとしての使用が可能である。ただこれらの形態は藤田氏が玦状耳飾り兼耳栓と考えている有明山荘型よりも切れ目が狭く、長さも短い。したがって、ヴェトナムのこれらの玦状耳飾り兼耳栓の類似品を用いて有明山荘型遺物も同じような機能をもっていたと見なすことはできない。

また形態的には同じであるが、他の装身具に転用される耳飾りもある。たとえば、メラネシアのポリネシアン・アウトライアーが住むオントング・ジャヴァ島の美しい鼈甲製鼻飾りは、耳飾りとしても使用される。つまり一つが二つの目的（dual pursose）を具備しているのである（Hurst 1996）。

以上、縷々述べてきたが、問題がすべて解決したわけでない。たとえば、中期の円盤形をした大型土製耳栓のプロト・タイプは不明である。この点を除外して結論を述べると、これまで熟慮に熟慮に重ねてたどり着いた土製玦状耳飾

りから土製耳栓への変遷経路についての私の想定など、ほとんど意味がないものとなってしまったようである。

これに関して、近時、吉田泰幸氏の精緻で客観的な研究が発表された（吉田 2006）。その中で同氏は私の耳栓の起源についての論考には内容的に問題になる部分は多々あるが、結論として大筋で妥当と認めているのである。かつて、桑原護氏の研究成果によって私の起源論の正しさがみごとに立証されたと興奮したが、すぐに反論が提出されて、それははかない夢だったかと嘆息したことがあったが、今や吉田氏の研究は、土製の耳飾りを製作した縄文の女たちが以前よりいっそうはっきりと私に向かって「あなたの研究にはいくつか問題はあるけど、玦状耳飾りから耳栓への変化については間違いないよ」と保証してくれたような気がしている。このことで私は、あたかも縄文人たちと会話ができたかのような錯覚に陥っているのである。

＜補遺＞

脱稿後、神奈川県鶴巻上ノ窪遺跡から、縄文中期に土製耳栓と石製玦状耳飾りが併存していたことを強く示唆する発見がなされていたことを知った。両者とも遺構外で発見されたため帰属時期の断定はできないが、耳栓は中期の典型的なものである。玦状耳飾りは硬質中粒凝灰岩製で三角形をしているので、中期の可能性が高い（かながわ考古学財団 1998）。

同じく脱稿後、メラネシアのソロモン諸島マライタ島で玦状耳飾りと耳栓が併用されたことを報告する文献が刊行された（Burst 2009）。ここの玦状耳飾りは東部ソロモン諸島のウラワ島でかつてウォードが発掘しているもの（Ward 1976）と同一タイプである。このタイプの玦状耳飾りが他地域のものと大きく異なる点は耳介の上部に穿孔された孔に挿入されることである。縄文人も耳介に穿孔していたことは土偶からわかっているので、これと同じような装着をしていたのかもしれないが、今のところなんとも言えない。またソロモン諸島の玦状耳飾りはイモガイ製で、その周縁部には鋸歯状の彫刻がなされている。このようなデザインは縄文の土製玦状耳飾りや現在のインドネシアなどの金属製玦状耳飾りにも見られる。縄文時代のものは別にして、インドネシアのものは東南アジアの有角玦状耳飾りと究極的には親縁関係があるかもしれな

い。ただソロモン諸島のものとインドネシアのものとは偶然の一致による蓋然性が高い。

　もうひとつ付け加えたいことがある。日本の周囲の諸民族の耳栓を民族学的・考古学的に通観して分かったことは、縄文中期の耳栓の側面は耳朶の厚さから前後に数ミリ出るだけの厚さがあれば、凸ではまずいが、垂直であっても耳栓としての機能を果たせるということである。私が思っていた側面が彎曲していることは、絶対条件ではなかったのである。栃木県那須烏山町台の前出土のＣ型土製玦状耳飾りは側面が窪んではいなかったが、耳栓と見なしてもおかしくなかったかもしれない。

　なお話はとぶが、甲野勇氏はマンシュイがカンボジアのサムロンセン貝塚出土の扁平輪鼓状遺物を耳栓と報告していると紹介したが（甲野1940）、これには側面についての記述がなかった。そのためか禰津正志氏はこれを紡錘車と見なした（禰津 1943）。実物を見ていない私には正確な判断はできないが、カンボジアや周辺地域の耳栓を眺めてみると、これはマンシュイの報告通り側面の彎曲した輪鼓状耳栓であったとしてもおかしくないと、今になって思われる。

第5章　縄文耳栓に込められたいくつかの謎解き

第1節　耳栓の文様のモティーフの解明

　土製玦状耳飾りにはイモガイのような巻き貝の文様を模したものがあるのは、当時イモガイを装身具のデザインに取り入れていた結果であるが、それに加えてイモガイ製玦状耳飾りも存在していた可能性があると先に論じたが、その際、土偶には耳栓を表したものがあっても玦状耳飾りを表したものはなく、またイモガイ製玦状耳飾りもまだ発見されていないと述べた。ところで、土偶には肝心のイモガイ製ネックレスのような装身具を表したものがないのである。それについては次のように考えられる。

　民族学的見地からみて、木製の人物像を製作する場合に耳飾りを表現しようとするならば、その時に製作者が目にするタイプの耳飾りを写すはずである。もっとも、南スマトラにあるタンジュンシリッチ（Tanjungsirich）像の彫刻には紅玉髄製ビーズが表されていると言われている（van der Hoop 1932）。しかしこのような事例は通有なことではない。したがって、縄文人が土偶に耳飾りを描いたとしても、ネックレスを必ず表現するような決まりがない限り、それを無視していてもいっこうかまわないことになる。考古学の約束ごとのひとつは、発見されているものがあればそれは当時存在していたことは明白であるが、だからといって未発見のものは当時なかったことにはならないということである。その好例が、最近見つかったおくるみでくるまれた赤ん坊の姿を表した土偶の発見である。これが見つかるまでは、縄文時代に現代のようなおくるみがあったとは、想像はできても、証明はしえなかった。

　土偶の耳朶に耳栓を表したものがあることについては、古く坪井正五郎氏が金山貝塚の出土例から気づき、川村眞一氏は福田貝塚のミミズク土偶が棒状の耳栓をつけていること、また甲野勇氏は軽米発見の土偶の中央に半球状の凸起

が付けられていることなどを指摘し、特に軽米発見の土偶は晩期の亀ケ岡式時代のもので、これが表している茸状をした突起は無紋丹塗りの小型耳栓であると述べている（甲野 1932）。

その後、江坂輝弥氏は奥羽地方出土の耳朶と耳栓を表した土製品の耳栓が、青森県名川町平遺跡や福島県寺脇貝塚出土の骨製耳栓のようなタイプを表していると指摘している（江坂 1960）。また、私は東京都草花遺跡の中期の土偶の耳栓をそれと指摘した（高山 1966）。さらに福島県小和瀬遺跡出土の土偶の耳栓がカフスボタン形の耳栓を忠実に表現していて（江坂 1960）、その製作者の卓越した工芸技能に感嘆したことも記した（高山 1969a）。

ところで、耳栓の中央に施された各種の透かし彫りの文様のモティーフには、何を表現したのか分からないものが大部分である。たとえば、それらの美しい図案は太平洋諸島ではインドネシアの樹皮布の文様（Kooijman 1965）、メラネシアの象眼文様をもつ貝製品（Reichard 1969）、あるいはポリネシアの木製品などに施された文様（Greiner 1923）などと比べると、差違ばかりが目立ち、その特異性に驚かされると同時に、これら外国の図案が縄文耳栓の図案の解明に役立たないことにも気づかされる。このことは世界の装飾品の文様にも当てはまることである（cf. Bossert 1955）。

むしろ注目すべき文様はアイヌの民族誌に掲載されている文様である。たとえば、アイヌが熊祭で酒を飲むとき酒が髭に付くのを避けるために使用する篦（キケウシパスイ）、つまり「削りかけ」の形状は重要である（満岡 1932）。この「削りかけ」から生まれたと思われるいわば「唐草文様」は、縄文土器に見られる「唐草文様」を一見連想させる。久保寺逸彦氏はキケウシパスイは氏族に付随した特殊の神への祈りに使用されるものであると報告している（久保寺 1970）。なお大林太良氏は比較民族学の立場から、アイヌの「削りかけ（イナウ）」について、その源流をアイヌ文化の根幹をなす古文化層に求めることができると論じている（大林 1960）。なお、考古学者が入組文と呼称する唐草文様のモティーフを杉山寿衛氏や甲野勇氏は縄を結んだ形に求め（甲野 1976）、立田洋司氏は唐草との関連性を指摘している。わたしはイモガイなど巻き貝に見られる渦巻きをヒントにした可能性を考えている。

耳栓の文様についての図像学的分析は専門家の手にゆだねることにして、差

し当たり縄文時代の耳栓の図案のモティーフについて私が感じるところを簡単に述べてみたい。

現在までのところ、モティーフが判明しているものはあまり多くない。最も注目すべきものは、渡辺誠氏の報告である。すなわち同氏によれば、茨城県三和町・二十五里寺遺跡出土の晩期の透かし彫りのある耳栓の文様はクルミの断面を模したものであることを、土川隆氏が突き止めたと言う（渡辺1996）。まさかクルミの断面を模したものだとは、言われてみるまで気づかないだろう。これは縄文人の大好きななぞなぞ遊びの謎の一つを、現代人がついに解いた記念すべき発見と言ってもよかろう。

吉田格氏は耳栓の図案の中のいくつかを取り上げて論じているが、その中で興味を惹かれるのが蛇と人体意匠である（吉田1992）。なお参考までに付言すると、アイヌも蛇の図案を採用することがあるという（児玉1970b）。

吉田泰幸氏によれば、壇原長則氏は長野県岡ノ峯遺跡出土の耳栓の文様をカエルの文様と指摘しているという。さらに吉田氏は渡辺誠氏によって「カニのツメ形」文様の意と解釈されている図案について傍証を加え、民話「カニの報恩譚」や産屋にカニをはわせる民俗だけでなくカニの生態にまで視野を広げて、さらにはカニと女性との間には結びつきがあることから、これは通過儀礼と関係があったのではないかと想定している（吉田2004）。

なお、民俗学的には、カニは脱殻現象を行うため霊的生き物として崇敬されているという（中山1977）。また山口貞夫氏はカニを水の神の使者であろうと提起したが、大藤ゆき氏はこれに疑義を抱いている（大藤1969）。とは言うものの大藤氏は、関東では七夜に水の神や井戸の神にお参りするので、生児が水の神と関係が深かったことは考えられるとも述べている。

以下、吉田泰幸氏の論考に掲載されているいくつかの他の耳栓の文様について、そのモティーフを検討してみたい。

第17図-27の文様は中央部を横断する橋の中心部の片側が突起状になっているが、これは巻き貝の水管溝を誇張したように思われる。

第5図-18、第6図-23, 25, 27, 29の耳栓の透かし彫りの中心にある文様は子安貝のように見える。またこの図案から子安貝を特徴づけている内唇と外唇を省略した図案は幼女の陰部のメタハー（metaphor）を連想させる。縄

文時代の女性は性に対してきわめて慎み深かったというのが私の持論であるが（高山2007）、この程度までの表現は縄文社会で「ほほえましい」気持ちで受け入れられる許容範囲内にあったと思われる。

なお、古代インドではヤクシニー像の陰部は壁邪の役目を果たしたし（杉山1984）、中国でも陰部を見せた女性たちが陣頭に立てば敵の火砲を沈黙させる陰門陣と呼ばれる秘法があった（澤田1995）。同じくニュージーランドのマオリ人も女性の陰部には特別な力があると考えたが、日本にはこのような信仰の存在を伝える民俗学的資料はない。おそらく、日本では縄文以来、現在まで石棒がこの機能を演じてきたのであろう。

第5図-25, 26は巻き貝の模様、第7図-31はイルカの脊椎をモティーフにしたもののように見える。

第7図-2、3は両手を挙げて坐っている幼女を連想させるが、私の単なる印象にすぎないかもしれない。

第31図の中心部の模様はイルカの脊椎骨を彷彿させる。ちなみに、栃木県後藤遺跡出土の小型の耳栓の文様もイルカの脊椎骨をモティーフにしたと見なして間違いないのではなかろうか（金成・宮尾1996：図14の3㎝台の右端および2㎝台の左端）。また石川県真脇遺跡からはイルカの骨集中地点が発掘されているので（山田1997）、これによって縄文人がイルカを重視していたことが知られる。

吉田氏論文の中の図案には難しくて簡単には解けないものがある。たとえば岩手県上野平遺跡の平面が三角形のいわば「滴」のような形をした中期の土製耳栓である（吉田2003：図5-14）。これには製作者以外の縄文人たちもこのモティーフの主題が何であるかをめぐって頭をかかえたかもしれない。強いて言えば、この耳栓の文様はジャノメダカラやホソヤクジマダカラの文様を連想させる。しかし前者は奄美以南、後者は沖縄以南が生息地なのでこの連想は当たらないかもしれない。その他の候補としては四国以南に生息するハチジョウダカラと、本州南部以南に生息するホシダカラがあるが、文様があまり一致しない気がする。

ところが考古学的資料には時にはこのような常識に従う必要のないことを示唆するものがある。たとえば北海道の礼文島の縄文後期初頭の遺跡からヤクシ

マダカラガイ製の大きな垂れ飾りが出土した（大島 1997）。また相模湾で、ここには生息するはずのないムラクモダカラやジャノメダカラが海岸で拾われることがあるというが（池田・淤見 2007）、これらの貝は流木に付着したりして漂着した可能性があろう。オセアニアでは流木に付着した石が遠方まで運ばれていることがいくつもの島々で確認されている。房総半島で発掘されている土製玦状耳飾りに描かれた不規則な円文などは（桑原 1994）、このような貝の文様をモティーフにした可能性が考えられないだろうか。円文の文様は他の種類の子安貝にもみられるので、貝類研究の専門家の研究を期待したい。

なお、吉田氏の別の論考に見られる耳栓の文様には関心を惹かれる（吉田 2003：図 23-8）。これは古く八幡一郎氏が発表したものであるが（八幡 1979）、中心の 2 個の輪は、似て非なるものであるが、しかしなんとなく巻き貝の軸を連想させる。民族学的資料として巻き貝の軸から製作された装身具があるので、それがデフォルメされた文様ではないだろうか。

ところで、従来、発掘例があまりなかった北海道からの耳栓の発見には非常に興味がもたれる。というのは、本州より寒い地域に住んでいた北海道の縄文人は防寒具などで頭部を覆う期間が東日本の縄文人より長かったので、それが耳栓にどのような影響を与えていたかについて私が関心をもっていたからなのだが、兵藤千秋氏による北海道における耳栓の研究は、このような風土の影響は文様を除けがそれほど問題することでないことを明らかにしてくれた（兵藤・佐藤 1993）。兵藤氏の論考中に掲載されている耳栓の文様を取り上げて、そのモティーフを考えてみたい。

同論文中の第 2 図 -43 はサメの脊椎骨をモティーフにしているように私には思える。また同図 -14 は横断面からみると、同じくサメの脊椎骨を製作者が頭の中に入れて表現したものと思われる。しかし同図 -37 はサメ以外の魚の脊椎骨の形を連想させる。また第 2 図 -13 はイモガイの渦巻き文であることは確実である。第 5 図 -103 は二枚貝の腹縁部の文様であろう。これは本州のものと同じ文様であるが、細部においては多少の違いが認められる。そして第 30 図 -66 や第 4 図 -79 などは渡辺誠氏のいう「カニのツメ形」に該当するように見える（吉田 2004）。

さらに言うと、第 4 図 -75, 80, 89 などはウニを連想させる。縄文人がウ

ニを身近なものとしていたことは、それを模した土製品の発見からも明らかであるし（小野 2003）、ウニの殻も発掘されている（朝日新聞社 1975）。また第3図-59と第4図-82は、渡部忠重氏の著書に図示されているオウムガイの断面図に似ている（渡部 1968）。もしそうであるならば、第2図-10, 20 や、第3図-59、第4図-74, 79 もそれがデフォルメされたものとなるであろうか。ただこの推定の最大の難点はオウムガイが北海道には生息しないどころか、3種類もいるオームガイ中で最も大柄のものの生息地が沖縄よりずっと南方のフィリピンからニューヘブリディーズ、フィジー、オーストラリアのサンゴ礁海域であることである（小畠・加藤 1990）。しかし、琉球以南のオオムガイではあっても、伊豆の下田（浜田 1965）や千葉県（石井 1993）だけでなく、北海道や日本海側では東北地方までその殻の漂着が確認されているので、この推論への致命的な障害にはならないかもしれない。しかしこの文様はオウムガイなどではなく、単にクラゲの泳いでいる姿も同時に連想させる。もしクラゲならば、北海道の縄文人が独自に考案した文様であろうか。またウニの文様も考えられるが、ウニの場合は足の数が一般に5本なのであるが、この耳栓の数は6本なのでウニではないかもしれない。

　第5図-103はオオツタノハのような二枚貝を想定させる。このような南海産の貝製品も北海道で発掘されているので（大島 1997）、この想定は決して奇異ではないであろう。

　ここで、北から飛んで、南の九州の耳栓に目を転じてみたい。

　学生時代に静岡県清水市清水天王遺跡（清水市郷土研究会 1960）で発掘された耳栓を見たとき私が持った印象は、それまで見てきた東日本のものと比べてなんと稚拙な作りであろうかというもので、この地は東日本でも耳栓の製作においては僻地であるように思われた。こうした印象は奈良県出土の耳栓を報告書で見たときにも同様であったが、本州最西端の下関地方で発見された耳栓は渦巻き文をつけたものであった。さらに当時、九州における耳栓の出土例は一点しかなかった。

　だが、今では幾多の発掘調査の結果、先史時代の九州にも本州と同様に玦状耳飾りと耳栓が普遍的に存在していたばかりでなく、九州の中においても地域差のあることや本州の耳栓よりずっと古い年代に属すものがあることが明らか

になっている。すなわち、玦状耳飾りはアカホヤ火山灰層より下層にあって、今から約6400年前の年代に帰属しているのである（新東2006）。また九州の玦状耳飾りで興味深いことは、土製品がないことと、本州では類例のないイタボガキ製品があるということである（上田1981）。九州で土製玦状耳飾りが東日本と違って誕生しなかったのは、土偶などの含めた土製品の製作技術がここではあまり発達しなかったためだと思われる。

　耳栓は北部九州（福岡・佐賀両県）では前期以降のものであるのに対して、南部九州（熊本県南部、宮崎県・鹿児島県）では早期の文化層から発見されていて、耳栓等の耳飾りの在り方は北部九州のものは日本列島のものと一致するが、南部九州のものはその特異性が際立っているという（新東2006）。そして耳栓は南部九州では早期後半、玦状耳飾りは前期にかけて流行していて、東日本の耳飾りの歴史とは逆の様相を呈しており、このことから九州の玦状耳飾りの起源に関しては、東日本の場合と違っていることが判明したのである。これは私はとっては予想だにしなかった斬新な想定であった（上田・栞畑1997）。今後の研究成果が期待される。

　なお、池畑耕一氏からの私信によれば、玦状耳飾りは中期中葉（後期末までさげる人もいる）の春日式土器に伴うという。そしてそれは孔を穿つとともに欠損部分を丁寧に磨いているためペンダントとして使用されているとのことである。東日本と同じように流行が終わった玦状耳飾りが、ペンダントに再加工されて使用されていたことが判ったことは重要な発見である

　また南九州の耳栓の文様のモティーフは不明である。強いて言うならば、鹿児島県志布志町下田遺跡出土の耳栓の文様は（新東1993：第1図-3）、一見ウニの殻を連想させるが、しかしこれと完全に同じ文様をもつウニはいないようである。

　つぎに、東日本の後期から晩期にかけて盛んに製作された透かし彫り耳栓の文様の起源に関して、このような透かし彫りを考えつく発想がどこにあったのか推測してみたい。

　第一の候補はおそらく縄文時代における綾取りである。民族学的に見て古今東西、綾取りの遊戯を持たない人類は世界のどこにもいなかったという（e.g. Jayne 1962;；野口1974）。縄文人は大人も子どもも綾取りに興じていたのでは

ないだろうか。首狩り族の調査などで知られる人類学者のハッドン（Haddon）は「一片の紐さえあれば、どこでも旅行できる」と述懐している（Quiggin 1942）。もし彼が縄文人の民族調査をしていたならば、彼らから大歓迎を受けたはずだと思うだけでも楽しい気分になる。私は、耳栓の透かし彫りのような空間を取り入れる図案の発想はこの綾取りから生まれたのではないかと想像するのだが、残念ながら綾取りをモティーフにしたことを示す図案は縄文土器の文様をはじめ他の種類の遺物の文様にもまだ見出せないでいる。しかし紐の「結び」ついて長年研究してきた額田巖氏は、人間は本来自然の風物や花鳥に対して尊敬と愛情をもっており、その感情をなにものかに具現したいとの強い祈りから発せられたのが、縄文土器の文様であり、花結びであり、綾取りであって、これら3つの間には相通ずるものがあると指摘している（額田 1972）。

耳栓に透かし彫りが生まれる発想としては、綾取り以外にもいくつか可能性が考えられる。たとえば蜘蛛の巣なども候補とする必要があるかもしれない。また、先述のクルミの輪切りやさまざまな貝の輪切りや、それに以前にも述べたが、イルカの脊椎骨の横についている突起についても私は注目している。特にこの突起が透かし彫りの直線文様や十字形文様を描くうえでのヒントの基本形になっていたのではないかと想像したい。また時には長野県中村中平遺跡の耳栓などはスイジガイのような巻き貝の先端に位置する前溝と水管部分（ただしここには渦巻きはない）を念頭にして描いたようにも思われる（吉田 2004：図 17-27）。

ようするに、縄文の女性たちにとっては一見簡単に見えて、じつは何の文様か容易には理解できない奇抜な図案を考案することが、彼女らの間にあった言葉によるなぞなぞ遊びなどとともに愉しい遊びであったと想像される。この結果、同じような文様をもつ耳栓がほとんどないという現象が生じたのではないかと思うのである。

しかし同一の文様の耳栓が存在しない理由については、この私の解釈とは違う考えが提起されている。すなわち、樋口昇一氏は耳栓は一個一個に意味があって、その結果、別個のものを着装する規制があったのではないかとする想定している（樋口 1998）。一方、上野修一氏は、縄文後期後半から晩期にかけての関東を中心に甲信地方において半径50キロの範囲内で同一の文様を

もつ耳栓が発見されている理由は、通婚による移動の結果と考えている（上野1999）。なお樋口氏は耳栓の大きさは二つのタイプに分類可能であることから、それらは成人式と婚姻の儀礼に関わったものであろうと推定している。

ところで、土器の文様の場合は耳栓の文様とは状況がやや違うようである。小宮孟氏は神奈川県と長野県で発見された縄文時代中期の有孔鍔付土器の胴部に描かれた蛙の文様を比較した結果、これらの図案の間には多少の違いがあるが、これは縄文人が意匠情報のコピーをそれほど厳格にしなかった結果生じたことであって、たとえ現在の我々には予備知識なしでは判読できなくとも、彼らの間ではこの文様のもつ意味はなじみの意匠であってすぐに理解できたのであろうと述べている（小宮1999）。小宮氏のこの説明をもし縄文人が聞いたならば、脱帽したことであろうと私は確信している。

思うに、本来なら遠く隔たった地域に住む人たちが共通の理解を示す文様から原始的記号のような伝達記号が発達するのであるが、縄文人はそこまではいかなかった。その理由を耳栓の文様に読みとることができる。すなわち、縄文人は他の人たちが容易に判断できないような奇抜な図案を考案することを楽しむ性癖があったのではないかと私には思えるからである。しかし縄文人ならばたがいに直感でそれらの多くの文様のモティーフは解けたであろうが、後世の考古学者にはほとんどが謎として残ってしまったのである。縄文人が住んでいた当時の自然環境やそれから生まれた文化を完全に理解しないと、このような謎をとくことはきわめて困難なのであろう。

なお余談になるが、近年、新聞紙上に鳥取市青谷上寺遺跡で発見された弥生時代の土器に描かれた魚の文様は「サメ」と言われてきたが、タイやフナであることが判明したと報じられていた。しかし私にはこれはアイヌの飾り太刀（エムシ）の鞘に彫刻されているシャチの絵に似ているように見える（アイヌ文化保存対策協議会編1970：図版128）。シャチの背鰭の特徴をよく示しているように思われるのだ。北海道桔梗2遺跡からはシャチの土製品が発掘されている（渡辺1996）。またもしこの図案をオセアニアの人びとに見せたならば、彼らはほぼ確実にイルカと見なすだろう。彼らは海上に飛び上がって遊泳する一群のイルカの光景を絵の構図にすることが大好きで、これを入れ墨の図柄にしている。青谷上寺遺跡の土器の魚の文様にはイルカの背鰭の特徴的部位

も描かれているが、しかしオセアニア文化と縄文文化とは異質の文化系統なので、このような解釈が通用するか否かは簡単には論じられない。ただ北海道東釧路貝塚ではイルカの頭骨をサークル状に並べて遺構が発見されているので（岡村 2002）、縄文人もイルカに対して関心があったことは明白であり、注目すべきことである。

　かつて人類学研究では類似した文様の比較から文化の伝播を簡単に論じた時代があった。たとえば、オックスフォードのピット・リヴァーズ博物館研究員のバルフォー（H. Balfour）はメラネシアで製作されている美しい胸飾りや額飾りに注目した。これはシャコガイの円盤の上に亀の甲羅をちりばめて作られている。リヴァーズはこれはアッサムのコニャク・ナガ族の耳飾りの文様と原始的な類似性を示していると指摘した（Adam 1949）。しかし現在の研究の結果では、彼我の間にあまりにも距離があり過ぎて、これは偶然の一致であるというべきだろう。

　最後に、以上のような耳栓の図案のモティーフに属さないものについて記しておきたい。

　東京都下布田遺跡出土の耳栓（図 23）の中央には、略楕円形の透かしがあるだけでなく、その中心に正方形が描かれている（江坂・渡辺 1988：表紙写真）。私はこれは正方形の石囲い炉の中にある埋設甕の光景を図案化したものと解釈している。もしこの想定が正しいならば、百瀬長秀氏が耳栓の研究で VI-B と分類して図示しているユリ遺跡出土の耳栓の文様のモティーフもこれと同じような構図のものに思われる（百瀬 1979）。また角田祥子氏が「瘤系耳飾」と呼称したものなども石囲い炉を連想させる（角田 2000：図 5-7 ～ 10）。

　そしてさらに想像を膨らませるならば、下布田遺跡出土の耳栓の縁に沿ってある半円の文様は住居を表している可能性もあるように思われる。このモティーフのヒントとして私たちが神奈川県曽屋吹上遺跡で発掘した半裁された柱が連想されるが（高山・佐々木 1975）、この種の柱は他の遺跡、たとえば金沢市のチカモリ遺跡などでも見られる（金沢市教育委員会 1986）。もしこの

図 23　下布田遺跡出土の晩期の耳栓（江坂・渡辺 1988 より）。

想定が正しいとするならば、これに関連して興味を惹かれるのが、成田勝範氏の報告する東京都なすな原遺跡出土の晩期の四角形をした耳栓である（小渕1984：第23図下段）。これは縄文人の住居の平面プランと同じである。これと同じような図案は明治大学考古学陳列館所蔵の耳栓にもある（杉原1968）。これは下布田遺跡の耳栓の文様がデフォルメされたもののような印象を受ける。

またこの下布田遺跡の耳栓の透かし彫りの中に椀形のものがあるが、これは子安貝を半裁した形状を表しているように思われる。これに関連して川崎保氏が縄文時代のタカラガイ土製品には「輪切り」にしたものが一定量存在していると指摘していることを思い出す（川崎2005）。なぜか縄文人は「輪切り」文様が大好きな人びとであったように私には思えてならない。それは深層心理として彼らがもっていた、他の人に見せて「それは意外だった」と言わせては喜ぶ性癖につながるのかもしれない。さらに、下布田遺跡の耳栓の透かし彫りの中に描かれたノ字状（あるいは変形入り組み文）をした文様、たとえば左端の場合ならば、中心に円があってその両先端および中心にある小さな孔はスイショウガイ科の貝（特にラクダガイ）の水管溝（前溝）部を輪切りした形を想起させる。また、オセアニア考古学の知見から付言すれば、これはトウカムリ（学名：*Cassis cornuta*）を中心で輪切りにしたときに現れる文様とも若干似ている。ただこの場合、小孔の位置や数が完全に一致するわけではない。このような解釈で最大の障害はラクダガイ（学名：*Lambis truncata sebae*）は九州以南（波部1983）、またトウカムリは四国以南（吉良1974）の海にしか生息していないことである。

なお耳栓の透かし彫り技法の製作工程について角田洋子氏は最初に「てずくね」、その後「きりぬき」によって大まかな形を整え、最後に「削り込み」を行ったとする製造過程を検証した（角田2000）。このような綿密な視点から今後、透かし彫り図案のモティーフ解明への挑戦がなされることに期待したい。

第2節　耳栓の消滅の原因

弥生時代の渡来とともに、土製耳栓は考古学上、その姿を完全に消す。その

真の理由は謎である。もっとも説明しやすいのが、土製品の製作は中止してすべてを木製品に代えたので弥生時代にはたとえあってもその証拠が残らないとするものかもしれない。しかしもし弥生時代に耳栓が存続していたならば、石製品にした場合もあったと思われるし、それに木製品を出土する弥生時代の遺跡からその痕跡すら発見されないのは、やはり急激に流行が廃れたと考え方が妥当かもしれない。ただ弥生時代の土偶の耳朶には穿孔されたものがあり、耳飾りは完全に姿を消すことはなかった（岩永 1997）。

　春成秀爾氏はこれを縄文人と弥生人との人種差に結びつけて考えた。すなわち、南アジア系の縄文人の耳朶は広いが東北アジア系の弥生人のものは狭い、推定されるというのである（春成 1997）。私の頭に浮かぶ可能性は、朝鮮から渡ってきた人びとは大きな耳栓のような耳飾りをあまり好まなかったのではないかという推定である。しかし韓国でも新岩里遺跡および東三洞貝塚から耳飾りが出土しており、木村幾多郎氏は九州北部に類例がないことから韓国南海岸部独自の発生の可能性を指摘している（木村 2003）。北朝鮮の楽浪古墳には中国製のガラス製耳栓が埋葬されていたし、日本でも弥生時代のには同一遺物が舶来品として伝来している。このような舶来の耳飾りは身分の高い人のみが使用することがあったのであろうか。しかし東アジア全体の先史時代を見ると、日本の歴史の形成に影響を与えたと言われる東アジアの周辺民族の中で、耳栓をあまり多く佩用しなかったのは朝鮮民族である。しかし、この見解は朝鮮における考古学の進捗しだいで覆る可能性がある。

　弥生時代に考古学上姿を姿を消す耳飾りが、古墳時代になると耳朶に穿孔して、そこに耳輪のような耳飾りを挿入する様式に変わる（稲村 1999）。

　耳朶（耳垂）の形は千差万別である。人類学的には耳朶は付け根の部分が分離したタイプと分離しない両タイプがあって、これが人種的差にも見出されるといわれている（佐倉・山口 1959）。形質人類学者の山口敏氏は、東日本の青森県、山形県、新潟県では分離型の出現率が高いが、西日本では全体として低く、特に近畿地方では分離型と密着型との比率は半々であるという。アイヌは96.2パーセントが分離型であり、南西諸島の奄美諸島でも77.2パーセントが分離型である（山口 1999）。この数字はかつて言語学者の大野晋氏が、アイヌは耳朶は頬とはっきり離れているものが93パーセントに対して、日本人は50

パーセントで、現代の日本人はアイヌ人の耳垂とかなり違うと述べていることを想起させる（大野1969）。

一方、朝鮮人についてはさらに低い出現率が報告されている。他の諸特徴をも勘案して、日本列島の中央部の集団にはアジア大陸の集団と著しく共通する形質上の類似性が認められ、そして日本列島には本来アイヌや琉球人のように比較的多毛、二重まぶた、分離型耳垂などの特徴をもつ人種が居住していたのであろうと推定されている。すなわち、縄文人は分離型耳垂であったが、後にアジア大陸からは密着型耳垂のモンゴロイドが渡来したと言うのである（山口1999）。換言すれば現代、福耳の人は近畿では約50パーセントであるが、沖縄では8パーセントにすぎない（中橋2005）。なおボルネオの原住民についての研究については（Hose and McDougall 1966）を参照されたい。

しかし密着型の耳朵であるから耳朵の穿孔は不可能というわけではない。北朝鮮の楽浪古墓群からは中国製のガラスの耳栓（耳璫）が、また韓国からは石製玦状耳飾りが発見されているからである。もっともこれらは中国からの渡来人が使用していたということになれば、この解釈は成立しなくなる。

なお長谷部言人氏は、一般に南洋群島民の耳垂はむしろ小さいほうであり、そして穿孔された耳朵の孔の長さが20cmも伸張されるトラック島民もまた本来、概して小なる耳垂（耳朵）であるが、しかしが彼らは無意識の間に耳垂をもてあそんで肥大させる風があるため、大きくなっている人のほうが多い結果となっていると報告している（長谷部1940）。また、アイヌの母親は赤ん坊の耳朵を薄くなるようにいじると言われている。したがって、もし仮に弥生人の耳朵が密着型であったとしても、大きくなるように人為的に努力すれば、この問題はある程度解消したかもしれない。

ただ弥生時代に南中国や韓国から渡来した民族があったと仮定した場合、彼らが縄文人のように穿孔された耳朵の孔を肩に達するほど大きく伸長することを好まなかったことはありえることである。

先に、日本に渡来した東北アジア系の弥生人は耳朵が狭く小さかったので耳栓が消滅したかもしれないとする春成氏の見解を紹介したが、残念ながらこれを確認する考古学的証拠はまだない。したがって、弥生時代には土製耳栓が木製や竹製のような残り難い材質に変わったとする推理も可能であるが、しかし

弥生時代の遺跡からの多くの木製品が出土しているにもかかわらず、これが全く発見されないということは、この想定は支持されないかもしれない。しかし弥生時代の土井が浜遺跡からシャコガイ製の耳栓が発見されていることは、弥生人も耳栓を使用していたことを示している。

以上のことから、縄文時代に栄えた耳栓が弥生時代になると忽然とその姿を消す真の理由は謎に包まれているとしかいえないのが現状である。

ここでアメリカ考古学に関してのウェンキーの次のような言葉を思い出す。すなわち、もし2カ所の遺跡がわずかに2マイルしか離れていないで、しかもよく似たようなタイプのものであったり、また相当量の同じような多くの土器、石器、住居址、植物や動物の骨、埋葬法が発見されるとしたら、多くの考古学者は（ここに住んでいた）人びとはほぼ同時期に同じ言語かたがいに親縁関係にある言葉を話し、一般に同じような文化的伝統を保持していたと推定するだろう。もし遺跡がたがいに別個のリストに掲載されるような遺物を出土した場合、異なる文化的伝統を反映していると考える。またもし多くの遺跡において考古学的記録に急激な「断絶」が起き、しかも異なるスタイル（様式）の遺物が伝統的形式（form）と急激に入れ替わるときには、考古学者は異なる文化を携えた集団による侵略があったとしばしば結論づける。考古学者は気候変動よりは常に「侵略」を説明に用いることが好きである。しかしこのような多くの説明はしばしば浅薄に単純化されて不正確である（Wenke 1980）。

なお日本では弥生時代に外国からの異人種の侵入があったということは一般に認められているが、縄文時代の玦状耳飾りと耳栓の変化を説明するにあたり、この論法を説く人がいるが、これ以上これが提出されないことを念じたい。実際問題として形質人類学的研究では江南地方の新石器時代の人骨と縄文人との間には類似が全く認められていないからである（山口 1999）。

日本の俗信に耳朶が長いと裕福になると言われるが（福耳とか福相と呼ばれる）、これは耳飾りをはずした仏像の耳朶の長いのに由来すると考えられる。仏像の中には耳璫と思われるような耳飾りを付けたものがあるので、古代の日本人は耳朶を長くすることをそれほど奇異とは感じていなかったのだろう。

付章　主題に関連するいくつかのこと

第1節　ハレの日の耳飾り

　春成秀爾氏は、台湾の高砂族において、セーダッカ族の男は祭日または首狩り後の約10日間だけ耳飾りをし普段は付けないが、タイヤル族では未婚の男はいつも付けている。しかしタイヤル族では既婚者は祭日などの時以外は付けないとして、戦前に書かれた岡松参太郎氏の報告を引用している（春成1997）。

　チベットのラサの女性は、美しい耳飾りを付けたり多くの装身具で身体を着飾った姿で外出する時には、盗人に出会わないように召使いを同伴していた（Clarke 2004）。これは装身具類がトルコ石や真珠など貴重な宝石で製作されているからである。高貴な人は平民と違った衣装をするのが普通であることは古今東西共通の現象である。しかし縄文人の耳栓はいかに精巧に製作されていても所詮は土製品であって、この点からだけ見れば、これが身分階級を誇示するものであったとは考えにくい。

　とはいえ、精巧な耳栓が高い身分によって佩用されていた可能性もないわけではない。縄文時代の社会組織としては、生殺与奪の権をもった権力者はいないが、長老政治以上のある程度の階級社会が存在していたと想定しても誤りではないと私は思っている。ただ縄文時代に耳栓の使用を許されないような身分の低い人びと（奴隷）がいたとは考えられない。民族学的事例があるからこうだと主張するつもりはないが、アッサムのアパ・タニ族のように罪人でさえも立派な耳飾りを付けている例がある（Fürer-Haimendorf 1955）。特に、未開社会では水田での農作業をするときでも女性が耳飾りを付けている事例や（Fürer-Haimendorf 1955）、大きな耳飾りを付けて長い杵で臼の中の米を脱穀する女性の光景（Hose and McDougall 1966）などはめずらしいことではない。

したがって、小林行雄氏と違って、古墳時代において農民も金環を使用していたとする近藤義郎氏の想定は民族誌的には少しも不思議でない（丸山 1988）。ただ、古墳時代には未開社会よりずっと階級社会が発達していたので、簡単に類推ことはできないのは言うまでもない。

しかし、ハレの日には通常とは違った特別の耳飾りをする民族例もあり、縄文人も同じであったと考えても不自然ではないであろう。そして通常の筒型をした耳栓には、アッサムの人たちが螺旋状の金属製装身具を追加するように、その中には美しくて、しかも香りのよい花などを挿入していたことは想像に難くない。

参考までに記すと、アッサムに住むアンガミ・ナガ族の女性は、参加が許される儀式に際しては日常は身に付けない衣服を着る。そしてそのときには、彼女らよりもっと文明化された世界の女性たちと同様に、さまざまな手段を講じて多くの腕輪を入手し、腕にはめる。そのためには自分の腕に合うサイズのものかどうかなどおかまいなしで、ひたすら虚栄心から際限のない不便にも耐えるのである。特に禁忌中の女性は自分の腕の太さの半分以上も小さいサイズの腕輪をはめるので、手首は完全に膨れ上がり、裂けているという（Hutton 1921）。ニューギニアの戦士にいたっては、戦いに出かけるときでさえ豚の牙製の大きな胸飾りを吊したりして、さまざまに身を飾ることを忘れない（Firth 1936）。

第2節　腕輪と首飾り

地理学者の白井祥平氏は、縄文時代の大型巻き貝類以外の笠貝類や二枚貝による貝製品を貝輪と考古学者が見なしていることについて、それらの貝の大きさから判断して大人の手が通る大きさの孔を開けることはとうてい無理なので（アカガイ類は子どもの手の大きさの孔でも無理だし、ハイガイにいたっては赤子の手でもありえない）、紐を通して首からぶら下げたペンダントかネックレスにしたものか、あるいは死者への副葬品だったのではないかと指摘している（白井 1997）。たしかに、あまりにも小さい貝製品は腕輪ではなく他の用途を想定すべきだと私も思う。

しかし、小さな貝輪を腕にはめた人骨が発掘された事例もあり、片岡由美氏は「内径の小さな貝輪は特殊な技術を用いて挿入したということも考えるべきであろうか」と想定している（片岡 1983）。次に述べる民族例はこの問いに対するヒントの一つになるだろう。
　ミクロネシアのベラウにはジュゴンの第一頸椎骨をそのままで男子が手首に挿入する独特の腕輪がある（染木 1945）。ここの男性は勇気の表徴としてこれを腕にはめる（Temengil 1995）。1783 年にこの島に座礁したイギリス人は島民からこれを贈られたが、これを装着するにあたっては、手を強くせばめその上に油を塗ってから挿入したという（長谷部 1932）。縄文人も小さな腕輪を挿入するときにはこのように油を塗ったりしたのかもしれない。
　なお、ベラウでは男性が装着するシュゴン製腕輪には勇気を表す意味があった（Temengil 1995）。縄文時代の発掘で出土した人骨の中に時折、取り外しのできないような小さな貝輪をはめているものがあって、これはシャーマンのような特別な人であったと考古学者たちは想像している。しかしソロモン諸島では若い頃か、あるいは成人に達した頃に貝輪を上腕にはめるが、その後、成長すると肘につかえて外せなくなることがあって、このような場合は永久に付けたままにしておくという（Guppy 1887）。またニューブリティンや Duke of York 島の男性は貝輪（多分シャコガイ）を付けるが、これらは簡単に着脱可能である。しかし編まれたものは長い期間を付けられたままであるため、外すためにはこれを切断しなければならない（Brown 1972）。縄文人の場合もこのような理由から埋葬される時にも副葬品として外さないで、そのままにしておいたこともあったのではないだろうか。
　しかしこのようなことだけでなく、栃木県荻ノ平遺跡出土の円筒形土製腕輪の発見にもあるように（栃木県教育委員会・とちぎ生涯学習文化財団 2003）、縄文人が腕輪を一度に何個も重ねて使用する例のあることがわかっていた。これは、粘土以外のもので製作された腕輪が別にあって、それを土製品に模造したものであろう。これについては既述のように吉田泰幸氏の興味深い研究が発表されている（吉田 2008）。それによれば土製腕輪には白色顔料が塗布されたものがあり、これは猪の歯牙やオオツタノハ製貝輪を模したものである可能性が高いという。民族学的には、腕に手甲のように腕輪を連結させて佩用する民

族はめずらしいことではない。たとえば、ティンギアン族の女性は多くのビーズを紐で連結させている（Cole 1922）。カリンガ族の女性の場合、小粒のビーズは手首の近くに飾り、大きなビーズはその上にくるようにして装着する（Vanoverbergh 1929）。バボゴ族では、女性は貝かあるいは豚の牙製と思われる腕輪をいくつも重ねてはめ、男性は円錐形を貝を輪切りにした腕輪を手首ではなく腕にはめている（Cole 1913）。ビルマのカレン族の一部族であるパダウン族の女性は、首に真鍮製の輪を多く挿入して首を伸ばす奇習で有名だが、彼女らは腕にも真鍮製腕輪を多くはめる（Hammerton<ed.>vol.2）。

　縄文時代の人骨の中には生前には取り外しが出来なかったような小さな腕輪をいくつもつけた状態のものがあるが、これらは巫女のような特別な人物であったと想定されてきた（たとえば、江坂・渡辺1988）。しかし民族学的に勘案すると、縄文時代には普通の女性もおしゃれをするために多くの腕輪をつけていたと思われる。美しくなりたいという願望は古今東西どこでも同じであったはずである。

　ついでに言及すると、栃木県荻ノ平遺跡出土の土偶の中には首飾りを表したものがあるが（栃木県教育委員会・とちぎ生涯学習文化財団 2003）、これほど明白に首飾りを表した土偶はめずらしい。この文様をオセアニアの民族学に照合すると、サモア（Brown 1972）やトンガ（Cartmail 1997）などで男子が好んで使用していた、鯨の歯を加工して何個も紐で連ねた首飾りを連想させる。縄文時代には鯨の歯の装身具は未発見なので、もしこの土偶の文様が歯を連ねた首飾りを表しているならば、人か犬や猪のような動物の歯であったと推測される。

　また青森県亀ヶ岡遺跡出土の土偶の首飾りにフィジー諸島の蛇の脊椎骨製ビーズを連想させるような文様を表したものがある。また、岩手県の根井貝塚からマムシの椎骨と思われるものを入れた土器が発掘されている（渡辺1999）。ただ亀ケ岡の土偶の首飾りの文様が胸から臍の近くまで描かれているということは私の推論をやや不利なものにしている。

　ここでついでに、土偶の頭部に見られる奇妙な形状について触れておきたい。尾関清子氏は女性の結髪との比較を行い、興味深い指摘をしている（尾関1987）。たとえば、いわゆるミミズク土偶の頭部の3個の角状の突起を多髻髪

に比定し、紐や固着材の使用を前提にしないかぎりこのタイプの結髪はありえないと言う。この研究に関連して、土偶の形は乳幼児の姿を基本にして成人女性の姿を表しているという私の想定にもとづくならば、土偶の結髪には民俗学的に言う子供仲間に入る前（一般には8歳前）までの特有の髪形が表されているものもあったのではないかと想像される。さらに付け加えるならば、縄文人は被りものや帽子を使用していたはずなので、このような視点からの追求も今後なされることを期待したい。私としては、かぶりもの自体を表した土製品がいつか発掘されることを期待している。

第3節　身分制度と耳飾り

　縄文時代における身分制度の存否に関する研究は魅力的なテーマの一つである。設楽博己氏は「社会的背景の中で玦状耳飾りは語らなければならない」と述べているし（設楽 1985）、また小野正文氏は「ある遺跡の中で中枢的集落に土製耳飾が出土するのである。（中略）中期には男性の装着者も知られている。土製耳飾のみならず、装身具装着者について、縄文時代のある身分制度を示すものとして論ぜられている。それはそれは装身具の遺跡における多寡性や稀少性および民族例から推定されている。だが、耳飾を出土する住居、土坑には特別な違いは見出されない。（中略）しかし装着品の装着、身体装飾などは容易に個と他を区別するものであり、そこには先に述べた出自はいうに及ばずある種の身分制度の存在を主張する根拠は存在すると思われる」と論述している（小野 1989）。

　これらの想定の典拠として小林達雄氏の北アメリカの北西海岸のインディアンの民族例が引用されている（小林 1988）。小林氏の論考には「身分の高い女性はしかるべき年齢に達すると大仰な儀式によって耳朶が穿孔された」とあるが、「しかるべき年齢」とは成人式の年齢と見なしてよいだろう。

　民族学的には耳朶の穿孔が成人式とは無関係のことが多いが、これについては節を改めて述べることとして、ここでは身分制度と耳飾りとの関係について述べることにしたい。

　考古学的視点から縄文時代の出自の問題に言及した春成秀爾氏の身分制度

に関する研究も、上記の小林達雄氏の研究を根底においたものである（春成 1983）。たしかに近年の吉田泰平氏の研究に見られるように（吉田 2003）、晩期前半における土製耳栓の形態的分化は階層化社会の存在を反映するものであり、かつまたそれは着装者間のステイタスの差を示すものあったとする可能性は否定はできないかもしれない。ただ、小林達雄氏の説くように縄文時代の晩期になって耳飾りの装着風習が一般化する中で丁寧に製作されたものと、粗雑なもの、そして耳飾りを全く付けない階層とがあったとする見解中で、耳飾りを付けなかった階級の人びとの存在を想定しているが、しかしそれを証明することは現段階では難しいだろう。

　未開人にとって貴重品となるのは、容易に入手し難い材質で製作されたものや製作に多大な手間のかかったものであることが多い。縄文時代晩期には身分の高い人は精巧な透かし彫りの施された耳栓や漆塗りの美しい耳栓を使用し、身分の低い人は簡単な木製耳栓で我慢していたかもしれない、という解釈は可能であろう。

　しかしそこで必然的に生じる疑問は、もし縄文時代において優品である耳栓が高位な身分の人だけに許されていたとするならば、どうして弥生時代になると忽然とその姿を消すのかということである。弥生時代になっても縄文人の後裔として高い身分でありつづけた人もいたはずだからである。その人たちの耳飾りはすべて木や羽毛などの残存し難い材質に変わってしまったのだろうか。謎である。

　さて縄文時代の耳飾りや装身具から社会構造の分野を推測する研究について、少しだけ触れておきたい。縄文研究者にとって、ある特定の村にしろ地縁・血縁集団にしろ、それが属す１集落にしろ、その全域が完全に発掘されないかぎり、全体像がつかめない。しかも、たとえ１地域で多くの住居址が発掘されることがあっても、考古学者は縄文土器の編年体系からそれらを時代区分してしまうので、民族誌と違って、すべての耳飾りの出土品を同時代として取り扱うことはできない。そのうえ、当時は存在したが今では腐って残っていないであろう木製品や羽毛製品などの存在の全貌が分からないので、縄文文化の完全な復元は容易ではないのが実状である。たとえば以下のように民族誌では見られるが、考古学では遺物として残らないものがある。

付章　主題に関連するいくつかのこと　237

　パプア・ニューギニアの西部に住む山地民のオク族の男性には儀礼的な身分上の地位が結びついていて、これが終った若者は特定の紐製手提げ籠を持つことが許される。この場合、この籠は男と女の間の関係を隠喩的に示している（Anonymous 1988a）。今でいえば、民族考古学の研究の必要性を感じてその研究を指向にしようとした甲野勇氏は著書『未開人の身体装飾』の中で「身体を装飾する事は、人類が生存する上に、直接必要とは考えられない。しかもこの一見非実用的なる風習が、文化階梯の如何を問はず、あらゆる民族間に、最も普遍的に分布している」と述べているが、これは卓見といえる（多摩考古学研究会編 1968）。身体装飾においては独立発生的に類似の習俗が生まれることがある。たとえば頭髪は小さな毛を挟む道具でもって根元から引き抜くことが各地で行われる。古代のペルーでは金や銀、あるいは銅で作られた道具が使用された。またペルーやメキシコでは硫化鉄鉱で磨いた小さな鏡が使用されたが、太平洋の反対側に位置するボルネオのダイヤ族も同じような挟む道具や鏡を使用していたという（Schmidt 1926）。これは偶然の一致の好例である。

　実際、古今東西の身体装飾を見わたすと、かつて人類学者マリノウスキーの提唱した機能主義は全く成立しないことに気づかされる。その一例として、中部ニューギニアの男性が儀式の時に仕上げる髪の姿を思い浮かべることができる。これはタロイモの塊茎を表していると言われているが、大きくて、外形は男根にも似ている（Craig 1988）。報告者は言及していないが、それはおそらく粘土で固められたように思われる。単に美的感覚からこのような頭髪をしているにすぎないのだろうが、日本人のちょんまげと同じような発想に基づいたものなのだろう。

　ところで、メラネシアの一部において愛好されているものに鼻飾りがある。鼻飾りの分布状況は不規則で、これを単一文化と見なすことはできない。長谷部言人氏によれば（長谷部 1940）、世界の鼻飾りを見ると、鼻中隔穿孔はオーストラリア、ニューギニアを含むメラネシアである。ただし旧ドイツ領ニューギニアおよびメラネシアの諸島（特にニューブリティン）では鼻中隔穿孔は稀で鼻翼に穿孔がなされる。鼻翼の穿孔は旧大陸にも見られ、小アジアからエジプトまであり、その中でもインドにおいては盛んである。これ以外の地として東トルキスタンやアッサムの女性も同じ装飾をする。鼻中隔穿孔と鼻翼の両方

を穿孔するのがアムール川下流に住むモンゴロイド系の原住民である。アフリカや南北アメリカの原住民の中にも鼻中隔または鼻翼に穿孔する人びとがいる。特に、極北のベーリング海峡付近に住むエスキモーまでもが鼻中隔の穿孔を行っていることからすれば (cf. Giffen 1930)、後述のように縄文人もこれをしなかったとは断言できない。

　かつて韓国の済州島の人びとが漂流して西表島に達したことがある。帰国後に彼らが残した記録には、この島の女性は両方の鼻を穿孔して小さな黒い木を挿入していたとある。金関丈夫氏はこれは鼻翼の穿孔を意味すると見なして、メラネシアからの伝播を想定した（金関 1978）。だが、メラネシアと八重山との間にはフィリピンやインドネシアが存在していて、そこを飛び越えて親縁関係を結ぶことには賛同できない。現在の研究成果から言えば、八重山諸島にこの習俗を伝えたのがミクロネシアのベラウかヤップ諸島民からの漂流民であったと考えるならば、蓋然性はあろう。海流の流れから見てこのような漂着はありえることだからである。ただしベラウとヤップでは鼻中隔の鼻飾りであって、厳密に言えば異なる。

　なお、漂流・漂着のような偶然の機会で文化が伝わることもないわけではない。具体的な事例をオセアニアの民族学的資料に求めるならば、たとえば、メラネシアのニューヘブリディーズ諸島のタナ島で製作されている耳飾りは、ここの島民が Mer 島に漂着した結果、彼らからこれを教わったのである (Haddon 1894)。極端な伝播の事例としては、乗組員が死亡してしまったカヌーがある島に漂着した。その島の人びとがその中に残されていた釣り針を見つけてこれを模倣したという仮説もある。

　話を戻そう。参考までにベラウ人とヤップ人の鼻飾り起源について触れると、長谷部言人氏はヴェダ、セノイ、トアラ系人種の遺風であろうとしている（長谷部 1929）。さらにオセアニア諸語の権威といえる崎山理氏は、ベラウ語の基層にはパプア語系言語があったかもしれないと述べている（崎山 1997）。しかし私たちのベラウ、ヤップ両諸島の考古学調査ではこれを裏づける証拠をまだ見出していない。

　それでは縄文人に本当に鼻飾りはなかったのであろうか。それに相当する遺物の候補として加工された猪牙製品がある。民族誌的にはこれは鼻中隔の鼻飾

りと見なしてもおかしくない遺物である。しかし縄文時代にこのような遺物が鼻飾りとして使用されなかったことは、土偶にそのようすを示すものがないことから推測される。また、鼻中隔の鼻飾りを好むメラネシア人は鉤鼻をしているのであるが、日本人の鼻は鉤鼻ではないので（縄文人の鼻の形も大差ないと想像される）、この装着はかなり難しいといえよう。

とは言っても、アリューシャン列島における発掘で出土した若い大型のアシカの切歯を加工して作られた遺物を、発掘者は鼻飾りか耳飾りのどちらかであろうと推定している（Jochelson 2002）。ここでは鼻中隔に挿入して使用されているので、縄文人にも同じような習俗があったと考えても荒唐無稽な発想ではないだろう。なぜなら、この貝塚を残したアリュート族は日本人と同じモンゴロイド系の人種であるからである。またアッサムの女性が鼻翼に栓状耳飾りをしていることを知ると、縄文人でも鼻翼飾りをする気になれば可能であったかもしれない。

第4節　成人式と耳朶穿孔

縄文人の耳飾りが通過儀礼と結びついているとする考え方は、考古学者の間ではかなり人気がある。上野修一氏も「耳飾りの装着は、民族例などから、基本的には通過儀礼を終えた成人に実施されたものであると考えられる」と述べている（上野 1999）。同じような見解は兵藤千秋氏の論文にも見られる。すなわち「春成は、民族学見地から『民族学的には、赤ん坊の家族への統合、年齢的階級や秘密結社における終身的目的などとして耳朶に穿孔することは、身体損傷による通過儀礼であり、抜歯、割礼、鼻隔壁穿孔などとして同列の分離儀礼の範疇に含められる』と論じている」と述べ、さらにこの結論にいたる経過として「穴開けの儀式は岡田淳子の論考から推察すると成人になった段階から行われるものと思われる」として、岡田氏（1998）の抜歯が成人式と結びつくであろうとする見解から類推している（兵藤 2000）。

世界的に見ても、耳朶の穿孔を成人式の一環として行う習俗はアメリカの北西インディアンほか、各他に見られる。しかし、アッサムのアオ・ナガ族では誕生の儀式において耳朶の1カ所に穿孔され、少年が若者小屋に入って自分

の位置が確保されたときには、この他に2カ所穿孔されることは前にも述べた。アフリカ民族学が専門の高橋統一氏によれば、南アフリカ連邦のバントゥ系のズル族では男子が8〜9歳になると大人への第一歩として少年組に入るとき、熟達した老人の施術者によって鉄のナイフで耳殻に孔が開けられ、この孔は中にかたい麦藁が通されてしだいに大きくされるという（高橋1972）。

幼少時に小さな孔を耳朶に開ける例も多い。ビルマ（現在ミャンマー）の女性が一生涯の中で最初に経験する大事件は耳朶の穿孔であることについては前に述べたが、台湾の多くの種族でもしかりである。また、穿孔以後にその孔の伸張に努力をすることもどこでも普通になされる。太平洋諸島では幼少の頃に耳朶の穿孔がなされ成長するにつれて大きくされるのが一般的だが、成人式になって格別大きな耳飾りをつけるという例はあまりない。しかしだからと言って、縄文人も同じであったとは言えないだろう。縄文時代においては一度に大きな孔を穿孔することは、その切れ目を治癒させるための十分な治療薬がなかったので、大変な苦痛であるし危険であっただろうから、成人式にこうしたことを行うことはなかったのではないかと推測される。また縄文の女子には成人式に伴う入れ墨の習俗があった可能性があるので、さらにこれに大がかりな耳朶穿孔が加わることがあったか疑問である。

成人たる資格を得るための試練としては耳朶の穿孔の他にも、割礼、抜歯、入れ墨、傷痕的入れ墨、耳殻や鼻梁の穿孔、毛髪や体毛をはじめ身体各部の除去、彩色などさまざまある（高橋1972）。アフリカのサンプル族などは割礼・成人式を12〜14年の長期間にわたって行い、それには段階的にさまざまな通過儀礼が念入りなされるという（高橋2000）。

マルケサス諸島では男女共に6〜10歳の間に耳朶が穿孔される。男子は割礼と同時になされるが、このマルケサスの民族例は稀な例である。縄文の男子が成人式の一環として割礼を行っていたかどうかについては、民俗学の三浦薫雄氏や（三浦1934）や考古学の武藤一郎氏の研究があるが（西岡1950）、未解決である。

縄文時代に抜歯習俗があったことは、それを示す多くの人骨の出土例から明白といえよう。ただ、縄文の抜歯習俗を成人儀礼の一証左と見ることは研究者にとって一般的な解釈であるが、それらが成人式になされたものか、それとも

哀悼表現のため、あるいはそれ以外の動機でなされたものか、判断は難しい。少なくとも縄文時代にはなんらかの哀悼儀礼は存在していたはずで、その候補として抜歯や断指の習俗の可能性を考えてみる必要はあろう。

台湾の高砂族の抜歯風習が成人の証となされていたことは民族学を学んだ者なら誰でも知っていることであるが（古野 1942）、吉岡郁夫氏はこの抜歯風習が成人の証としてばかりではなく、服喪、婚姻、刑罰などの目的からもなされたと言う。さらに、美容のためとか、八重歯になるのを防ぐためとか、発音の矯正に関連して行うといった報告が台湾ではなされているが、これらは本来の動機を示しているとは考えられないと述べている（吉岡 1989）。しかしフィリピンのツマガット（Dumagat）族の行う水平研歯は宗教的意味など全く関係なく単に美的感覚からなされる、という報告を見ると（Headland 1977）、縄文人の場合も成人の儀礼以外の動機も併存していた可能性を考慮すべきかもしれないと思われる。

未開社会においては男子の場合、成人式として過酷な試練を課して勇気のあることを証明させるのが普通である。女子がこれに似た行為を行うところもあるが、むしろ織物などの技芸が一人前にできるかどうかの資格を問う民族例が多い。このような資格を獲得したアイヌ民族の女性が成人の印しとして15〜18歳に口辺と手腕に入れ墨をすることはよく知られるところである（児玉 1970c）。私は縄文の女性が一人前の成人として認知される条件として、土器、土偶、耳飾りなど土製品の製作技能が含まれていたと考えている。

余談になるが、人生の各段階に関する一連の通過儀礼を続けざまに比較的短時間の間にすべてを行ってしまう民族もあるという。それは一度死んだと思われる者が思いがけず自分の家に現れて以前の地位を回復しようとする場合で、こうしたときはこの人物は誕生、幼年期、青年期などすべての儀礼をすべて行い、また新たにイニシエートされ、自分の妻ともう一度結婚しなおさねばならない。これはギリシアやインドに見られる習俗である（ジェネップ 1977）。

第5節　成人式と耳飾り

大塚和義氏は縄文時代の遺跡から発掘される大小さまざまな耳栓を4つの

グループに分け、その中で最小のものは 10 歳前後に最初に穿孔された耳朶の孔に挿入され、何段階かに分けて大きなものに替えていくと想定した（大塚 1998）。そして耳栓の大きさから判断すると、岩手県では最初に耳朶に開けられる孔の大きさは 0.5cm、関東では 1cm であった推測した。さらに吉田泰幸氏がこの大塚氏の 4 つのグループ分けを踏まえて、民俗学的見地から、子供組、若者組、壮年組、老年組と 4 段階の年齢階梯区分がこれに適用されるとしたことは興味深い解釈であるが（吉田 2003）、民俗学・民族学的視点からもう少し検討してみたい。

　古代史の吉村武彦氏の研究によれば年齢によって、小児の髪型が変化することが文献に見えることから、年少者は 15 〜 16 歳、17 〜 18 歳があげまき（角子、総角）で、19 〜 20 歳以上が成人年齢ということになろうし、この時に通過儀礼としての成人式が行われた可能性が高いと述べている（吉村 2005）。しかし吉村氏はまた次のようにも言う。すなわち、明白な成人式である「元服」は王や貴族の場合は 14 〜 15 歳で行われたが、女性については明確な記録がないので正確なことは不明である。しかし平安時代には裳を着ける「裳着」が行われた 12 〜 14 歳が男子の成人式に相当したのではないかというのである

　一方、芳賀登氏はかつての日本では女性は初潮をみたら一人前として扱われたという民俗学的記録があると述べ、その年齢は、新潟県の田植え歌に 13 歳になれば嫁にやると歌われていることから、その頃ではないかと考えている（芳賀 1991）。縄文時代もこれと同じとみなして大過ないと私は推測している。縄文人は平均寿命が 30 歳くらいしかなかったので、余命寿命を考慮するとこれより遅いとは考えられないのではなかろうか。このことはまた、縄文人は壮年組と老年組とに分かれるほどに長生きの人が多くいたわけではないという推測にもつながる。

　なお、富山県猪谷（細入村）には通過儀礼のひとつとして、40 歳から 10 年ごとに祝う算賀（賀祝とも）と呼ばれる儀礼があるが、これは中国から伝わってきた習俗であるという（吉村 2005）。

　ところで　江守五夫氏は中国には腰部装飾とお歯黒や入れ墨のような身体加工、それに眉毛を抜くこと（修眉）や頭部に帽子状のものを冠する習俗があるが、日本のものもこのような南方系文化に属すると推定することは十分可能だ

ろうと言う（江守 1998）。しかし残念ながら、同氏が我が国の「一時的訪婚」の故地と見なしている南中国雲南省の少数民族には、結婚の資格を得るためのいくつかの行事がなされているが、耳飾りに関連したものはないようである。

次に民族学的資料から耳朶を大きくする過程について見ると、大きな耳栓を入れるために耳朶の孔を徐々に大きくしていくことが普通であって、大塚氏が述べているように、最初から直径が 0.5～1cm もあるような孔を開けることはあまりない。甲野勇氏は民族学的資料に基づき最初は魚の背骨のように細く鋭い道具や植物の刺や骨角製の針などごく細い棒で穿孔して、次にこれよりややより太い棒を一本ずつ追加していき、その後に錘を付けて耳朶の孔を拡大したであろう推測している（甲野 1971）。正論であろう。私見ではこの場合、海岸部に住む縄文人は骨角製、内陸部に住む人は植物の刺を使っていたのかもしれないと思っている。

民族誌を見ると、穿孔された耳朶は幼児の段階でかなりの大きさまで伸張されていることがある（**図 24**）。しかし一般には最初は錘のような伸張器を使い成長に従って徐々に大きくしていく。ただ、縄文人がこれを使用していたかどうか定かではないし、それに民族学を一律に援用して類推することは危険である。したがって、既述のように土偶の体形の基本は赤ん坊にあるとする前提に立てば、そのような土偶が大きな耳栓を付けていることは、縄文時代でも幼児期にすでにかなり大きな耳栓を付けていた可能性を示唆するのではないだろうか。あるいはまた、この推定と違って、赤ん坊が無事に成長してこのような大きな耳栓を付ける日のくるのを夢見ている母親の願望を投影している姿と考えることができるかもしれない。

民族学的に耳飾りを通観して感じることは、縄文の遺跡のように大小さまざまな耳栓が 1 カ所に多く存在することは考えられない。未開人の場合、子供のための小型品は葉を巻いたりした臨時の耳栓で間に合わさせるので、縄文時代のように大型品と同じような材質で小型品を製作することはない。換言すると、小型品は子供用、大型品は大人用と見なせるようなものを製作する民族例はないのである。もし子供用・大人用であったならば、縄文人は世界に類を見ないほど贅沢な人たちであるか、あるいは子煩悩であったと言っていいほどである。差し当たり、私は小型品は男性用、大型品は女性用という想定も可能で

はないかと思ったりしているが、全く確証はない。

なお、縄文人の耳朶穿孔方法としてはかつて甲野勇氏が想定したように、最初は幼児期に針のようなものでなされ徐々に大きくされたとする考えを私は支持している。実のところ私はこれまで、耳朶の穿孔は先端が尖った針のようなものでなされたとステレオ・タイプに論じてきたが、別の穿孔方法も考えてみる必要のあることを、付記しておきたい。

入れ墨は通常、櫛の形をしたものでその各歯の先端の尖った針を皮膚に突き刺して行われる。しかしアイヌ民族は小型ナイフで皮膚に切れ目を入れて行う。類例はニュージーランドのマオリ族に見られる程度である。ミクロネシアのチューク人は耳朶の穿孔を貝殻のナイフで行うことがある。つまり、縄文人も穿孔ではなくナイフのようなもので耳に切れ目を入れる方法をとっていた可能性を（それはきわめて低いのだが）、一応は考慮しておく必要があると思うのである。

民族学的に見ると、老人となって皮膚がたるみ入れ墨が判然としなくなったため、入れ墨をしなおすことがある。このことは耳朶についても同様で、弾力の失せた耳朶では挿入された

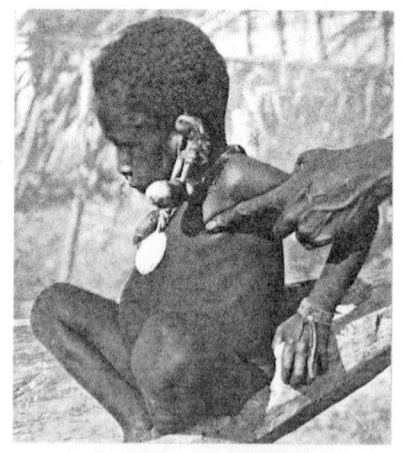

図 24 上段はニューギニアのキワイ・パプア人の男の子。穿孔された耳朶にはすでに大きな木製耳栓の「耳の錘 (ear-weight)」が挿入されている (Landman 1927 より)。下段は 2 個の耳輪を吊り下げているボルネオのケラビット族の男の子 (Arnold 1959 より)。

大きな耳栓の保持が困難になることもあろう。すなわち、縄文の耳栓は大きなものだと直径が15cmほどもあるので（江坂・渡辺 1988）、老年組の人たちにはこうした大きな耳栓の使用は難しかっただろうが、玦状耳飾りならば老人にも使用可能であったと思われる。森田勇造作氏はアッサムのナガ族の女性は百歳以上でも水晶製玦状耳飾りを使用していると報告している（森田 1984）。また**図25**の写真が示すようにナガ族（下段）やヴェトナムのモイ族（上段）の老女はかなり長く伸びた耳朶に耳輪を付けている。ここで注意しなければならないことは、未開人の場合、老化が早く訪れるので、私の経験したところでは実際の年齢より10歳くらいは老けて見えることである。ソロモン諸島を探検したジョンソンは、この地の女性は肉体的な労苦が多いために非常に老けて見えると記している（Johnson 1944）。縄文時代の女性も例外ではなかったであろう。いずれにせよ、玦状耳飾りや耳輪のような垂下するタイプの耳飾りは、挿入するタイプの耳栓の場合ほど皮膚の弾力を必要としないように思われる。

以上のことから、もし縄文人が直径15cm以上もある耳栓を老人用に製作したならば、それは死者の副葬品用であったという可能性も考えておく必要があるかもしれない。既述のように、ヤップ諸島では死人の鼻中隔を穿孔するというから（長谷部 1929）、縄文人も死んだ老人には生前時よりずっと大きな耳栓を副葬品として供えることがあっても不思議ではないと思われる。

なお、ソロモン諸島のサン・クリストバル島民は彫刻した貝片などを象眼した木製耳栓を佩用しているが、しかし大きなものは直径10cmであって（Neich and Pereira 2004）、縄文の耳栓のほうが大きい。ここでは、穿孔さ

図25 上段は耳輪を吊したモイ族の老女（Dournes 1988より）。下段は四角形の水晶製玦状耳飾りを付けたナガ族の老女（Stirn & Ham 2003 より）。

れた耳朶の孔が耳栓の直径より大きくなってしまうと、耳栓の外周を木の葉の一片でくるみ孔に合わせる。ソロモン諸島では直径5cmのシャコ貝製の耳栓も製作されている（Neich and Pereira 2004）。可能ならば縄文の耳栓と重量の比較をしたいところであるが、この点についての記載がないのが残念である。

話は戻るが、縄文人の耳栓と成人式との関係について設楽博己氏が、南米のチンクリン族では生まれて数日後、またスマトラのミナンカバウ族の少女が3歳頃に穿孔されるという事例から、耳朶穿孔はイニシエーションとは言えない場合があること、そして後者では耳飾りを15歳くらいまでしだいに大きなものと付け替えるので、この点に耳飾り着装の意義の一端があると民族学的資料に注目しているが、至当な指摘であろう（設楽 1993）。

E.M.Loeb（1935）によれば、ミナンカバウ族では思春期の儀式として男子は割礼、女子は身体に刻み目を入れるだけでなく、男子はこの儀式まで頭髪の房を切り取らないで保持していた。また女子はごく若い時に耳朶の穿孔がなされていた。ただこのミナンカバウ族はイスラム教徒なので、固有の宗教をもつ他の民族と一律には扱えないかもしれない。

なお、世界には成人式にはしばしば「死と再生」と見なせるような過酷な試練を課すケースがある（リップス 1988）。特にメラネシアではこの特徴が著しい（ジェネップ 1977）。メラネシアの秘密結社についてはコードリントン（Cordrington）の優れた著作があるが、ジェネップはパーキンソン（Parkinson）が調査したビスマーク諸島及びソロモン諸島におけるドゥク・ドゥクと呼ばれるものを重視して引用文献とし、自説を展開している。参考までに付言しておくと、ドゥク・ドゥクについてはパーキンソンのこの文献が刊行された後に、ウィバーが"Duk-Duks"と題した著書を出版しており（Weber 1929）、ここではメラネシアにおけるこれ以外のさまざまなタイプのイニシエーションとの比較を行っている。またメラネシアの男性のイニシエーションについては（Herdt ed. 1982）、そして女性のイニシエーションに関しては、（Lutkehaus and Roscoe ed.1995）があるので、この方面に関心のある読者に一読を薦めたい。

江守五夫氏は、日本では鹿児島県で藩政期に士族の間にあった「兵児二歳の

穴打ち」の習俗が死と再生に該当すると述べている（江守 1998）。また、日本の縄文研究とは一見無関係に思えるメラネシアの秘密結社は、日本人の起源の問題に関する学史的研究ではおなじみのものである。すなわち民族学者の岡正雄氏はかつて、メラネシアのやニューギニアの母系的タロイモ栽培民社会に見られる秘密結社は古い時代に東南アジアのどこからか南海に流入したもので、その一部は日本にも達して、現在沖縄のアカマタ・シロマタと呼ばれる仮面仮装の神＝祖先が舟に乗って島々を訪れる神事や、東北のナマハゲと呼ばれる仮面仮装人の来訪などの秘儀を中心とする祭祀結社になっていると思われると論じた（岡 1966）。しかし現在、私にはこの見解を支持することはできない。

＜補遺＞

　もし縄文時代に成人式にちかいものがあったならば、それに関連した遺物として配石遺構などの近くで見つかる立石（cf. 高山・佐々木 1975）がある。これは歴史民俗学で報告される力石（cf. 高島 2004）に該当する可能性がすこぶる高い。

第6節　婚姻の形態と婚資（dowry）

　縄文時代の婚姻の形態と婚資（dowry）についてはいくつもの傾聴すべき論考が発表されている（cf. 設楽 1993；西川 1995；上野 1999；吉田 2004）。婚資システムは民族学的にしばしば取り上げられるテーマである（cf. Harrell and Dickey 1985）。

　発掘される縄文人骨で片方にしか耳飾りがない場合、片方をはずして後継者の娘にもたせるようなことがあった可能性も考えられるが、民族学的にはこうした習俗の民族例は知られていないようである。このような人骨は生前、片方の耳朶を切断してしまったため、1個の耳飾りしかつけられなかったのかもしれない。このような出土状態を示す発掘例が増えれば、かなり正確な推測が可能であろう。なお、シュミットが著書で紹介しているアフリカのマサイ族の若者は片方には耳栓を挿入しているが、他の方には紐を巻き付けたようなものを垂下している（Schmidt 1926）。同書にはこれについての説明は見あたらないが、これは彼の「好み」のスタイルである可能もある。

本書の主題からはずれるが、以下、簡単にこの問題に触れておきたい。
　1970年代に私たちがミクロネシアのチューク（当時トラック諸島）で考古学調査をしていて聞いた話では、ここでは往昔は結婚式などはなく、もし娘が好きな男性と同宿して翌日の昼まで起きてこなければ結婚したとみなしたという。古くこの地で民族学調査を行った佐藤伝蔵氏も同じようなことを報告している（佐藤1896）。古代の日本でも男女の間に愛情が深まると結婚となるが、性愛と結婚との境界は必ずしも明確ではなく（吉村2005）、縄文時代にもこのような状況が一般的だったのではないかと推測される。
　考古学の西川博幸氏は「石製玦状耳飾りの着装者が女性であったとすれば、土製玦状耳飾りの着装者も女性であった可能性が高い。今仮にこの前提に立てば、前期後半期においては多摩地域と千葉西部地域は、頻繁ではないが相互に女性の嫁入りによる婚姻関係が成立していたことであろう。このことは両地域の婚姻体制が妻方居住婚ではなく、夫方居住婚か選択居住婚の社会であったことを示すと思われる」と述べる（西川1995）。
　柳田国男らが提示した日本の民俗学界の通説は「一時的妻訪婚」が古代では支配的な婚姻であり、「嫁入婚」は中世の武家階級のもとで初めて成立し、それが隆盛になるに従って「一時的妻訪婚」は衰微していったというものである（江守1998）。しかし江守五夫氏はこの柳田らの説く婚姻史の通説的見解は日本海沿岸の地域では通用しないと批判し、我が国にはきわめて異質的な2つの婚姻類型が系統を別にして存在していたと想定した。すなわち、一つは「一時的訪婚」と呼べるもので、結婚当初の一時期、夫妻は別居し、この間、夫妻の一方が他方を訪問するものである（江守1998）。もう一つの類型は「嫁入婚」である。江守氏は「一時的訪婚」は南方型文化で中国江南からインドシナ方面と脈絡があり、「嫁入婚」は中国北部やシベリア方面の北方系文化とつながると考えた。この仮説を縄文文化の研究者がどこまで受け入れるかは不明である。
　私は縄文時代の通婚圏を探るうえで装身具を手がかりとすることにはやや躊躇せざるをえない。なぜなら未開社会では装身具は先祖伝来の家宝になっている事例もあるからである。インドネシアでは娘が他家に嫁ぐときには装身具を実家に置いていく地域もある。遺跡からまとまって遺物が発見される、考

古学的には「デポ」と呼ばれる現象があるが（田中 2007）、もし将来、耳飾りの「デポ」が縄文の遺跡から発見されて、そこには片方の耳飾りしか残されていないことでもあれば、嫁入りに際して女性が実家に片方を置いていったという解釈ができるかもしれない。この点で、山梨県、群馬県、埼玉県で精巧な漏斗状耳栓が小型土器の中から出土しているのはこの耳栓が大切に保管される対象物となっていたことを意味するかもしれない、と考える設楽博己氏の見解は魅力的である（設楽 1993）。というのは、私は精巧な耳飾りは貴重な交易品となっていたと考えているからである。

一方、上記のインドネシアの民族例とは反対に、フィリピンのように嫁入り道具として耳飾りを持参する民族例もある。この民族例は、群馬県、茨城県、東京都の遺跡から同一形態の耳栓が発掘されていることから、婚姻が隣接地域集団の間でのみなされていただけでなく、交易などによって強く結びついていた地域間で積極的に行われたとする想定にとって、参考になるかもしれない。ただ上野氏のこの見解には耳栓は通過儀礼を終えた成人がつけたものとする前提がある。民族誌的にこれとは別の場合が普通である。しかし今後は民族例にとらわれず、縄文の遺物からの独自な研究方法で立証されることを期待したい。

ここで参考までに文化人類学的に婚資について一瞥しておこう。

民俗学者によれば、日本では武家社会の台頭によって遠方婚姻（村外婚）が繁くなるが、それに伴い嫁入り行列は盛んになり、嫁入り道具は多種多様なものとなったという（柳田監修 1966）。民俗誌時代の奥多摩では「風呂敷一枚で嫁にきた」と称されるほど風呂敷が式が嫁入り道具としては圧倒的に多かった（桜井 1968）。また、嫁入り道具は他の家に引き移る娘の体面を保ち、嫁入り後の日常生活に役立つ品々で満ちている。装いに関わるものとしては鏡、櫛、簪などがあるが、明治時代には有夫の印として必要な鉄漿付けに使う用具を持参した。またハレの日に装う紋付きの着物の他に、普段着・仕事着は必ず含まれていたが、その多くは娘時代に手を通し慣れ親しんだものであった（天野 1994）。

こうしたことは縄文女性の場合にも当てはまり、彼女たちが針仕事に関連したものを持参したかもしれないことを示唆しているように思われる。もしそう

であるならば、縄文時代に見られる刺突具と呼ばれる骨製遺物がこのような役割を果たしていたかもしれない。縄文時代に有夫を表すなんらかの印を必要とする社会制度があったかどうか不明である。もしあったとするならば、耳栓がこれとなんらかの関わりをもっていたかもしれない。しかし現時点ではこれは推測の域を出ない。

　サハリンのアイヌは婚資は新婦の父親が新婦に対して支払うが、それは父親が酋長や特別に裕福な人の場合になされる稀なことであった（Ohnuki-Tierney 1974）。中国の少数民族のロロ族では、婚礼に際して姑は「髪の毛が汁の中に落ちないように煮烹の前に毎日髪を梳け」との言葉を唱えて花嫁に櫛を贈った（松崎 1947）。ここでは省略したが、これらの地域以外の民族の間に見られる婚資について検討すると、耳飾りから縄文人の婚姻形態を探ることはかなり難しいように思われる。

引用文献

[邦文]（50音順）

アイヌ文化保存対策協議会編　1970『アイヌ民族誌』第一法規出版株式会社
青柳洋治　1980「フィリピンにおける初期金属器文化—パラワン島タボン洞穴群の甕棺複合—」山本達郎博士古稀記念論叢編集委員会編『東南アジアの社会と文化（上）』山川出版社
　　　　　　　1987「フィリピン出土の玦状耳飾り」『東南アジア考古学会会報』7号
青柳洋治・小川英文・田中和彦　1996「フィリピン北部　マガピット貝塚の発掘と出土装身具」劉茂源編『ヒト、モノ、コトバの人類学』慶友社
赤田光男　1997『ウサギの日本文化史』世界思想社
秋道智弥　1989『ハワイ・南太平洋の謎』光文社文庫
浅川利一・安孫子昭二編　2002『縄文時代の渡来文化—刻文付有孔石斧とその周辺—』雄山閣
浅野長雄　1937「オレアイ島海産貝類」『ヴィナス』7巻1号
朝日新聞社編　1975『縄文人展—自然に生きた祖先の姿—』朝日新聞社
　　　　　　　1994「大英博物館所蔵インドの仏像とヒンドゥーの神々」展図録、朝日新聞社
　　　　　　　1997『三内丸山遺跡と北の縄文世界』朝日新聞社
R.T. アボット・S.P. ダンス著、波部忠重・奥谷喬司監訳　1985『世界海産貝類大図鑑』平凡社
天野　武　1994『民俗学特講・演習資料集（1）結婚の民俗』岩田書院
天野哲也　2003『クマ祭りの起源』雄山閣
阿拉担宝力格（あらたんぽりご）　2007「モンゴルの文様から見える民族性—美意識の継承と変化—」煎本孝・山田孝子編『北の民の人類学—強国に生きる民と帰属性—』京都大学学術出版会
M.R. アレン著、中山和芳訳　1978『メラネシアの秘儀とイニシエーション』（人類学ゼミナール8）弘文堂
飯島正明・中山清隆　1989「箕面市瀬川出土の「の」字状石製品」『考古学ジャーナル』310号
池田等・淤見慶宏（写真・広田行正）2007『タカラガイのガイド・ブック—日本のタカラガイ図鑑—』東京書籍
池畑耕一　2006「弥生時代における沖縄・南西諸島の貝輪研究」『考古学ジャーナル』543号
石井　忠　1993「漂流記と漂着物」『海と列島の文化（別巻）』小学館
石川栄吉　1984『南太平洋物語—キャプテン・クックは何を見たか—』力富書房
石毛直道　1974「外海と日本人」宮本常一・川添登編『日本の海洋民』未来社

石田英一郎　1999「解説　岡正雄「日本民族文化の形成」」石田英一郎編『日本文化の源流』『現代のエスプリ』21号
石塚尊俊　1972『日本の憑きもの―俗信は今も生きている―』未来社
稲村　繁　1999『人物埴輪の研究』同成社
井之口章次　1965『日本葬式』早川書房
茨城県立歴史館　1994『特別展　東国の土偶』茨城県立歴史館
今村啓爾　1987「まとめと今後の問題点」『東南アジア考古学会会報』7号
岩手県教育委員会・岩手県文化振興事業団編　1997「シンポジウム　縄文・魂との対話：今消えようとする縄文のこころ」岩手県教育委員会・岩手県文化振興事業団
岩永省三　1997『弥生時代の装身具』(日本の美術3) 至文堂
印東道子　1981「オセアニアの貝製品」『沖縄県八重山石垣市名蔵貝塚発掘調査報告』沖縄県教育委員会
植木弘・植木智子　1994「土偶の誕生と終焉」小林達雄編『縄文人の道具』(古代史復元3) 講談社
上田　耕　1981「九州における玦状耳飾について」『鹿児島考古』16号
上田耕・栞畑光博　1997「宮崎県内の玦状耳飾」『南九州縄文通信』11号
上野修一　1999「内陸の道―峠の旅人―」橋口尚武編『海を渡った縄文人―縄文時代の交流と交易―』小学館
　　　　　2004「関東・中部地方の玉文化―硬玉製大珠以前の様相」『季刊考古学』89号
内林政夫　1998『右の文化と左の文化―中国・日本おもしろ考』紀伊國屋書店
梅原猛・渡辺誠　1989『人間の美術1　縄文の神秘』学研
江坂輝弥　1960『土偶』校倉書房
江坂輝弥編　1973『縄文土器と貝塚』(古代史発掘2) 講談社
　　　　　1983『化石の知識―貝塚の貝』東京美術
江坂輝弥・渡辺誠　1988『装身具と骨角製漁具の知識』東京美術
江守五夫　1965『結婚の起源と歴史』社会思想社
　　　　　1998『婚姻の民俗―東アジアの視点から―』吉川弘文館
M.エリアーデ著、堀一郎訳　1974『シャーマニズム―古代的エクスタシー技術―』冬樹社
大石芳野　1981『パプア人―いま石器時代に生きる―』平凡社
大賀　健　2004「篦状垂飾(石製品)」『季刊考古学』89号
大木伸一編訳　1970『シベリアの民俗学』3版、岩崎美術社
大島直行　1997「南島産の貝の流通」岡村道雄編『ここまでわかった日本の先史時代』角川書店
大竹憲治　1989『骨角器』考古学ライブラリー53、ニュー・サイエンス社
　　　　　1990「いわゆる「の」字状石製品について」『史峰』15号
大谷幸市　1995『古代渦巻文の謎』三一書房

大塚和義　1988「縄文人の観念と儀礼的世界」鈴木公雄編『古代復元2』講談社
　　　　　1990「いわゆる「の」字状石製品について」『史峰』15号
大坪志子　2004「九州地方の玉文化」『季刊考古学』89号
大野雲外　1922「耳飾石輪に就て」『民族と歴史』7巻号4巻
大野　晋　1969『日本語の起源』岩波新書（新版）
大貫静夫　1998『東北アジアの考古学』同成社
　　　　　2003「日本と大陸の交流」後藤・茂木編『東アジアと日本の考古学Ⅲ』同成社
大浜良介　2002「玦状耳飾の起源・系譜」村田文夫先生還暦記念論文集刊行会編『地域考古学の展開』（村田文夫先生還暦記念論文集）平電子印刷所
大林太良　1960「Inauの起源について」『民族学研究』24巻4号
　　　　　1977「哀悼傷身の風俗について」齋藤忠編『葬送儀礼―古代日本人の死の思想―』現代のエスプリ111号
　　　　　1993『海の神話』講談社学術文庫
大藤ゆき　1969『児やらい』岩崎美術社
岡　正雄　1966「日本民族文化の起源」石田英一郎編『日本文化の源流』現代のエスプリ21号
岡島　清　1941「群島の高瀬貝移植（1）」『南洋水産』7巻6号
岡田章雄　1943『加羅とサメの皮―日本と仏印むかしばなし―』東宛書房
岡田淳子　1988「黎明の子供たち」陳舜臣他編『図説検証　原像日本(5)―人間と生業―』旺文社
岡田康博　2006「石刃鏃と耳飾　もたらされた独特な技法と精神性」文化庁編『発掘された日本列島2006』
岡野繁蔵　1942『南洋の生活記録』錦城出版社
岡村道雄　2000『日本列島の石器時代』青木書店
　　　　　2002『縄文の生活誌』（日本の歴史01）講談社
忍澤成視　2000「縄文時代における貝製装身具の実際」『貝塚博物館紀要』27号
　　　　　2004a「縄文時代のイモガイ製装身具―現生貝調査からみた素材供給地と入手方法―」『動物考古学』21号
　　　　　2004b「南海産の貝製品を模造した土製品」『考古学ジャーナル』511号
　　　　　2006「関東地方における縄文中期の貝輪の実態」『千葉縄文研究』創刊号
尾関清子　1987「縄文時代の結髪の特徴」日本生活学会編『生活学　1988』ドメス出版
小田静夫　2002a『遙かなる海上の道―日本人の源流を探る黒潮文化の考古学―』青春出版社
　　　　　2002b『Ogasawara archaeology and history（発掘された小笠原の歴史）』東京都小笠原教育委員会
小野正文　1989「山梨県に於ける土製耳飾の予見的考察」『山梨考古学論集』2号
小畠郁生・加藤秀　1990『オウムガイの謎』筑摩書房

小渕忠秋　1984『なすな原遺跡―No.1 地区調査』町田市
M. カヴァラビアス著、新明希予・首藤政雄訳　1943『バリ島』産業経済社
片岡由美　1983　「貝輪」加藤晋平他編『縄文文化の研究 9　縄文人の精神文化』雄山閣
加藤晋平　1980「縄文人の動物飼育」『歴史公論』6 巻 5 号
角田祥子　2000「土製耳飾り、観察の視点」『東国史論』15 号
かながわ考古学財団　1998『かながわ考古学財団報告 32』財団法人かながわ考古学財団
金沢市教育委員会　1986『金沢市新保本町チカモリ遺跡　第 4 次発掘調査兼土器編』金沢市教育委員会
金関丈夫　1978『琉球民俗誌』法政大学出版局
　　　　　1982『考古と古代』法政大学出版局
金関丈夫・国分直一　1979『台湾考古誌』法政大学出版局
金成南海子・宮尾亨　1996「土製耳飾りの直径」『國學院大學考古学資料館紀要』12 輯
金子エリカ　1983「双頭の獣形垂飾をめぐって」『えとのす』20 号、新日本教育図書
金子浩昌　1984『貝塚の獣骨の知識―人と動物とのかかわり―』東京美術
金子浩昌・忍澤成視　1986a『骨角器の研究　縄文編 I』慶友社
　　　　　　　　　　1986b『骨角器の研究　縄文編 II』慶友社
金谷克巳　1962『埴輪の誕生―日本古代史の周辺―』講談社
上村俊雄　1999「南の海の道と交流―南九州と南島の交流・交易の中心に―」橋口尚武編『海を渡った縄文人―縄文時代の交流と交易―』小学館
鹿野忠雄　1930a「台湾東海岸巨石文化遺跡に就いて 1」『人類学雑誌』45 巻 7 号
　　　　　1930b「台湾東海岸巨石文化遺跡に就いて 2」『人類学雑誌』45 巻 9 号
　　　　　1930c「紅頭嶼ヤミ族の山羊の崇拝」『人類学雑誌』45 巻 1 号
　　　　　1946『東南亜細亜民族学先史学研究』(第 1 巻) 矢島書房
　　　　　1952『東南亜細亜民族学先史学研究』(第 2 巻) 矢島書房
川崎　保　1998「玦状耳飾と管玉の出現」『考古学雑誌』83 巻 3 号
　　　　　2002「「の」字状石製品と倉輪・松原型装身具セット」浅川利一・安孫子昭二編『縄文時代の渡来文化―刻文有孔石斧とその周辺―』雄山閣
　　　　　2004「玉の類型編年」『季刊考古学』89 号
　　　　　2005「海にあこがれた信州の縄文文化」第 6 回考古学講座（長野県立歴史館）発表要旨プリント、千曲市
木下尚子　1983「貝輪と銅釧の系譜」『季刊考古学』5 号
　　　　　1996『南島貝文化の研究』法政大学出版局
　　　　　2003「貝製装身具からみた広田遺跡」広田遺跡学術調査研究会『種子島、広田遺跡』(本文編) 鹿児島県立歴史資料館センター黎明館
木下哲夫　2002「福井県桑野遺跡の石製装身具―玦状耳飾の用途に関する出土状況からの検討―」浅川利一・安孫子昭二編『縄文時代の渡来文化―刻文付有孔石斧とその周辺―』雄山閣

木村幾多郎　2003「縄文時代の日韓交流」後藤直・茂木雅博編『東アジアと日本の考古学Ⅲ　交流と交易』同成社
京都国立博物館他編　1994『大英博物館所蔵インドの仏像とヒンドゥーの神々展図録』朝日新聞社
清野謙次　1943「ニューギニア民族誌」太平洋協会学術委員編『ソロモン諸島とその付近―地理と民族―』太平洋協会出版部
吉良哲明　1974『原色日本貝類図鑑』改訂20刷、保育社
金田一春彦　1991『日本語の特質』NHKブックス
久保寺逸彦　1970「イオマンテ（くま送り）」アイヌ文化保存対策協議会編『アイヌ民族誌』第一法規出版株式会社
L.クラーク　2007「海南島、ロイ山地のビッグノットたちに囲まれて（1938年9月号）」マーク・ジェンキンズ編著『大冒険時代―世界が驚異に満ちていたころ』（50の傑作探検記）早川書房
倉野憲司校注　1963『古事記』岩波文庫
栗島義明　2004「硬玉製大珠の交易・流通」『季刊考古学』89号
E．A．クレイノヴィチ著、桝本哲訳　1993『サハリン・アヌール民族誌―ニヴフ族の生活と世界観―』法政大学出版局
桑原　護　1993「房総における玦状耳飾りについて1」『流山市史研究』10号
　　　　　1994「房総における玦状耳飾りについて2」『流山市史研究』11号
礫川全次編　2004『左右の民俗学』歴史民俗学資料叢書第Ⅱ第5巻、批評社
黄展茸著、宇津木章訳　2000『中国古代の殉葬習俗』第一書房
甲野　勇　1924「現用の玦状耳飾」『史前学雑誌』1巻1号
　　　　　1932「耳飾りを着けた土偶」『史前学雑誌』41巻1号
　　　　　1939「台湾烏山頭遺跡発見の先史時代遺物」『人類学雑誌』54巻4号
　　　　　1940「埼玉県真福寺貝塚発見の耳栓」『人類学雑誌』55巻10号
　　　　　1948『図解先史考古学入門』山岡書店版
　　　　　1956「生活用具」『日本考古学講座（3）』河出書房
　　　　　1971『甲野勇集』（江坂輝弥編『日本考古学選集』20）築地書館
　　　　　1976『縄文土器の話』学生社
国分直一　1969「東亜の終着駅―総論」国分直一・岡本太郎編『大地と呪術』（日本文化の歴史　第1巻）学研
　　　　　1970『日本民族文化の研究』慶友社
　　　　　1972『南島先史時代の研究』慶友社
国立歴史民俗博物館編　2001『縄文文化の扉を開く―三内丸山遺跡から縄文列島へ―』国立歴史民俗博物館
小島俊彰　1983a「三角壔形土製品」加藤晋平他編『縄文文化の研究9　縄文人の精神文化』雄山閣

　　　　　　　1983b「有孔球状土製品」加藤晋平他編『縄文文化の研究9　縄文人の精神文化』雄山閣
小杉　康　2003『縄文のマツリと暮らし』（先史時代を復元する3）岩波書店
児玉作左衛門　1970a「装身具」アイヌ文化保存対策協議会編『アイヌ民族誌』第一法規出版株式会社
　　　　　　　1970b「アイヌ衣服の種類」アイヌ文化保存対策協議会編『アイヌ民族誌』第一法規出版株式会社
　　　　　　　1970c「生死・冠婚・習俗行事」アイヌ文化保存対策協議会編『アイヌ民族誌』第一法規出版株式会社
　　　　　　　1970d「彫刻の文様」アイヌ文化保存対策協議会編『アイヌ民族誌』第一法規出版株式会社
後藤秀彦　1976「IV. 考察」浦幌町教育委員会編『共栄B遺跡—北海道浦幌町共栄B遺跡発掘調査報告書—』浦幌町教育委員会
後藤雅彦　2000「東南中国の先史文化と周辺」『高宮廣衞先生古稀記念論文集、琉球・東アジアの人と文化』下巻、高宮廣衞先生古稀記念論文集刊行会
小林達雄　1967a「縄文晩期における「土板・岩板」の研究の前提」『物質文化』10号
　　　　　　　1967b「縄文草期に関する諸問題」『多摩ニュータン遺跡調査報告』2
　　　　　　　1967c「長野県西筑摩郡開田村柳又遺跡の有舌尖器とその範型」『信濃』19巻4号
　　　　　　　1988a「身分と装身具」小林達雄編『古代史復元』3巻、講談社
　　　　　　　1988b「日本文化の基層」小林達雄他編『日本文化の源流』学生社
小林行雄　1959「金環」「けいしき、形式・型式」水野清一・小林行雄編『図解考古学辞典』創元社
小宮　孟　1999「縄文人と蛙」『カエルのきもち』千葉県立中央博物館
近藤喜博　1966『日本の鬼—日本文化探求の視覚—』桜楓社
斎藤　忠　1998「金環」『日本考古学用語辞典』学生社
齋藤政雄　1940『東印度の文化』寶雲社
坂本恭章　1981「オーストロ・アジア諸語」北村甫編『世界の言語 第6巻』大修館書店
崎山　理　1997「オセアニアの言語」石川栄吉編『オセアニア世界の伝統と変貌』（民族の世界史14）山川出版
佐倉朔・山口敏　1959『生物としての人』日本評論社
桜井徳太郎　1968『日本人の生と死』岩崎美術社
佐々木高明　1971『稲作以前』NHKブックス
　　　　　　　1991a『日本史誕生』集英社
　　　　　　　1991b「民具の比較民族学—東南アジア・オセアニアを中心に—」『歴史と民俗』8号
　　　　　　　1997『日本文化の多重構造』小学館

            2006 『山の神と日本人―山の神信仰から探る日本の基層文化―』洋泉社
佐藤伝蔵   1896 「トラック島土俗一斑」『人類学雑誌』12 (129)
佐原真・春成秀爾 1997 『歴史発掘5 原始絵画』講談社
M．サリバン著、新藤武弘訳 1973 『中国美術史』新潮選書
澤田瑞穂   1995 『修訂 中国の呪法』平河出版社、7刷修訂版3刷
サントリー美術館 1969 『土偶と土面 1969春の特別展』サントリー美術館
設楽博己   1983 「土製耳飾」加藤晋平他編『縄文文化の研究9―縄文人の精神文化―』
            雄山閣
            1985 「土製玦状耳飾について」『西の台(第2次)：船橋市西の台遺跡発掘調
            査報告書』船橋市遺跡調査会
            1993 「縄文人の通過儀礼はどのようなものだったか」鈴木公雄・石川日出志
            編『新視点1 日本史の歴史―原始編』新人物往来社
清水市郷土研究会 1960 『清水天王山遺跡―第1次～第3次発掘報告―』清水市郷土研究会
A．V．ジェネップ著、秋山さと子・弥永信美訳 1977 『通過儀礼』思索社
シュウェイヨー著、岡本嘉平次・今永要助訳 1943 『ビルマ民族誌』三省堂
十菱駿武   1988 「遺跡・博物館探訪」『図説原像1―人間と生業、列島の遠き祖先たち
            ―』旺文社
白井祥平   1997 『貝(II)』法政大学出版局
新東晃一   1993 「縄文時代の二つの耳飾り―南九州の耳栓と玦状耳飾り―」『南九州縄
            文通信』7号
            1995 「南九州の初期縄文文化」『季刊考古学』50号
            2006 「九州の縄文時代の二つの耳飾り」『縄文の森から』4号
杉田 洋   1981 「オーストロネシア諸語」北村甫編『世界の言語』第6巻、大修館書店
杉原荘介   1968 『明治大学考古学陳列館案内』明治大学考古学陳列館
杉山二郎   1984 『仏像―仏教美術の源流―』柏書房
鈴木作太郎   1932 『台湾の蕃族研究』台湾史籍刊行会
鈴木保彦   1980 「土偶の研究序説」『調査研究年報』6号、青森県立郷土館
            2006 「縄文勾玉の起源に関する考証」『玉文化』3号
H．スチューベル著、平野義太郎編、清水三男訳 1943 『海南島民族誌―南支那民族研
            究への寄与―』畝傍書房
J．F．セイファー著、杉浦満訳 1986 『海からの贈りもの「貝」と人間―人類学からの
            視点―』築地書館
瀬川清子   1968 「山と通婚圏」『民族学研究』32巻4号
            1998 『アイヌの婚姻』新装版、未来社
関 敬吾   1962 「日本民俗学の歴史」『日本民俗学大系2―日本民俗学の歴史と課題』
            平凡社
芹沢長介   1965 「縄文時代の研究をめぐる諸問題」『日本の考古学2』河出書房

宋　文勲　1980「台湾蘭嶼発見の石製小像」『日本民族文化とその周辺（考古編）』新日本教育出版
　　　　　　1987「台湾出土の玦状耳飾り」『東南アジア考古学会会報』7号
祖父江孝男　1979『文化人類学入門』中公新書
染木　煦　1945『ミクロネジアの風土と民具』彰考書院
台湾総督府蕃族調査会　1921『臨時台湾旧慣調査会第報告書第1部蕃族調査報告書、排彎族・獅設族』
高島愼助　2004「千葉市近郊の力石」『東邦考古』28号
高取政男・橋本峰雄　1968『宗教以前』NHKブックス
高橋統一　1972「割礼と初潮」大林太良編・解説『現代のエスプリ―儀礼―』60号
　　　　　2000『神なる王／巫女／神話』岩田書院
高橋信雄他　1983「岩手の洞穴遺跡―岩谷洞穴遺跡」『石灰岩―化石サンゴから洞穴遺跡まで―』岩手県立博物館
高橋典子　1999「おてだま、お手玉」福田アジト他編『日本民俗大辞典 上』吉川弘文館
高橋康也　1991「西洋における伝承と象徴性」山折哲雄編『世界宗教大事典』平凡社
高山研磨　2001「キリバス・ツヴァル出土の単式釣針の進化論的解釈」『東南アジア考古学』21号
高山　純　1965「縄文時代に於ける耳栓の起源に関する一考察」『人類学雑誌』73巻4号
　　　　　1967a「古代東アジアにおける耳璫の流伝（1）」『考古学研究』14巻1号
　　　　　1967b「古代東アジアにおける耳璫の流伝（2）」『考古学研究』14巻3号
　　　　　1967c「中国の玦」『古代学』13巻3・4合併号
　　　　　1967d「縄文中期に見られる三本指モチーフについて」『古代文化』18巻1号
　　　　　1969a「古アジア族のレイブレット（口唇装飾具）とモヨロ貝塚出土の類似の再検討」『物質文化』13号
　　　　　1969b『縄文人の入墨―古代の習俗を探る―』講談社
　　　　　1982「ミクロネシア考古学の重要性―特に起源論を中心に―」ミクロネシア研究委員会編『ミクロネシアの文化人類学的研究―西カロリンの言語・社会・先史文化―』国書刊行会
　　　　　1983「身体装飾」加藤晋平他編『縄文文化研究9 縄文人の精神文化』雄山閣
　　　　　1992「葬式に親指を隠す風習の起源」『帝塚山論集』77号
　　　　　1993「葬式に親指を隠す風習の起源についての補遺」『帝塚山論集』79号
　　　　　1997a『江戸時代ハワイ漂流記』三一書房
　　　　　1997b「柳田国男の「海上の道」に見られる宝貝の種本」『堅田直先生古稀記念論文集』真陽社
　　　　　2000「太平洋考古学からみた古代日本の航海民の検証」『帝塚山大学人文科学部紀要』3号
　　　　　2001a「先島のシャコガイ手斧はフィリピン起源か」『南島考古』20号

　　　　　　　2001b「オセアニアにおける貝手斧と石手斧の関係」『帝塚山論集』92号
　　　　　　　2003「吉野ケ里遺跡の「首なし人骨」は首狩り習俗か」『新世紀の考古学』
　　　　　　　　　（大塚初重先生喜寿記念論文集）平電子印刷
　　　　　　　2007「縄文女性の性に対する慎みと子供への愛情」『列島の考古学Ⅱ』（渡辺
　　　　　　　　　誠先生古稀記念論文集）』纂集堂
高山純・甲斐山佳子　1993『珊瑚島の考古学―中部太平洋キリバス共和国調査記―』大明堂
高山純・齋藤あかね・高山研磨　2006『中部太平洋ツヴァル国考古学への誘い』（私家版）
高山純・佐々木博昭　1975『曽屋吹上―配石遺構発掘調査報告書（図版編）』（私家版）
武田宗久　1951「千葉県千葉市蕨立貝塚」『日本考古学年報』4号
武光　誠　1993『日本の風習―つい喋りたくなる謎話―』青春出版社
立川武蔵　1990『女神たちのインド』セリカ書房
立田洋司　1997『唐草文様―世界を駆けめぐる意匠―』講談社選書
田中英司　2007「デポと交易」小杉康他編『ものづくり―道具製作の技術と組織―』（縄
　　　　　　　文時代の考古学6）同成社
田中和彦　1985「フィリピン国立博物館による近年の考古学的活動―近年出土した土器
　　　　　　　と土器研究―」『東南アジア考古学会会報』5号
多摩考古学研究会編　1968『甲野勇先生の歩み』甲野勇先生の歩み刊行会（非売品）
近山　晶　1988「サンゴ、珊瑚、coral」『世界大百科事典』11巻　平凡社
塚本師也　1988「土製玦状耳飾について」栃木県文化振興事業団編『鹿島脇遺跡・追の
　　　　　　　窪遺跡：国道194号線改良工事に伴う発掘調査報告書』栃木県文化財
　　　　　　　調査報告第93
寺石正路　2004「右得手と左得手」礫川全次編『左右の民俗学』批評社
寺村光晴　1967「縄文時代前期飾玉生産の一考察」『和洋女子大学大学紀要』12号
　　　　　　1968『翡翠』養神書院
土肥　孝　1997『縄文人の装身具』（日本の美術2）至文堂
　　　　　　2004「日本玉文化の系譜と諸問題」『季刊考古学』89号
常光　徹　2006『しぐさの民俗学―呪術的世界と心性―』ミネルヴァ書房
栃木県教育委員会・とちぎ生涯学習センター文化財団　2003『荻ノ平遺跡』（栃木県埋
　　　　　　　蔵文化財調査報告書第270集）
鳥居龍蔵　1924『諏訪史』第1巻
　　　　　　1929『人類学上より見たる我が上代文化』叢文閣版
中園　聡　2006「弥生土器をめぐる認知考古学的解釈の試み」小杉康編『心と形の考古
　　　　　　　学―認知考古学の冒険―』同成社
中西弘樹　1990『海流の贈り物―漂着物の生態学』平凡社
長野県教育委員会編　1970『信州の民俗―山国に生きる名もなき人々の生活と文化―』
　　　　　　　第一法規出版株式会社
中橋孝弘　2005『日本人の起源―古人骨からルーツを探る―』講談社選書

中村貞史　1968「88 B 遺跡・玦状耳飾」『多摩ニュータウン遺跡調査報告』V
中村慎一　1987「中国出土の玦状製品」『東南アジア考古学会会報』7 号
中山清隆　1992「縄文文化と大陸系文物」『季刊考古学』38 号
　　　　　1994「東アジアからみた玦状耳飾りの起源と系譜」『地域相研究』22 号
中山太郎　1977『日本民俗学 3』大和書房
　　　　　2004「左尊右尊の思想と民俗」礫川全次編『左右の民俗学』批評社
西岡秀雄　1950『日本における性神の史的研究―考古学・民俗学的考察―』潮流社
西川博孝　1973「第 3 節　土製玦状耳飾」『古和田遺跡』船橋市教育委員会
　　　　　1995「再び土製玦状耳飾について」『千葉県文化財センター研究紀要』16 号
西口陽一　1983「耳飾りからみた性別」『季刊考古学』5 号
西谷　大　2001「男生口四人、女生口六人―洛陽を見た倭人たち―」設楽博己編『三国志がみた倭人たち―魏志倭人伝の考古学―』山川出版社
西村眞次　1933『人類性文化史』(性科学全集第 4 輯)武俠社
西村正衛　1960「利根川下流地域における縄文中期の地域的研究―予報―」『古代』34 号
　　　　　1964「縄文文化地域研究の基礎的概念―利根川下流地域の研究を中心として―」『早稲田大学教育学部学術研究』13 号
新田栄治　1987「タイ出土の耳飾について(コメント)」『東南アジア考古学会会報』7
日本民俗学研究所編　1966『民俗学辞典』東京堂出版
額田　巖　1972『結び』(ものと人間の文化史 6)法政大学出版局
禰津正志　1943『印度支那の原始文明』河出書房
野口　広　1974『あやとり』全 3 巻、河出書房新社
芳賀　登　1989『文化の往還』福武書店
　　　　　1991『成人式と通過儀礼―その民俗と歴史―』雄山閣
橋口尚武　2005「縄文時代の舟と交流・交易」『考古学ジャーナル』536 号
橋本澄夫　1999「日本海の海人文化と交流路」橋口尚武編『海を渡った縄文人―縄文時代の交流と交易』小学館
橋本美佳　2007「南海産貝輪生産活動の研究」『考古学研究』53 巻 4 号
長谷部言人　1929「パラウ島人の鼻中隔穿孔に就いて」『人類学雑誌』44 巻 11 号
　　　　　1930「結縛崇拝」『人類学雑誌』45 巻 10 号
　　　　　1932『過去の我南洋』岡書院
　　　　　1940「トラック人の耳変工に就いて」『人類学雑誌』55 巻 10 号
長谷部言人・八幡一郎　1932『過去の我南洋』岡書院
E.S. バーチ著、S. ヘンリ訳　1991『図説エスキモーの民族誌』原書房
P.H. バック著、鈴木満男訳　1966『偉大なる航海者たち』現代教養文庫 545
波部忠重監修　1983『貝 I　巻貝』学研生物図鑑
波部忠重・小菅貞男　1975『日本の貝』保育社
浜田隆士　1965「オウムガイ遺骸の漂流」『ヴィナス』24 巻 3 号

林　徹　2000「伊是名貝塚の貝製品」『伊是名貝塚―沖縄県伊是名島貝塚の調査と研究―』勉誠社
原田昌幸　1988「縄文人の装い」小林達雄編『縄文人の道具』（古代史復元 3）講談社
U．ハルヴァ著、田中克彦訳1971『シャマニズム―アルタイ系諸民族の世界像―』三省堂
春成秀爾　1983「装身具の歴史」『季刊考古学』5 号
　　　　　1993「弥生時代の再葬制」『国立歴史民俗博物館研究報告』49 号
　　　　　1997『古代の装い』（歴史発掘 4）講談社
樋口清之　1933a「玦状耳飾考―石器時代身体装飾品之研究其 1」『考古学雑誌』23 巻 1 号
　　　　　1933b「玦状耳飾考―石器時代身体装飾品之研究其 2」『考古学雑誌』23 巻 2 号
　　　　　1939「日本先史時代人の身体装飾 上」『人類学先史学講座』13 巻　雄山閣
　　　　　1940「日本先史時代人の身体装飾 下」『人類学先史学講座』14 巻　雄山閣
樋口昇一　1998「縄文後・晩期の土製耳飾小考―大量出土の遺跡をめぐって―」『國學院大學考古学資料館紀要』14 号
樋口隆康　1971『日本人はどこから来たか』講談社現代新書
姫野　翠　1989『芸能の人類学』春秋社
兵藤千秋　2000「北海道出土の土製耳飾について」『苫小牧市埋蔵文化財調査センター所報』2 号
兵藤千秋・佐藤一夫　1993「北海道出土の土製耳飾りについて」『郷土研究（門脇松次郎翁追悼記念号）』6 号
平野裕子　2000「北海道出土の土製耳飾について」『苫小牧市埋蔵文化財調査センター所報』2 号
　　　　　2005「東南アジア古代ガラス生産とその内容―域内交流の視点から―」『東南アジア考古学』25 号
H．フェリンガー著、高山洋吉訳　1954『性生活の原初形態―未開人における生態―』クラウン社
深作光貞　1983『「衣」の文化人類学―下半身の装いに探る人間の本性と変身の願望―』PHP 研究所
深津正義　1983『燈用植物』法政大学出版局
福岡市博物館編　1998『弥生人のタイムカプセル』福岡市博物館
福田友之　1999「北の道・南の道―津軽海峡をめぐる交流―」橋口尚武編『海を渡った縄文人―縄文時代の交流と交易―』小学館
福永光司　1996『馬の文化と船の文化―古代日本と中国文化―』人文書院
藤井　保　1935「ヤップ島民の衛生思想」『南洋群島』1 巻 4 号
藤沢宗平　1962「縄文時代の滑石製品」『古代』39・40 合併号
藤田　等　1994『弥生時代ガラスの研究―考古学的方法―』名著出版
藤田富士夫　1971「耳栓の起源について―飾玉の在り方と関連して―」『信濃』23 巻 4 号
　　　　　1975「玦状耳飾りの素材の在り方について」『信濃』27 巻 9 号

	1992 『玉とヒスイ』同朋舎出版
	2002 「日本列島の玦状耳飾の始原に関する試論」浅川利一・安孫昭編『縄文時代の渡来文化―刻文付有孔石斧とその周辺―』雄山閣
	2004 「大陸渡来説を考える」『季刊考古学』89号
藤田元春	1967 『日本民家史』刀江書院
藤村慧子	1980 「ラモトレク島の発掘調査」『日本民族文化とその周辺 考古篇』慶友社
藤沼邦彦	1997 『縄文の土偶』(歴史発掘3) 講談社
藤森栄一	1970 『縄文農耕』学生社
古野清人	1942 『原始文化の探求』白水社

B.ベッベルハイム著、岸田秀訳　1982 『性の象徴的傷痕』せりか書房
ベルリン性科学研究所編、清水朝雄訳　1960 『未開社会の女たち』刀江書院
北海道埋蔵文化財センター　2004『遺跡が語る北海道の歴史―(財) 北海道埋蔵文化財センター25周年記念誌』北海道埋蔵文化財センター
G.ポレ・E.マスペロ著、大岩誠・浅見篤訳　1944『カンボジア民俗誌―クメール族の慣習―』生活社

本多勝一	1964 『ニューギニア高地人』朝日新聞社
馬　興国	1998 「服飾の民俗」宮田登・馬興国編『日中文化交流史叢書第5巻 (民俗)』大修館書店
前川文夫	1973 『日本人と植物』岩波新書
前山精明	2004 「「の」字状石製品」『季刊考古学』89号
麻柄一志	2002 「石刃鏃文化の石製装身具」浅川利一・安孫子昭二編『縄文時代の渡来文化―刻文有孔石斧とその周辺』雄山閣
町田　章	1983 「装身具の意義と歴史」『季刊考古学』5号
	1997 『古墳時代の装身具』(日本の美術371号) 至文堂
町田市立博物館　1996 『縄文人の造形―土偶と土面―』町田市立博物館	
松田寿男	1956 『古代天山の歴史地理学的研究』早稲田大学出版部
丸山竜平	1988 「群集墳の性格論争」桜井清彦・坂詰秀一編『論争・学説　日本の考古学5 古墳時代』雄山閣
三浦孝一	1999 「いえがたせきせいひん【家形石製品】」小林達雄編『最新　縄文学の世界』朝日新聞社
三浦薫雄	1934 「二十五祭 (飛騨) における割禮」『ドルメン』3巻8号
三上マリ子　1970 「衣服の付属品」アイヌ文化保存対策協議会編『アイヌ民族誌』第一法規出版株式会社	
三島　格	1980 「九州および南島出土の鮫歯垂飾について」『日本民族文化とその周辺 (考古篇)』新日本教育図書株式会社
水野清一	1959a 『殷周青銅器と玉』日本経済新聞社
	1959b 「玦、chueh」水野清一・小林行雄編『図解考古学辞典』創元社

満岡伸一　1932『アイヌの足跡』眞正堂
宮内悦蔵　1940「所謂台湾蕃族の身体変工」『人類学先史学講座19巻』雄山閣
宮崎重雄・外山和夫・飯島義雄　1985「日本先史時代のおけるヒトの骨および歯の穿孔について」『群馬県立歴史博物館紀要』6号
三吉朋十　1939　『南洋蕃人の頸飾玉』日本探検協会
Ａ．Ｂ．ミルン著、牧野巽・佐藤利子共訳　1944『シャン民俗誌』生活社
村武精一　1992『家と家族の民俗誌』新曜社
元田　茂　1938「パラオの有用貝類」『札幌農林学会報』30巻146号
本山桂川　1947『芸能民俗図誌』崇文堂
百瀬長秀　1979「土製耳飾に関する諸問題」『信濃』31巻4号
森田勇造　1984『秘境ナガ高地探検記』東京新聞出版局
守屋美都雄　1950『校注、荊楚歳時記―中国民俗の歴史的研究―』帝国書院
八雲町教育委員会　1998『栄浜1遺跡Ⅳ―八雲町歓迎案内施設整備工事用地内埋蔵文化財報告―』八雲町教育委員会
柳田国男監修　1966『民俗学辞典』東京堂
山口　敏　1999『日本人の生いたち―自然人類学の視点から―』みすず書房
山田昌久　1997「道具・技術と居住のかたち」岡村道雄編『ここまでわかった日本の先史時代』角川書店
山梨県立考古博物館編　2004『縄文の女神―人面装飾付き土器の世界―』山梨県立考古博物館
八幡一郎　1968『日本文化のあけぼの』吉川弘文館
　　　　　1979『縄文文化研究』(八幡一郎著作集　第2巻)雄山閣
Ｓ．ヨー著、岡本嘉平次・今永要共訳　1943『ビルマ民族誌』三省堂
横倉雅章　1987「ヴェトナム出土の玦状耳飾り」『物質文化』49号
吉岡郁夫　1989『身体の文化人類学―身体変工と食人―』雄山閣
吉田　格　1992「蛇・人体の意匠文のある土製耳飾」『立正考古』31号
吉田禎吾　1972『日本の憑きもの―社会人類学的考察』中公新書
吉田泰幸　2003「縄文時代における土製栓状耳飾の研究」『名古屋大学博物館報告』19号
　　　　　2004「土製栓状耳飾の地理的分布と通婚圏」『長野県考古学会誌』106号
　　　　　2006「玦状耳飾の装着方法」『日本考古学』22号
　　　　　2008「縄文時代における『土製腕輪』の研究」『古代文化』59巻4号
吉村武彦　2005「ライフサイクル」上原真人他編『列島の古代史2―ひと・もの・こと―』(暮らしの生業)岩波書店
李家正文　1991『真珠と珊瑚』冨山房
Ｊ．Ｅ．リップス著、大林太良・長島信弘訳　1988『鍋と帽子と成人式―生活文化の発生―』八坂書房
劉　茂源　1996「中国玉器文化考―太湖流域の出土玉器を中心にして―」劉茂源編『ヒ

ト、モノ、コトバの人類学』慶友社
L．リヴァシーズ著、君野隆久訳　1996『中国が海を支配したとき—鄭和とその時代—』新書館
連照美　2000「卑南文化における装具に関する研究」『琉球・東アジアの人と文化』（高宮廣衞先生古稀記念論文集下巻）高宮廣衞先生古稀記念論文集刊行会
渡辺直経編　1997『人類学用語事典』雄山閣
渡辺　仁　2000『縄文式階層化社会』六一書房
渡辺　誠　1973「装身具の変遷」江坂輝弥『縄文土器と貝塚』（古代史発掘2）講談社
　　　　　　1983『縄文時代の知識』東京美術
　　　　　　1996『よみがえる縄文人—悠久の時をこえて—』学習研究社
　　　　　　1999「下部単孔土器の研究」『名古屋大学文学部研究論集』134号
　　　　　　2006「縄文人の食文化—水さらし場遺構に因んで—」『矢張下島遺跡調査概報III』南砺市教育委員会
藁科哲男　2001「平和遺跡出土ヒスイ製石斧形垂飾の産地分析」『浦幌町立博物館』創刊号

[韓国語]

李東注　2003「高城文岩里先史遺跡発掘調査」『韓国新石器研究』第5号

[中国語]

胡家瑜（Chia-Yu Hu）・崔伊蘭（Yi-Lan Tsui）主編　1998『台湾人類学系伊能蔵品研究』国立台湾大学出版中心出版

[英文]（アルファベット順）

Adam, L. 1949 Primitive art. Pelican Books. A67.

Allchin, B. 1979 "The agate and carnelian industry of western India and Pakistan." J.E. van Lohuizen-de Leeuw (ed.), *South Asian archaeology* 1975. Leiden: E.J. Brill.

Ames, K.M.and H.D. G. Maschner 1999 *Peoples of the northwest coast: their archaeology and prehistory*. Themes and Hudson Ltd. London.

Anonymous 1988a "Aesthetics and meaning" *Australian Natural History Supplement* No.1. The Australian Museum.

　　　　1988b "Selections from exhibition." *Expedition* 30(1).

Appell, L.W. R. and G. N. Appell 1993a "To do battle with the spirits: bulusu' spirit mediums" In *Borneo Research Council, The seen and the unseen: shamanism, mediumship, and possession in Borneo*. Borneo Research Council, Inc.The College of William and Mary in Virginia Williamburg.

1993b "To converse with the gods: the Rungus Bobolizan-spirit medium and priestess." See Borneo Research Council. 1993.

Arkell, A.J. 1936 " Cambay and the bead trade." *Antiquity* Vol.X.

Armstrong, M.E. 1928 *Rossel Island: an ethnological study*. The University Press. Cambridge.

Arnold, G. 1959 *Longhouse and jungle:an expedition to Sarawak*. Chatoo and Winds. Lonodn.

Banerjee,N.R. 1959 "The technique of the manufacture of stone beads in ancient Ujjiain." *Journal of the Asian Society*. Vol.1.No.2.

Barrow, T. 1972 *Art and life in Polynesia*. Pall Mall Press. London.

1986 *An illustrated guide to Maori art*. Methuen Publications (NZ).

Barton, R.F. 1949 *The Kalingas:their institutions and custom law*. The University of Chicago Press.

Beaglehole, J.C.(ed.) 1959 *The journals of Captain James Cook : on his voyages of discovery. Vol. II. The voyage of the Resolution and Adventure, 1772-1775*. Hakluyt Society, Extra Series No.35 Cambridge.

Bellina, B. 2007 *Cultural exchange between India and Southeast Asia: Production and distribution of hard stone ornaments(VIc.BC-VIc. AD)*. Editions de la Maison des Sciences de l'homme. Paris.

Bellwood, P. 1976 "Archaeological research in Minahasa and the Talaud Islands, northeastern Indonesia."*Asian Perspectives* 19(1).

1978 *Man's conquest of the Pacific. Auckland*: Collins.

1985 *Prehistory of the Indo-Malaysian archipelago*. Academic Press.

1997 *Prehistory of the Indo-Malaysian archipelago*. Revised edition.Academic Press.

Beyer, H.O. 1948 *Philippine and East Asian archaeology, and its relation to the origin of the Pacific islands population*. Reprint from The National Research Council of the Philippines.Bulletin. No.29, Quezon City.

Beyer, H.O. and J.C.de Veyra 1947 *Philippine saga:a pictorial history of the archipelago since time began*. Manila:Capitol Publishing.

Birket-Smith, K. 1956 *Anthropological sketch of Rennell Island: a Polynesian outlier in Melanesia*. Kobenhavn.

Blackwood, B. 1950 *The technology of a modern Stone Age people in New Guinea*. Pitt Rivers Museum, University of Oxford. Occasional Papers on Technology, 3.

Boas, F. 1909 *The Chukchee.* G.E. Stechert & Co. American Agents.

1955 Primitive art. Dover Publications, Inc. New York.

Bock, C. 1985 *He head-hunters of Borneo: a narrative of travel up to the Mahakkma and down the Bario*. Singapore: Oxford University Press.

Brown, J. M. 1996 *The riddle of the Pacific*. Adventures Unlimited Press. Kempton.

Brown, G. 1972 *Melanesians and Polynesians : their life-histories described and compared*. Benjamin Blom. Inc. New York.

Brumfiel, E.Z. 2007 "Methods in feminist and gender archaeology: a feeling for difference-and likeness." In M.Nelson(ed.), Women in antiquity: theoretical approaches to gender and archaeology, Altamira Press. Lanham, MD.

Bryan, E.H. Jr. 1938 *Ancient Hawaiian life*. Advertiser Publishing Co. Honolulu.

Bryk, F. 1934 *Circumcision in man and woman: its history, psychology and ethnology*. American Ethnological Press, New York.

Budge, E.A.W. 1978 *Amulets and superstitions*. Dover Publications, Inc. New York.

Bulmer, R.N. H.and J.I. Menzies 1992 "Karam classification of marsupials and rodents." *Journal of the Polynesian Society* 81.

Burt, B. 2009 *Body ornaments of Malaita, Solomon Islands*. University of Hawai'i Press. Honolulu.

Butler, B.M.and W.C. Harris 1995 "Shell, stone, and coral artifacts." In B. M. Butler(ed.), *Archaeological investigations in the Achugao and Matansa areas of Saipan, Mariana Islands*. Micronesian Archaeological Survey Report No.30. Saipan.

Calip, J. R. 1938 *Iloko ornaments*. Manila. Published by the author.

Cartmail, K. St. 1997 *The art of Tonga*. University of Hawaii Press.

Cawed, C. 1972 *The culture of the Bontoc Igorot*. Manila: M.C.S. Enterprises.

Chen Chi-lu 1967 "Old glass beads possessed by the Paiwan group of Taiwan."*Asian and Pacific Archaeology Series*. No.1.

　　　　　1968 *Material culture of the Formosan aborigines*. The Taiwan Museum. Taipei.

Chin, L. 1980 *Cultural heritage of Sarawak. Kuchin, Sarawak*. East Malaysia: Sarawak Museum.

Chowning, A. 1973 *An introduction to the peoples and cultures of Melanesia*. An Addison-Wesley Module in Anthropology No.38.

Clarke, J. 2004 *Jewellery of Tibet and the Himalayas*. V&A Publications. London.

Clarke, D.L. (ed.) 1972 *Models in archaeology*. Methuen & Co. Ltd. London.

Clover, I. C.and R.F. Ellen 1977 "A further notes on flaked stone material from Seram, eastern Indonesia." *Asian Perspectives* 20(2).

Clunie, F. 1986 *Yalo i Viti:shades of Viti:A Fuji Museum Catalogue*. Fiji Museum. Suva.

Codrington, R. H. 1969 *The Melanesians: studies in their anthropology and folk-lore.* University Press, Oxford.
Cole, Fay-Cooper 1913 *The wild tribes of Davao district, Mindanao.* Field Museum of Natural History Publication 170. Anthropological Series, Vol.XII, No.3, Chicago.
　　　　1922 *The Tinguian: social, religious, and economic life of a Philippine tribe.* Field Museum of Natural History, Publication 209. Anthropological Series, Vol.XIV, No.2. Chicago.
Collinson, C.W. 1926 *Life and laughter midst the cannibals.* Jurst & Blakett,Ltd.
Conkey, W.M. and Spector, D.J. 1984 "Archaeology and the study of gender. *Advances in archaeological method and theory,* Vol.7.
Coon, C.S. 1962 *The origin of races.* Alfred A. Knopt, Inc.
Craig, B. 1988 *Art and decoration of central New Guinea.* Shire Ethnography.Shire Publications Ltd. Bucks.
Cranstone, B.A.L. 1961 *Melanesia: a short ethnography.* The British Museum.
Cutsem, Anne van (Transl. by. J. Landry) 2001 *A world of earrings: Africa, Asia, America from the Ghysels collection.* Skira.Milano.
D'arcy, P. 2006 *The people of the sea:environment, identity, and history in Oceania.* University of Hawai'i Press.
Dani, A.H. 1960 *Prehistory and protohistory of eastern India. Firma K.L.* Mukhopadhyay. Calcutta.
Demond, J. 1957 "Micronesian reef-associated gastropods." *Pacific Science* 11(3).
Deacon, B. 1970 *Malekula: a vanishing people in the New Hebrides.* Anthropological Publications. Oosternhout N.B.
Devlet, E. 2001 "Rock art and the material culture of Siberian and central Asian shamanism." In N. Price.(ed.), *The archaeology of shamanism,* Routledge. London and New York.
Dixon, R.B. 1923 *The racial history of man.* Charles Scribner's Sons. New York.
Dournes, J. 1988 "Autochthonous peoples of central Vietnam." In J. P.Brbier and D. Newton(eds.), *Islands and ancestors: indigenous styles of Southeast Asia.* Prestel.
Dozier, E.P. 1970 "Making inferences from the present to the past. In W.A. Longacre(ed.), *Reconstructing prehistoric pueblo societies.* University of New Mexico Press. Albuquerque.
Dubois,Marie-Joseph 1996 "Vanuatu seen from Mare." In J. Bonnemaison, et al. (eds.), *Arts of Vanuatu.* University of Hawaii Press.
Dumond, D. 1977 *The Eskimos and Aleuts.* Thames and Hudson Ltd. London.

Edge-Partington, J. 1969 *An album of the weapons, tools, ornaments, articles of dress of the natives of the Pacific Islands*. The Holland Press.London.

Egami, T. and F. Saito 1973 "Archaeological excavation on Pagan in the Mariana Islands. *The Journal of the Anthropological Society Nippon* 81(3).

Ellis, G.R. 1981 "Arts and peoples of northern Philippines." In Father C. Gabriel and T.J. Regalado (eds.), *The People and the art of the Philippines*. Museum of Culture History, University of California, Los Angeles.

Elwin, V. 1969 *The Nagas in the nineteenth century*. Oxford University Press.

Erdland, A. 1961 *The Marshall islanders: life and customs, thought and religion of a South Seas people*. Human Relation Area Files.

Ewins, R. 1982 *Fijian artifacts: the Tasmanian Museum and art gallery collection*. Tasmanian Museum and Art Gallery. Hobart, Tasmania.

Fernstal, C., et al. 2002 "The lithic material from Lambai and Mwatawa." In G. Burenhult (ed.), *The archaeology of the Trobriand Islands, Milne Bay Province, Papua New Guinea*. BAR International Series 1080.

Finn, D.J. 1958 *Archaeological finds on Lamma Island* (舶遼洲), *near Hong Kong*. University of Hong Kong.

Firth, R. 1936 *Art and life in New Guinea*. London.

Force, W. and M. Force 1971 *The Fuller collection of Pacific artifacts*. Praeger Publishers. New York.

Fox, C.E. 1925 *The threshold of the Pacific: an account of the social organization, magic, and religion of people of San Christobal in the Solomon Islands*. Alfred A. Knopf. New York.

Fox, R.B. 1970 *The Tabon Caves*. Monograph of the National Museum No,1.Manila

1977a "The Philippines during the first millennium." In R.B. Smith and W.Watson(eds.), *Early Southeast Asia: essays in archaeology, history and historical geography*. New York and Kuala Lumpur: Oxford University.

1977b "The jade mystique." *Filipino Heritage* 2.

Francis, P. Jr. 2002 Asian's maritime bead trade: 300 B.C. to the present. University of Hawaii Press.

Fujimura, K, and W.H. Alkire 1984 "Archaeological test excavations of Faraulep, Woleai, and Lamotrek in the central Calorine Islands of Micronesia." In Y.H. Sinoto(ed.), *Caroline Islands archaeology: investigations on Fefan, Faraulep Woleai, and Lamotre*. Pacific Anthropological Records 35, B.P. Bishop Museum.

Fürer-Haimendorf, C. von 1939 *The naked Nagas*. Methuen & Co. Ltd. London.

1955 *Himalayan barbary.* Johson Murray. London.

Furness, W.H. 1910 *The island of stone money, Uap of the Carolines.* J.P. Lippincott Co.

Giffen, N. M. 1930 *The roles of men and women in Eskimo culture.* The University of Chicago Press.

Gloria, H. K. 1987 *The Bagobos: their ethnohistory and acculturation.* New Day Publishers, Quezon City.

Gorman, C.and P.Charoenwongsa 1976 "Ban Chang:a mosaic of impressions form the first two years." *Expedition* 18(4).

Greiner,R.H. 1923 *Polynesian decorative designs.* B.P.Bishop Museum Bulletin 7.

Greub, S. (ed.) 1985 *Art of the Sepik River: authority and ornament.* Tribal Art Centre, Basel.

Guiart, J. 1963 *The arts of the South Pacific.* Thames and Hudson.

Guppy, H.B. 1887 *The Solomon Islands and their natives.* Swan Sonnenschein, Lowrey & Co. London.

Haddon, A.C. 1894 *The decorative art of British New Guinea: A study in Papuan ethnography.* Dublin.

1971 *Reports of the Cambridge Anthropological Expedition to Torres Straits.* Vol.IV. Johnson Reprint Corporation.

Hadfield, E. 1920 *Among the natives of the Loyalty group.* Macmillan and Co., Ltd.

Hage, P. and F. Harary 1991 *Exchange in Oceania: a graph theoretic analysis.* Carendon Press. Oxford.

Hammerton, J.A. ed.(n.d.) *Peoples of all nations.* 2 Vols.

Handy, E.S.C. 1923 *The native culture in the Marquesas.* B.P. Bishop Museum Bulletin 9.

Harrell, S. and S.A.Dickey 1985 "Dowry system in complex societies." *Ethnology* 24(2).

Harrion,J.P. 1973 "Artificially enlarged ear-lobes." *The Journal of the Anthropological Institute of Great Britain and Ireland*, Vol.2.

Harrisson, T. 1959 *World within: a Borneo story.* The Cresset Press. London

1965 *50,000 years of Stone Age culture in Borneo.* From the Smithsonian Report for 1964, Institution. Washington.

Harrioson, T. and O'Connor, 1970 *Gold and megalithic activity in prehistoric and recent West Borneo.* Cornell University South Asia Program, Data Paper no.77.

Headland, T.N 1977 "Teeth mutilation among the Casiguran Dumagat." *Philippine Quarterly Culture and Society 5.*

Heekeren, H. R. van. 1958 *The Bronze-Iron Age of Indonesia.* The Hague: Martinus Nijhoff.

1972 *The Stone Age of Indonesia.* The Hague: Martinus Nijhoff.

Heider,K.G. 1967 "Archaeological assumptions and ethnographic facts:a cautionary tale from New Guinea." *Southwestern Journal of Anthropology* 23(1).

Heyerdahl, T. 1952 *American Indians in the Pacific: the theory behind the Kon-Tiki expedition.* George Allen & Unwin Ltd. London.

1958 *Aku-aku:the secret of Easter Island.* English ed., George Allen & Unwin Ltd.London.

Hezel, F.X. and M.L. Berg (n.d.) *Micronesia: winds of change: a book of readings on Micronesian history.* Trust Territory of Micronesia.

Hickson, S.J. 1889 *A naturalist in north Celebes.* John Murray. London.

Higham, C. 1996 *The Bronze Age of Southeast Asia.* Cambridge World Archaeology. Cambridge University Press.

Hogbin, H. Ian 1941 "Polynesian" colonies in Melanesia." In *Polynesian Anthropological Studies, Memoirs of the Polynesian Society*, Vol.17, New Plymouth, New Zealand.

Hogbin, I. 1970 The island of menstruating men: religion in Wogeo, New Guinea. Candler Publishing Co. Scranton/London/Toronto.

Hole, F. and R.F. Heizer 1973 *An introduction to prehistoric archaeology.* Third edition. Holt, Rinehart and Winston, Inc.

Holmes, J.H. 1924 *In primitive New Guinea.* Seeley, Service & Co.Limited. London.

Hoop, A.N.van der 1932 *Megalithic remains in South-Sumatra.* Zutphen: Thieme.

Hooton, E.A. 1946 *Up from the Ape*(revised edition). Macmillan. New York.

Hose, C. and W. McDougall. 1966 *The pagan tribes of Borneo.* 2 Vols. Frank Cass & Co.Ltd. London.

Hoskins, J. 1988 "Arts and cultures of Sumba." In J.P. Barbier and D. Newton (eds.), *Islands and ancestors: indigenous styles of Southeast Asia.* Prestel.

Humphreys, C.B. 1926 *The southern New Hebrides: an ethnological record.* University Press. Cambridge.

Hurst, N. 1996 *Power and prestige: the arts of island Melanesia and the Polynesian outliers.* Hurst Gallery, Cambridge, Massachusetts.

Hutterer,K.L. 1973 *Archaeological picture of pre-Spanish Cebuano community.* San Carlos Publications, Series A: Humanities, No.9. Cebu City.

Hutton,J.H. 1921 *The Angami Nagas: with some notes on neighboring tribes.* Macmillan and Co., Ltd. London.

1924 "Assam and the Pacific." *Man in India*, Vol.4.

1930 "Naga chank ornaments of South Indian affinities." *Man* Vol. XXX, No.65.

1969 *The Sema Nagas.* Oxford University Press.

Intoh, M. 1998 *The catalogue of prehistoric Micronesian artifacts housed in Japan.*

Micronesian Archaeological Survey Report No. 34. Saipan.
Irwin, G. 1978 *Chieftainship, kura and trade in Massim prehistory*. Dept. of Anthropology. No.52. University of Auckland.
Ivens, W.G 1972 *Melanesians of the south-east Solomon Islands*. Benjamin Blom, Inc. Publishers. New York.
Janse, O.R.T. 1958 *Archaeological research in Indo-China*. Vol.III. The Ancient dwelling site of Don-so'n. Bruges:St. Catherine Press.
Jayne, C.F. 1962 *String figures and how to make them: A study of cat's cradle in many lands*. Dover Publications, Inc. New York.
Jenks, A. E. 1905 *The Bontoc Igorot*. Department of the Interior, Ethnological Survey Publications, Vol.1. Manila.
Jochelson, W. 1908 *The Koryak. The Jesup north Pacific Expedition*. Memoir of the American Museum Natural History, Vol.6. Stechert, London.
　　　　2002 *Archaeological investigations in the Aleutian Islands*. The University of Utah Press.
Jocano, F. L. 1975 *Philippine prehistory*. Quezon City.
Johnson, O. 1944 *Bride in the Solomons*. Garden City Publishing Co., Inc. New York.
Johnston, T.R. 1921 *The Pacific of the islanders*. T. Fisher Unwin Ltd. London.
Jumsai, S. 1988 *Cultural origins in Siam and the west Pacific*. Oxford University Press.
Kaeppler, A.L. 1978 *"Artificial curiosities": an exposition of native manufactures collected on three Pacific voyages of Captain James Cook*. R.N.B.P.Bishop Museum Special Publication, No.65.
Keate, G. 1788 *An account of the Pelew Islands, situated in the western part of the Pacific Ocean*. London.
Kennedy, R. 1943 *Islands and peoples of the Indies*. City of Washington. The Smithsonian Institution.
Khaing, M.M. 1996 "Peoples of the hills." In G. Grubbs(ed.),*Back to Mandaaly:Burmese life past and present*. Abbeville Press.New York.
Kirch, P. 1995 "The Lapita culture of western Melanesian in the context of Austronesian origins and dispersal."In P.J-K.Li, et al.(eds.), *Austronesian studies relating to Taiwan*. Academia Sinica No.3. Taipei.
　　　　1997 *The Lapita peoples: ancestors of the Oceanic world*. Blackwell Publishers Ltd. Oxford.
Kirch, P. and R.C. Green 2001 *Hawaiki, ancestral Polynesia: an assay in historical anthropology*. Cambridge University Press.
Kjellgren, E. and C.S. Ivory 2005 Adorning *the world: art of the Marquesas Islands*. The

Metropolitan Museum of Art, New York Yale University Press. New Haven and London.

Kohler, J. 1979 *On the prehistory of marriage: totemism group marriage mother right.* Midway reprint. University of Chicago Press.

Koojiman, S. 1963 Ornamented bark-cloth in Indonesia. E.J. Brill.

Kramer, C.(ed.) 1978 *Ethnoarchaeoloy:implications of ethnography for archaeology.* Columbia University Press.

Kråmer, A. 1995 *The Samoan Islands: an outline of a monograph with particular consideration of German Samoa.* University of Hawaii Press. Vol. II.

Kråmer, A. and H. Nevermann 1961 *Ralik-Ratak(Marsahall Islands).* Human Relation Area Files.

Kress, J.H. 2005 "The necrology of Sa'gung rockshelter and its place in Philippine prehistory." In V.Paz (ed.), *Southeast Asian archaeology: Wilhelm G.Solheim II Festschrift.* The University of the Philippines Press. Manila.

Laguna, Frederica de 1956 *Chugach: the archaeology of Prince William Sound.* University of Washington Press.

Lahiri, N. 1992 *The archaeology of Indian trade routes up to c.200 BC: resource use, resource access and line of communication.* Oxford. University Press.

Lamb, A. 1965a "Some observations on stone and glass beads in early South-East Asia." *JMBRAS* Vol.38, Part 2.

1965b "Some glass beads from the Malay Peninsula." *Man* No.30(March-April).

Landman, G. 1927 *The Kiwai Papuans of British New Guinea: a nature-born instance of Rousseau's ideal community.* Macmillan and Co., Limited. London.

Larsson, K. E. 1960 "The conch shells of Fiji." *Fijian Studies Ethnolojiska Studies* 25.

Laufer, B. 1972 *Jade: a study in Chinese archaeology and religion.* Dover Publications, Inc., New York.

LeBar, F. M. 1964 *The material culture of Truk.* Yale University Publications in Anthropology, No.68.

Lerner, M. and S. Kossak 1991 *The lotus transcendent: Indian and Southeast Asian art from the Samuel Eilenberg collection.* The Metropolitan Museum of Art, New York.

Lessa, W.A. 1950 "Ulthi and the outer native world." *American Anthropologist* 52(1).

Lewis, A.B. 1929 *Melanesian shell money in field museum collection.* Field Mus of Natural Hist. Anthrop, Series, Vol.19. Chicago.

1932 *Ethnology of Melanesia.* Field Museum of Natural History, Dept, of Anthropology, Guide Part 5. Chicago.

Lien, C. 1991 "*The Neolithic archaeology of Taiwan and the Peinan excavations.* BIPPA 11.
Lindstrom, M. 1981 "Speech and kava on Tanna" In M. Allen(ed.), *Vanuatu: politics, economics and ritual in island Melanesia. Studies in Anthropology.* Academic Press.
Linton, R. 1923a *The native culture in the Marquesas.*B.P.Bishop Museum Bulletin 9.
　　　1923b *The material culture of the Marquesas.* B.P. Bishop Museum Mem., Vol.8,No.5.
Loeb, E.M. 1935 *Sumatra: its history and people.* Vienna.
Loofs-Wissowa, H.H.E. 1980-1981 "Prehistoric and protohistoric links between the Indochinese Peninsula and the Philippines." *JHKAS* 9.
Lutkehaus, N.C. and P.B. Roscoe(eds.), 1995 *Gender rituals: female initiation in Melanesia.* Routledge. New York and London.
Mackenzie, D. A. 1930 *South seas. Myths and legends.* The Gresham Publishing Co., Ltd. London.
Mackay, E. 1938 "Bead making in ancient Sind." *Journal of the American Oriental Society.* Vol.57, No1.
Majid, Z. 1980 *The West Mouth, Niah, in the prehistory of Southeast Asia.* Sarawak Museum Journal 31(52:N.S.), Special Monograph No.3.
Malinowski, B. 1922 *Argonauts of the western Pacific: an account of the native enterprise and adventure in the archipelagoes of Melanesian New Guinea.* George Routledge & Sons, Ltd. London
Maramba, R. 1998 *Form and splendor: personal adornment of northern Luzon ethnic groups, Philippines.*Bookmark.
Matsumura, A. 1918 *Contributions to the ethnography of Micronesia.* Journal of the College of Science, Imperial University of Tokyo.
Mead, S. M. 1973 *Material culture and art in the Star Harbour Region, Eastern Solomon Islands.* Ethnography Monograph 1. Royal Ontario Museum.
Metraux, A. 1971 *Ethnology of Easter Island.* B.P. Bishop Museum Bulletin 160.
Mills, J.P. 1922 *The Lhota Nagas.* Macmillan and Co., Ltd. London.
　　　1937 *The Rengma Nagas.* Macmillan and Co., Ltd. London.
　　　1973 *The Ao Nagas.* Bombay: Oxford University.
Moyle, R. 1990 *Polynesian sound-producing instruments.* Shire Ethnography. Shire Publications Ltd. Buckinghasmshire.
Mulvaney, D.J. and R. P. Soejono 1970 "The Australian-Indonesian archaeological expedition to Sulawesi." *Asian Perspectives* 13.
Nebesky-Wojkowitz, R. 1952 "Prehistoric beads from Tibet." Man Vol.52,No.183.
Neich, R. and F. Pereira 2004 *Pacific jewelry and adornment.* University of Hawaii

Press.

Nelson, E.W. 1971 *The Eskimo about Bering Strait*. Johnson Reprint Corporation.

Newton, D.(ed.) 1999 *Arts of the South Seas: island Southeast Asia, Melanesia, Polynesia, Micronesia*. Collections of the Musee Barbier-Mueller. Prestel Munich. London/New York.

Ohnemus, S. 1998 *A ethnology of the Admiralty islanders*. University of Hawaii Press.

Ohnuki-Tierney, E. 1974 *The Ainu of the northwest coast of southern Sakhalin*. Holt, Rinehart and Winston, Inc. New York.

Oldman, W.O. 2004 *The Oldman collection of Maori and Polynesian artifacts*. New edition of Polynesian Memoir 14. The Polynesian Society. Auckland.

Opie, I. and M. Tatem(eds.) 1989 *A dictionary of superstitions*.Oxford University Press.

Parkinson, B.J. 1984 *The specimen shell resources of Tuvalu*. South Pacific Commission. Noumea.

Parkinson, R.(edited by Dr. B. Ankermann. Transl. By J. Dennison)1999 *Thirty years in the south seas: land and people, customs and traditions in the Bismarck Archipelago and on the German Solomon Islands*. University of Hawaii Press.

Pawley, A. and R.Green 1973 "Dating the dispersal of the Oceanic languages." *Oceanic Linguistics* Vol.12, Nos.1and 2.

Pearson,J.L. 2002 *Shamanism and the ancient mind*. Altamira Press.

Pearson,R. 1974 *Introduction to anthropology*. Holt, Rinehart and Winston, Inc.

Phelps, S. 1976 *Arts and artefacts of the Pacific, Africa and the Americas: the James Hooper collection*. Hunchinson of London.

Poignant, R. 1967 *Oceanic mythology*. Paul Hamlyn. London.

Postel, M. 1989 *Ear ornaments of ancient India*. Project for Indian Cultural Studies. Bombay.

Poulsen, J. 1971"Archaeology and prehistory." In N.Rutherford (ed.), *Friendly Islands: a history of Tonga*. Oxford University Press. Melbourne.

 1987 *Early Tongan prehistory: the Lapita period on Tongatapu and its relationships*. Terra Australis 12. Vol. I-text. The Australian National University.

Quiggin, A.H. 1979 *A survey of primitive money. the beginnings of currency*. Methuen & Co.Ltd. London.

Quiggin, A.H.(ed.) 1942 *Haddon the head/hunter:a short sketch of the life of A.C.Haddon*. Cambridge University Press.

Ratzel, F. 1896 *The history of mankind*. Macmillian and Co., Ltd. New York.

Ray, H. P. 2003 *The archaeology of seafaring in ancient South Asia*. Cambridge University Press.

Reichard, G. A. 1969 *Melanesian design: a study of style in wood and tortoiseshell carving.* Vols. 1 and 2. AMS. New York.

Renfrew. C. (ed.) 1973 *The explanation of culture change: models in prehistory.* Gerald Duckworth and Co. Ltd.

Riezenthaler, R. E. 1954 *Native money of Palau.* Milwaukee Public Museum Publications in Anthropology 1.

Rockefeller, C. and Gerbrands, A. A. (eds.) 1966 *The Asmat of New Guinea: The journal of Michael Clark Rockefeller.* The Museum of Primitive Art, New York.

Rodgers, S. P. 1988 *Power and gold: jewelry from Indonesian, Malaysia and the Philippines from the collection of the Barbier-Muller Museum.* Geneva: Prestel Verlag. 2nd. Edition.

Rosendahl, P.H. 1987 "Archaeology in eastern Micronesia: reconnaissance survey in the Marshall Islands." *Pacific Anthropological Records* 38.

Roth, A. Jr. 1980 *Mollusks in the southern Marianas Islands.* Aljemasu Enterprises. Tamuning.

Roth, H.L 1968 *The natives of Sarawak and British north Borneo.* 2 Vols. University of Malaya Press.

Routledge,C.S. 1919 *The mystery of Easter Island.* London.

Russel, T., ed. 1972 "A note on clamshell money of the Simbo and Roviana from an unpublished manuscript of Professor A.M. Hocart." *Solomon Islands Museum Asociation, Journal* 1.

Schmidt, M. 1926 *The primitive races of mankind: a study in ethnology.* George G. Harrap & Co., Ltd.

Schmitz, C.A. (n.d.) *Oceanic art: myths, man, and image in the south seas.* Abrams.

Schuster, C. and E. Carpenter 1996 *Patterns that connect: social symbolism in ancient and tribal art.* Harry N. Abrams Inc., Publishers. New York.

Scott, W. H. 1969 *On the cordillera: a look at the peoples and cultures of the Mountain Province.* MCS Enterprises Inc. Manila.

Seaver, J.T. 1986 "Ethnoarchaeology of the Rapa Nui shell industry." Journal of New World Archaeology 7(1).

Seligmann, C.G. 1910 *The Melanesians of British New Guinea.* Cambridge: at the University Press.

Shack, W. A. 1985 *The Kula: a Bronislaw Malinowski Centennial Exhibition.* Berkeley, Calif:Robert H. Lowie Museum of Anthropology.

Shutler, R. Jr.and M.E.Shutler 1975 *Oceanic prehistory.* Cummigs Publishing Co. Menlo Park.

Sillitoe, P. 1988 *Made in Niugini: technology in the Highlands of Papua New Guinea.* British Museum Publications.

Skinner, H.D. 1974 *Comparatively speaking: studies in Pacific material culture 1921-1972.* University of Otago Press. Dunedin.

Smith, A. 2001 "A continuous sequence? Trochus shell artefacts in Lapita and post-Lapita assemblages from the Arawa Islands, West New Britain Province, Papua New Guinea." *The archaeology of Lapita dispersal in Oceania: Papers form the Fourth Lapita Conference, June 2000, Canberra, Australia.* Terra Australis 17.

Smith, C. 1961 "Report 2, a temporal sequence derived from certain Ahu." In Malloy, W., A.Skjolsvold and C.S.Smith(eds.), *Archaeology of Easter Island.* Vol.1. Monographs of the School of American Research and the Museum of New Mexico.

Solheim, W.G. II 1959 "Sa-Huyhn related pottery in Southeast Asia." *Asian Perspectives* 3.

　　　　1964 "Pottery and the Malayo-Polynesians." *Current Anthropology* 5(5).

　　　　1981 "Philippine prehistory." In Father C. Gabriel and T.J. Regalado (eds.), *The people and the art of the Philippines.* Museum of Culture History, University of California, Los Angeles.

　　　　1982 "Remarks on the lingling-o and bi-cephalous ornaments." *JHKAS,X.*

Snow, B.E. et al. 1986 "Evidence of early rice cultivation in the Philippines." *Philippine Quarterly of Culture & Society.*

Speiser, F. 1986 *Archaeological fieldwork in Tonga, 1985-1986.* Camberra

　　　　1990 *Ethnology of Vanuatu: an early twentieth century study.* Crawford House Press. Bathurst.

Spennemann, D.H.R. 1992 *Marshallese tattoos.* Majuro Atoll.

Spoehr, A. 1973 *Zamboanga and Sulu.* University of Pittsburgh, Ethnology Monographs No.1.

Spoehr, D.E. 1965 *The sea nomads: a study based on the literature of the maritime boat peoples of Southeast Asia.* Lim Bian Han, Government Printer, Singapore.

Stirn, A.and P. van Ham 2003 *The hidden world of the Naga: living traditions in northeast India and Burma.* Prestel.

Takayama, J. 1982 "A brief report on archaeological investigations of the southern part of Yap Islands and nearby Ngulu Atoll." In M.Aoyagi(ed.), *Islanders and their outside world,* pp.77-104. St. Paul's (Rikkyou) University.

　　　　1988 *Test excavations on Rota in the Mariana Islands.* Submitted to Historic

Office of the Commonwealth of the Northern Mariana Islands. Saipan. Mimeo.

Takayama, J. and T. Egami 1971 *Archaeology on Rota in the Marianas Islands*. Reports of Pacific Archaeological Survey, No.1. Privately published.

Takayama, J. and H. Takasugi 1978 *Preliminary report of the archaeological excavation of PAAT-2 in Palau*. Mimeo.

Temengil, J.E. 1995 *A collection of Palauan legends*. Vols. I & II. Koror.

Thompson, L.M. 1932 *Archaeology of the Marianas Islands*. B.P. Bishop Museum Bulletin 100.

1945 *The material culture of the Marianas Islands*. B.P. Bishop Museum Bulletin 185.

Tilburg, J.A. 2003 *Among stone giants: the life of Katherine Routledge and her remarkable expedition to Easter Island*. A Lisa Drew Book.Scribner.

Tsang, Cheng-hwa 1992 *Archaeology of the P'emg-hu Islands*. Institute of History and Philology Academic Sinica, Special Publications, No. 95. Taipei.

Tueting, L.T. 1935 *Native trade in southeast New Guinea*. B.P. Bishop Museum Occasional Papers Vo.XI, No.15.

Turner, G. 1983 *Samoa: a hundred yeas ago and long before*. Papakura, N.Z.

Turner, W.Y. 1878 "The ethnology of the Motu." *Journal of the Royal Anthropological Institute of Great Britain and Ireland 7*.

Uberoi, S. 1962 *Politics of the kula ring: an analysis of the findings of Bronislaw Malinowski*. Manchester University Press.

Valdes, C.O. 2005 "The story of jade in the Philippines and elsewhere." In V.Paz(ed.), *Southeast Asian archaeology: Wilhelm G. Solheim II Festschrift*, The University of the Philippines Press.

Vanoverbergh, M. 1929 *Dress and adornment in the mountain province of Luzon, Philippine Islands*. Vol.1, No.5, Washington, D.C. Catholic Anthropological Conference.

Villegas, R.R. 1983 *Kayamanan: The Philippine jewelry tradition*. Manila: The Central Bank of the Philippines.

Waite, D. B. 1987 *Artifacts from the Solomon Islands in the Julius L. Brenchley collection.* British Museum Publications Ltd. London.

Walsh, W. S. 1898 *Curiosites of popular customs and of the rites, ceremonies observations, and miscellaneous antiquites*. J.P.Lippincott Co. Phildelphia.

Ward, G.K. 1976 "The archaeology of settlements associated with the chert industry of Ulawa." In R.C. Green and M.M. Cresswell(eds.), *Solomon Islands* cultural history: a preliminary survey. The Royal Society of New Zealand Bulletin 11. Wellington.

Wardwell, A. 1994 *Island ancestors: Oceanic art from the Masco collection*. University of Washington Press in association with the Detroit Institute of Arts.

Weber, E. A. 1929 *The duk-duks:primitive and historic types of citizenship*. University of Chicago.

Wells, C. 1964 *Bones, bodies and disease*. Thames and Hudson. London.

Wenke, R. J. 1980 *Patterns in prehistory: mankind's first three million years*. Oxford University Press.

Wilkes, C. 1970 *United States exploring expedition*. Republished in 1970 by The Gress Press. Upper Saddle River, N.J.

Williamson, R.W. 1912 *The Mafulu:mountain people of British New Guinea*. Macmillan and Co., Limited. London.

1914 *The ways of the south sea savage*. Philadelphia.

Winzeler, R.T. 1993 "Shaman, priest and spiritual medium: religious specialists, tradition and innovation in Borne. See Borneo Research Council, 1993.

Wiessner, P. and A. Tumu 1998 *Historical vines: Enga networks of exchange, ritual, and warfare in Papua New Guinea*. Smithsonian Institute Press. Washington and London.

Worcester, C. 1906 "The non-Christian tribes of northern Luzon." *The Philippine Journal of Science,* Vol.1, No.8.Plates I-XLII.

1913 "The non-Christian peoples of the Philippine Islands." *National Geographic Magazine* 24(11).

Ziman, J.(ed.) 2000 Technological innovation as an evolutionary process. Cambridge University Press.

[独文]

Bossert, H.Th. 1955 *Ornamente der Volker.* Verlag Ernst Wasmuth Tubingen.

Steinen, Kar Von Den. 1969 *Die Marquesaner und ihre Kunst.* Band Ⅱ .Plastik. Reprinted by Hacker Art Books. New York.

[仏文]

Parmentier, H. 1924 "Dêpots de jarres è Sa Huynh (Quang-nagai, Annam)." *BEFEO* 24.

あとがき

　1960年代、私が耳飾りや入れ墨に関する欧文の民族学文献を渉猟していた当時は、今と違ってその入手はきわめて困難であった。多くの文献をニューヨーク在住のシュスター（Shuster）博士にお願いしたが、博士はその度に図書館に出かけては文献をライカで接写して（当時はゼロックス・コピーはなかった）送ってくださった。博士は典型的な伝播主義者で、その研究のための世界を駆けめぐっており、日本にもしばしば来日されていた。

　博士の研究を集成した本が1996年に刊行された。タイトルは *Patterns that connect: Social symbolism in ancient & tribal art* で、博士の研究にぴったりのものであったが、私は同書を手にして愕然とした。というのは、1968年から私がホノルルのビショップ博物館で働くようになりそのことを連絡したら、博士はハワイに来たついでとおっしゃって来館され、私の幸運を喜んでくださったのだが、その翌年に（私はフィリピンに移っていたのであるが）、ニューヨークで亡くなっていたことを知ったからである。博士は私にとってはいわば「足長おじさん」のような存在であったし、博士との出会いがなければ拙著『縄文人の入墨』（1969年）を上梓することはなかったであろう。博士が他界されことは人づてに聞いていたのだが、まさかそんなに早いことだったとは思いもしなかったのだ。心からご冥福をお祈りしたい。

　1965年に発表した耳栓の起源に関する拙論の別刷りを藤森栄一先生にお送りしたところ、耳栓という単一遺物の研究なのでホームランではないがヒットだとお褒めの言葉をいただいた。先生は信州で縄文中期の農耕に関する研究をされていたのだが、それをアメリカ・インデイアンの民族学研究から証明しようとした考古学者が現れたとき、そんなことで縄文時代がわかるならば何で信州あたりで汗水たらして発掘を行う必要があろうか、と皮肉られたことがあった。同感である。しかしながら、私が1965年に発表した論文はもっぱら考古学的資料に立脚したものだったが、本書は主として民族学的資料から縄文の耳飾りを究明しようとしたものである。慎重を期したつもりだが、もし先生が目を通されたなら、結論にかなり牽強付会があると、厳しい指摘

をされたかもしれない。

　思えば、『縄文人の入墨』の「まえがき」冒頭で「私は、今日、民族学者が未開民族の調査に出かけるように、縄文時代に民族学者が日本に上陸し、当時の住民である『縄文人』についていろいろな民族学的調査をするというところまで日本の考古学をもっていきたい、といつも考えている」といささか生意気なことを述べたが、この気持ちは今でも変わらない。縄文人はたとえ現在の日本人の祖先であっても、彼らがもっていた文化の中には今では完全に消滅してしまったものがある。このためそれを探る手段として民俗学では役立たないことがある。この場合、民族学（時には外国の考古学、さらには博物学）の助けが必要になってくる。この私の研究姿勢は今でも変わることはないのである。

　しかし私が専門にしているオセアニア考古学には、興味深い事態が起きていることを参考までに述べておきたい。

　戦後、オセアニア考古学はめざましい進捗を遂げたが、1975年にその成果をまとめた論文をオーストラリア国立大学のベルウッド博士から「トラック諸島における私と関俊彦氏らによる巨大な遺跡の発掘調査のあったことを知って感激し、報告書は引用させて頂いた」という内容の手紙と共に恵贈された（"The prehistory of Oceania." Current Anthropology, Vol.16, No.1）。その中で博士は「オセアニアの先史時代はまさに現在のオセアニア人の先史時代である。もしすべてのオセアニア人の民族誌的記録を無視するならば、オセアニア考古学は無意味なものになる。（特に）すべてのオセアニア人の中でポリネシア人は文化的にも言語的にも最も同質で、彼らは紀元前2千年紀の後半に隔離集団（多分、それはトンガ諸島の蓋然性が高い）から主として生まれた人びとであるからである」と述べている。この言葉は名言である。

　ただ細かいことを言うとすれば、本文でも若干触れたように、今では石や粘土を産出しない西ポリネシアのツヴァル諸島のサンゴ礁民は先史時代には千キロも遠くにあるフィジーの土器、石器にいたってはそれよりずっと遠方のアメリカン・サモア石切場のものを使っていた。彼らの祖先はそれらを入手するために命がけの大航海を長年にわたり継続して行っていたことが、私たちの20年以上にわたる考古学調査で明らかになった。これを知った現在のツヴァル人には、別世界の人びとの出来事に映っている。したがって、一見、昔から変ら

ない伝統的文化をずっと保持してきたように見えたオセアニア人の祖先たちは、民族誌的記録とは一致しない、いわば「異質」とも思えるような先史文化をもっていて、このような文化の断絶はオセアニアではいたるところで見られる現象である。これは一見、縄文人と現代の日本人との関係に似ている。ただオセアニア人の場合、現在では多くの島々で失われているような文化も一部の島で残存しているので、民族誌から先史文化の類推がかなり容易である。これに対して、我が国の民俗誌時代の文化の中には縄文文化まで全く淵源しないものが多々あって、この点では日本の先史文化研究のほうがオセアニア先史文化研究より難しいと言えるであろう。

　本書の出版に際して、まず、学生時代から学恩を賜っている畏友の名古屋大学名誉教授渡辺誠博士にこの機会に深厚な感謝を述べたい。特に本書でも引用している玦状耳飾りから耳栓への変遷経路の想定図は学生時代、同氏が私の説明を基に描いてくれたものであり、これは私の夢多かりし青春時代のひとこまを永遠に残してくれているように思える。

　また文献の手に際しては、次の方々にお世話になった。記して感謝したい。
　池畑耕一（鹿児島県立埋蔵文化財センター）、大社佳世子（帝塚山大学卒業生）、忍澤成視（市原市埋蔵文化財調査センター）、小渕忠秋（笛吹市教育委員会）、黒岩龍也（長野県立博物館総合情報チーム）、小宮孟（千葉県教育振興財団）、佐藤一夫（函館市埋蔵文化財事業団）、高山研磨（オレゴン大学）、田代隆（栃木県教育委員会）、田中和彦（上智大学外国語学部）、中森祥（鳥取県教育委員会）、林徹（国際基督教大学考古学研究センター）、樋口誠司（井戸尻考古館）、村田六郎太（千葉市立加曽利貝塚博物館）、山岸良二（東邦大学付属東邦中・高等学校）、吉田泰幸（名古屋大学大学院）、渡辺誠（名古屋大学名誉教授）（以上五十音順、敬称略）。

　さらに、二宮町図書館の石井敬士氏（アドバイザー）・込山久美子氏をはじめ多くの職員の方々にも大変お世話になった。心から感謝の意を表したい。

　最後になるが、拙著の出版を快諾してくださった同成社の山脇洋亮氏には字句の訂正や章節構成まで考えていただき、深くお礼申し上げる次第である。

　2010年2月

高山　純

ものが語る歴史19

民族考古学と縄文の耳飾り

■著者紹介

高山　純（たかやま　じゅん）
1938年　神奈川県に生まれる。
1964年　慶應義塾大学大学院文学研究科東洋史専攻修了。
　　　　B.P.ビショップ博物館（ホノルル）調査員、イェール大学・フィリピン国立博物館パラワン島合同考古学調査隊コンサルタント、帝塚山大学教授などを歴任。
現　在　帝塚山大学名誉教授。
主要著作
『縄文人の入墨』（講談社、1969）、『ミクロネシア先史文化－その起源を求めて－』（海鳴社、1983）、『南太平洋の民族誌』（雄山閣、1991）、『江戸時代パラウ漂流記』（三一書房、1993）、『江戸時代のハワイ漂流記』（三一書房、1997）、『ミクロネシア人が鰻を禁忌する習俗の起源』（六一書房、2009）ほか多数。

2010年4月25日発行

著者　高山　　純
発行者　山脇　洋亮
組版　㈱富士デザイン
印刷　モリモト印刷㈱
製本　協栄製本㈱

発行所　東京都千代田区飯田橋4-4-8
　　　　（〒102-0072）東京中央ビル　　㈱同成社
　　　　TEL 03-3239-1467　振替 00140-0-20618

ⓒTakayama Jun 2010. Printed in Japan
ISBN978-4-88621-503-1 C3321